Schwerpunkte   Marburger · Klausurenkurs BGB – Allgemeiner Teil

Klausurenkurs
BGB – Allgemeiner Teil

Fälle und Lösungen
nach höchstrichterlichen Entscheidungen

von

Dr. Peter Marburger
Professor an der Universität Trier

8., neu bearbeitete Auflage

C.F. Müller Verlag
Heidelberg

Bibliografische Informationen Der Deutschen Bibliothek

Die Deutsche Bibliothek verzeichnet diese Publikation in der Deutschen Nationalbibliografie; detaillierte bibliografische Daten sind im Internet über <http://dnb.dbb.de> abrufbar.

Gedruckt auf säurefreiem, alterungsbeständigem Papier aus 100% chlorfrei gebleichtem Zellstoff (DIN-ISO 9706).

© 2004 C. F. Müller Verlag, Verlagsgruppe Hüthig Jehle Rehm GmbH, Heidelberg
Satz: Hölzer, Hagenbach
Druck und Bindung: Druckerei Himmer, GmbH & Co. KG, Augsburg
ISBN 3-8114-1669-3

Vorwort

Für die achte Auflage ist der bisherige Fall 7 herausgenommen und durch einen neuen Fall zum Verbraucherschutzrecht ersetzt worden. Im Übrigen wurde der Band gründlich überarbeitet und durch die Berücksichtigung der Schuldrechtsreform und die Einarbeitung neuer Rechtsprechung und Literatur aktualisiert.

Besonderen Dank schulde ich meinem Mitarbeiter, Herrn Assessor *Volker Bischofs* für die wertvolle Hilfe bei der Überarbeitung der Fälle. Zu danken habe ich ferner Frau stud. jur. *Anna-Barbara Koch* für die Korrekturarbeiten und die Aktualisierung des Sachregisters, Frau *Luise Maria Kessler* für die sorgfältige Betreuung des Manuskripts.

Trier, im Januar 2004   *Peter Marburger*

Inhaltsverzeichnis

Zitierweise und Literaturverzeichnis

Baumbach/Hopt	Handelsgesetzbuch, 31. Aufl. 2003
Baur/Stürner	Lehrbuch des Sachenrechts, 17. Aufl. 1999
Bork	Allgemeiner Teil des Bürgerlichen Gesetzbuches 2000
Brehm	Allgemeiner Teil des BGB, 5. Aufl. 2002
Brox	Allgemeiner Teil des Bürgerlichen Gesetzbuchs, 27. Aufl. 2003
Brox/Walker	Allgemeines Schuldrecht, 29. Aufl. 2003
Bülow	Recht der Kreditsicherheiten, 6. Aufl. 2003
Bülow/Artz	Verbraucherprivatrecht, 2003
Dauner-Lieb/Konzen/ Schmidt (Hrsg.)	Das neue Schuldrecht in der Praxis, 2002
Diederichsen	Der Allgemeine Teil des Bürgerlichen Gesetzbuches für Studienanfänger, 5. Aufl. 1984
Ehmann/Sutschet	Modernisiertes Schuldrecht, 2002
Eisenhardt	Allgemeiner Teil des BGB, 5. Aufl. 2002
Enneccerus/Lehmann	Lehrbuch des Bürgerlichen Rechts, Bd. 2, Recht der Schuldverhältnisse, 15. Bearbeitung 1958
Enneccerus/Nipperdey	Lehrbuch des Bürgerlichen Rechts, Bd. 1, Allgemeiner Teil des Bürgerlichen Rechts, 15. Aufl. 1959, 1960
Erman	Handkommentar zum Bürgerlichen Gesetzbuch, 10. Aufl. 2000
Esser/Schmidt	Schuldrecht, Bd. 1: Allgemeiner Teil, Tlbd. 1: 8. Aufl. 1995; Tlbd. 2: 8. Aufl. 2000
Esser/Weyers	Schuldrecht, Bd. 2: Besonderer Teil, 7. Aufl. 1991
Fezer	BGB Allgemeiner Teil, 5. Aufl. 1995
Fikentscher	Schuldrecht, 9. Aufl. 1997
Flume	Allgemeiner Teil des Bürgerlichen Rechts, Bd. 2, Das Rechtsgeschäft, 4. Aufl. 1992
Giesen	BGB Allgemeiner Teil: Rechtsgeschäftslehre, 2. Aufl. 1995
Haas/Medicus/Rolland/ Schäfer/Wendlandt	Das neue Schuldrecht, 2002 (zitiert: Das neue Schuldrecht/Bearbeiter)
Großkommentar	Handelsgesetzbuch, 3. Aufl. 1967 ff., 4. Aufl. 1982 ff. (zitiert: GK-HGB/Bearbeiter)
Hübner	Allgemeiner Teil des Bürgerlichen Gesetzbuches, 2. Aufl. 1996
Jauernig	Bürgerliches Gesetzbuch, 10. Aufl. 2003
Köhler	BGB Allgemeiner Teil, 27. Aufl. 2003
Larenz	Lehrbuch des Schuldrechts, Bd. 1, Allgemeiner Teil, 14. Aufl. 1987; Bd. 2, Besonderer Teil, Halbbd. 1, 13. Aufl. 1986
Larenz	Methodenlehre der Rechtswissenschaft, 6. Aufl. 1991
Larenz/Canaris	Lehrbuch des Schuldrechts, Bd. 2, Besonderer Teil, Halbbd. 2, 13. Aufl. 1994
Larenz/Wolf	Allgemeiner Teil des Bürgerlichen Rechts, 8. Aufl. 1997
Leipold	BGB I: Einführung und Allgemeiner Teil, 2. Aufl. 2002
Lindacher	Fälle zum Allgemeinen Teil des BGB, 3. Aufl. 2000
Löwe/Graf v. Westphalen/ Trinkner	Großkommentar zum AGB-Gesetz, 1977, 2. Aufl. 1983 ff.
Löwisch	Allgemeiner Teil des BGB, 6. Aufl. 1997
Lorenz/Riehm	Lehrbuch zum neuen Schuldrecht, 2002
Medicus	Allgemeiner Teil des BGB, 8. Aufl. 2002
Medicus	Bürgerliches Recht, 19. Aufl. 2002

Münchener Kommentar	Kommentar zum Bürgerlichen Gesetzbuch, 2. Aufl. 1984 ff., 3. Aufl. 1992 ff., 4. Aufl. 2001 ff. (zitiert: MK/Bearbeiter) Kommentar Handelsgesetzbuch, 1996 ff. (zitiert: MKHGB/ Bearbeiter)
Oertmann	Bürgerliches Gesetzbuch, Allgemeiner Teil, 3. Aufl. 1927
Palandt	Bürgerliches Gesetzbuch, 63. Aufl. 2004
Pawlowski	Allgemeiner Teil des BGB, 7. Aufl. 2003
Planck	Kommentar zum Bürgerlichen Gesetzbuch, 4. Aufl. 1913 ff.
RGRK	Das Bürgerliche Gesetzbuch, 11. Aufl. 1959 ff., 12. Aufl. 1974 ff., 71. Lieferung 1995 (zitiert: RGRK/Bearbeiter)
Rosenberg/Schwab/ Gottwald	Zivilprozeßrecht, 15. Aufl. 1993
Rüthers/Stadler	Allgemeiner Teil des BGB, 12. Aufl. 2002
Schack	BGB – Allgemeiner Teil, 10. Aufl. 2004
Schlosser/Coester-Waltjen/ Graba	Kommentar zum Gesetz zur Regelung des Rechts der Allgemeinen Geschäftsbedingungen, 1977
Soergel	Bürgerliches Gesetzbuch, 11. Aufl. 1978 ff., 12. Aufl. 1987 ff., 13. Aufl. 1999 ff.
Staudinger	Kommentar zum Bürgerlichen Gesetzbuch mit Einführungsgesetz und Nebengesetzen, 12. Aufl. 1978 ff., 13. Bearbeitung 1993 ff.
v. Tuhr	Der Allgemeine Teil des Deutschen Bürgerlichen Rechts, 1910–1918
Ulmer/Brandner/Hensen	AGB-Gesetz, 9. Aufl. 2000
Werner	20 Probleme aus dem BGB, Allgemeiner Teil, 6. Aufl. 1998
Wolf/Horn/Lindacher	AGB-Gesetz, 4. Aufl. 1999

Die Abkürzungen entsprechen den üblichen. Der Leser kann sie in allen Lehrbüchern und Kommentaren oder bei H. Kirchner/C. Butz, Abkürzungsverzeichnis der deutschen Rechtssprache, 5. Aufl. 2003, nachlesen.

Fall 1

Namensrecht – Schutz des Pseudonyms – Allgemeines Persönlichkeitsrecht – Unterlassungsanspruch – Geldersatz für immaterielle Schäden

Ausgangsfälle
RG Urt. v. 21. 1. 1921 – II 344/20 = RGZ 101, 226.
BGH Urt. v. 18. 3. 1959 – IV ZR 182/58 = BGHZ 30, 7 = LM Nr. 3 zu § 823 BGB = NJW 1959, 1269.
BGH Urt. v. 14. 2. 1958 – I 2 R 151/56 = BGHZ 26, 349 = NJW 1958, 827 m. Anm. Larenz = LM Nr. 12 zu § 847 BGB = JR 1958, 420 = MDR 1958, 305 = JZ 1958, 571.
BGH Urt. v. 1. 12. 1999 – I ZR 49/97 = BGHZ 143, 214 = NJW 2000, 2195 = WM 2000, 1449 = GRUR 2000, 709 = AfP 2000, 356.
OLG München Urt. v. 23. 7. 1959 – 6 U 870/59 = NJW 1960, 869.
OLG Hamburg Beschl. v. 8. 5. 1989 – 3 W 45/89 = NJW 1990, 1995 = GRUR 1989, 666 = AfP 1989, 760 = ZUM 1989, 582.
LG Düsseldorf Urt. v. 18. 3. 1986 – 4 O 300/85 = NJW 1987, 1413.

Sachverhalt

Als Adalbert Braunecker erste Erfolge als Schlagersänger und Gitarrist in seiner Hei- **1** matstadt verzeichnete und ihm ein Schallplattenvertrag angeboten wurde, legte er sich den Künstlernamen „Addy Brown" zu. Unter diesem Namen wurde er national und auch international bekannt. Jeder Jugendliche in Deutschland kennt „Addy". Ein Un- fall mit erheblichen Dauerfolgen (Querschnittslähmung) beendet seine Karriere.

Etwa 1 Jahr nach dem Unfall entdeckt Adalbert Braunecker ein Werbeplakat der Rei- fenherstellerfirma Roll, auf dem ein Rollstuhlfahrer und ein großer Reifen abgebildet sind. Im Text heißt es: „Ich war zwar nicht so berühmt wie Addy, aber auch meine Kar- riere wurde durch einen Autounfall jäh beendet. Deshalb zu Ihrer Sicherheit bei Regen, Eis und Schnee ROLLYS-Super-Haftreifen." Diese Werbung ist für einen unbestimm- ten Zeitraum geplant.

Fragen:
Kann Adalbert Braunecker, der über die Plakatwerbung empört ist, von der Firma Roll
a) die Beseitigung der Werbeplakate,
b) die Unterlassung künftiger Werbung mit Plakaten dieser Art und
c) eine angemessene Entschädigung in Geld verlangen?

2   Gliederung

Lösung

I. Anspruch auf Beseitung der Werbeplakate

3   Anspruch des Adalbert B. gegen die Firma Roll auf Beseitigung der Plakate und Unterlassung der künftigen Werbung mit Plakaten dieser Art.

1. a) Beide Ansprüche könnten aus § 12 BGB gegeben sein. Nach dieser Vorschrift kann bei Verletzung des Namensrechts Beseitigung der vorhandenen und Unterlassung weiterer Beeinträchtigungen verlangt werden (§ 12 S. 1 u. S. 2 BGB). Verletzungstatbestände des Rechts zum Gebrauch eines Namens sind nach § 12 BGB die **Namensbestreitung** und die **Namensanmaßung**. Der Tatbestand der Namensbestreitung liegt vor, wenn das Namensrecht eines anderen ausdrücklich oder konkludent in Frage gestellt wird[1]. Der Tatbestand der Namensanmaßung ist gegeben, wenn der Name durch einen anderen unbefugt gebraucht und hierdurch ein schutzwürdiges Interesse des Namensinhabers verletzt wird[2]. Den Tatbestand der Namensbestreitung hat die Firma Roll mit ihrer Werbung nicht erfüllt, da sie dadurch Adalbert B. nicht das Recht abgesprochen hat, seinen bürgerlichen Namen oder seinen Wahlnamen Addy Brown zu gebrauchen. Es könnte jedoch eine Namensanmaßung vorliegen.

---

1   OLG Köln VersR 2001, 861 (862); MK/*Schwerdtner*, § 12 Rdn. 167; *Soergel/Heinrich*, § 12 Rdn. 170; *Jauernig*, § 12 Rdn. 5; *Köhler*, § 20 Rdn. 15; *Medicus*, BGB AT, Rdn. 1067.
2   BGH NJW 2003, 2978 (2979); OLG Köln VersR 2001, 861; MK/*Schwerdtner*, § 12 Rdn. 171 ff.; *Jauernig*, § 12 Rdn. 5; *Staudinger/Weick/Habermann* (1995) § 12 Rdn. 254; *Köhler*, § 20 Rdn. 16; *Hübner*, Rdn. 160.

b) Verwendet wurde seitens der Firma Roll nicht der Name des Adalbert B., sondern **4**
dessen Künstlername, und zwar nur der Vorname. Es fragt sich daher zunächst, ob
überhaupt ein vom bürgerlichen Namen abweichender, gewählter Künstlername
(**Pseudonym**) ein von § 12 BGB geschützter Name ist.

Der Name ist das äußere (sprachliche) Kennzeichen einer Person zur Unterscheidung **5**
ihrer sozialen Individualität gegenüber anderen[3]. Das Namensrecht ist die Befugnis
des Namensträgers, den Namen ungestört zu gebrauchen und andere vom unbefugten
Gebrauch auszuschließen[4]. Es ist ein **absolutes subjektives Privatrecht**[5] und ein sonstiges Recht i.S. des § 823 I BGB[6]. Der in § 12 BGB normierte Namensschutz bezieht
sich zunächst auf den bürgerlichen Namen einer natürlichen Person, den sie kraft Gesetzes erworben hat und der sich aus dem Vor- und Familiennamen zusammensetzt[7]. Er
schützt in erster Linie das Identitätsinteresse[8], erschöpft sich darin jedoch nicht. Da der
Name auch Ausdruck der individuellen Persönlichkeit ist, bedeutet Namensschutz bei
natürlichen Personen auch Schutz der Persönlichkeit als einer Individualität. Daher ist
das Recht am Namen auch ein **Persönlichkeitsrecht**[9].

Nach heute einhelliger Ansicht[10] wird auch ein Pseudonym durch § 12 BGB geschützt. **6**
Als sprachliche Kennzeichnung einer Person zur Unterscheidung von anderen dient
der Name, wie dargelegt, auch der **Individualisierung**. Diese Namensfunktion kommt
einem Künstlernamen in weiten Lebensbereichen in gleicher Weise zu wie einem bürgerlichen Namen, insbesondere wenn der Künstler unter seinem Pseudonym bekannt
ist. Denn auch der Wahlname stellt eine sprachliche Kennzeichnung seines Trägers dar,
durch die er sich gleichmäßig und ständig von anderen Personen unterscheidet. Er ist
Sinnbild für die dahinterstehende Person und nicht lediglich ein sprachliches Zeichen
an Stelle des natürlichen Namens. Zwar wird das Pseudonym im Gegensatz zum natürlichen Namen nicht auf Grund einer gesetzlichen Vorschrift, sondern durch freie Bestimmung erworben. Zur Annahme eines Pseudonyms ist jedoch ein Künstler berech-

---

3 BVerfGE 97, 391 (399); RGZ 91, 350 (351); BGHZ 30, 7 (9); 32, 103 (119); *Enneccerus/Nipperdey*,
§ 100 I; *Diederichsen*, Rdn. 96; *Brehm*, Rdn. 654; *Leipold*, Rdn. 1110; *Soergel/Heinrich*, § 12 Rdn. 2;
Klippel, Der zivilrechtliche Schutz des Namens, 1985, S. 355 ff.

4 *Diederichsen*, Rdn. 98; *Larenz/Wolf*, BGB AT, § 8 Rdn. 9.

5 *Hübner*, Rdn. 155; *Enneccerus/Nipperdey*, § 100 I; *Larenz/Wolf*, BGB AT, § 8 Rdn. 9, § 15 Rdn. 4; *Soer-
gel/Heinrich*, § 12 Rdn. 19; ausführlich *Klippel* (Fn. 3), S. 438 ff.

6 *Larenz/Wolf*, BGB AT, § 8 Rdn. 5; MK/*Schwerdtner*, § 12 Rdn. 293; *Palandt/Sprau*, § 823 Rdn. 14.

7 RGZ 99, 284 f.; *Larenz/Wolf*, BGB AT, § 8 Rdn. 10; MK/*Schwerdtner*, § 12 Rdn. 41; ausführlich *Klippel*
(Fn. 3), S. 449 ff.; zu den verschiedenen Möglichkeiten des gesetzlichen Namenserwerbs vgl. *Diederichsen*, Rdn. 97.

8 BVerfGE 97, 391 (399); BGH NJW 1996, 1672; *Staudinger/Weick/Habermann* (1995) § 12 Rdn. 38.

9 RGZ 69, 403; BGHZ 32, 103 (111); BGH NJW 1978, 1107; grundlegend *v. Gierke*, Deutsches Privat-
recht, Bd. 1: Allgemeiner Teil und Personenrecht, 1895, § 81; auch *Soergel/Heinrich*, § 12 Rdn. 20 ff.;
Larenz/Wolf, BGB AT, § 8 Rdn. 9; *Enneccerus/Nipperdey*, § 100 I; *Palandt/Heinrichs*, § 12 Rdn. 2;
Schack, Rdn. 59 ff.; *Staudinger/Weick/Habermann*, § 12 Rdn. 41; differenzierend *Klippel* (Fn. 3),
S. 497 ff.

10 RGZ 101, 226 (230); KG JW 1921, 39; BGHZ 30, 7 (9); OLG Köln VersR 2001, 861; OLG Stuttgart AfP
2002, 228; LG Düsseldorf NJW 1987, 1413; *Staudinger/Weick/Habermann* (1995) § 12 Rdn. 22; *Ennec-
cerus/Nipperdey*, § 100 V 2 b; *Hübner*, Rdn. 165; *Soergel/Heinrich*, § 12 Rdn. 119 ff.; MK/*Schwerdtner*,
§ 12 Rdn. 46 ff.; RGRK/Krüger-Nieland, § 12 Rdn. 31; *Palandt/Heinrichs*, § 12 Rdn. 8; *Erman/H. P.
Westermann*, § 12 Rdn. 10; *Diederichsen*, Rdn. 102; *Larenz/Wolf*, BGB AT, § 8 Rdn. 11; *Köhler*, § 20
Rdn. 23; *Leipold*, Rdn. 1114; a.A. *v. Thur*, I, S. 449; *Planck/Knoke*, § 12 Anm. 5; *Fabricius*, JR 1972,
15 ff.

tigt, und zwar auch dann, wenn hierfür keine gewichtigen Gründe vorliegen. Da der Gebrauch von Wahlnamen bei Künstlern einem alten und verbreiteten Brauch entspricht und Ausfluss der allgemeinen Handlungsfreiheit ist, kann dem Umstand, dass die Annahme von Wahlnamen gesetzlich nicht geregelt ist, für die Frage der Anwendbarkeit des § 12 BGB keine Bedeutung zukommen[11]. Entscheidend ist vielmehr, dass das Pseudonym weitgehend volle Namensfunktion hat und deshalb das gleiche Schutzinteresse besteht wie bei bürgerlichen Namen. Hinzu kommt, dass dem Pseudonym auch sonst rechtliche Anerkennung als Name zuteil geworden ist[12]. Beispielsweise ist ein Künstler berechtigt, bei gesetzlicher Schriftform mit seinem Pseudonym zu unterzeichnen[13] und unter seinem Wahlnamen Klage zu erheben[14]. Das Pseudonym kann weiterhin zusätzlich zum bürgerlichen Namen in den Pass eingetragen werden[15]. Auch aus diesen Umständen ergibt sich, dass es gerechtfertigt ist, dem Pseudonym den Namensschutz des § 12 BGB zu gewähren. Umstritten ist, ob hierzu erforderlich ist, dass das Pseudonym kraft Verkehrsgeltung den bürgerlichen Namen weitgehend verdrängt hat[16], oder ob es ausreicht, dass der Künstler unter dem von ihm gewählten Pseudonym in Erscheinung getreten ist und zu erkennen gegeben hat, dass er unter dem Wahlnamen weiterhin auftreten wolle[17]. Diese Frage kann vorliegend dahinstehen, weil Adalbert B. in der Öffentlichkeit unter seinem Pseudonym „Addy Brown" bekannt ist und der Wahlname seinen bürgerlichen Namen weitgehend verdrängt und Verkehrsgeltung erlangt hat.

7   c) Im Text der Werbeplakate der Firma Roll ist nicht das gesamte Pseudonym „Addy Brown", sondern nur der pseudonyme Vorname „Addy" genannt, sodass sich die Frage stellt, ob dieser **Teil des Pseudonyms** selbstständig durch § 12 BGB geschützt ist.

8   Beim bürgerlichen Namen wird nach allgemeiner Ansicht der Vorname allein nicht durch § 12 BGB gegen unbefugten Gebrauch geschützt[18]. Begründet wird dies zu Recht damit, dass dem Vornamen grundsätzlich keine selbstständige Namensfunktion zukomme. Er allein ist nicht geeignet, eine Person hinreichend zu kennzeichnen und zu individualisieren. Diese Funktion kann er nur zusammen mit dem Familiennamen erfüllen, sodass er nur zusammen mit diesem durch § 12 BGB geschützt wird.

---

11 Da für die Annahme eines Pseudonyms eine gesetzliche Regelung fehlt, wird teilweise die Ansicht vertreten, § 12 BGB sei hier nur analog anwendbar (vgl. *Staudinger/Weick/Habermann*, § 12 Rdn. 21). Jedoch dürfte § 12 BGB unmittelbar anwendbar sein (zur Analogie s. Rn. 250 ff., 276 ff.), weil dem Pseudonym in weiten Bereichen volle Namensfunktion zukommt und weil es sich deshalb um einen Namen i.S. des § 12 BGB handelt (so RGZ 101, 226 f.; RGRK/*Krüger-Nieland*, § 12 Rdn. 31); nach *Larenz/Wolf*, BGB AT, § 8 Fn. 9, hat die Anwendbarkeit des § 12 BGB auf das Pseudonym inzwischen gewohnheitsrechtliche Geltung erlangt.

12 Vgl. *Soergel/Heinrich*, § 12 Rdn. 119.

13 *Soergel/Hefermehl*, § 126 Rdn. 15; *Palandt/Heinrichs*, § 126 Rdn. 9; *Staudinger/Dilcher*, § 126 Rdn. 28; MK/*Einsele*, § 126 Rdn. 16; *Flume*, § 15 II 1 a.

14 *Enneccerus/Nipperdey*, § 100 Fn. 63.

15 § 4 I Nr. 4 PaßG; § 1 II Nr. 4 PAuswG.

16 So die h.M.: RGZ 101, 226 (230); BGH NJW 2003, 2978 (2979); *Staudinger/Weick/Habermann* (1995) § 12 Rdn. 22; MK/*Schwerdtner*, § 12 Rdn. 47; nach OLG Köln VersR 2001, 861 soll es nur bei solchen Pseudonymen auf die Verkehrsgeltung ankommen, die von Natur aus keine Unterscheidungskraft haben.

17 *Palandt/Heinrichs*, § 12 Rdn. 8; *Soergel/Heinrich*, § 12 Rdn. 120; RGRK/*Krüger-Nieland*, § 12 Rdn. 31.

18 Vgl. *Staudinger/Weick/Habermann* (1995) § 12 Rdn. 240; MK/*Schwerdtner*, § 12 Rdn. 44; *Soergel/Heinrich*, § 12 Rdn. 112; RGRK/*Krüger-Nieland*, § 12 Rdn. 13.

In der Literatur wurde teilweise die Ansicht vertreten, dass dies auch für das Pseu- **9**
donym gelte[19]. Auch hier reiche der Vorname allein nicht aus, um den Künstler genügend zu individualisieren, wenn nicht das Pseudonym allein aus einem Vornamen
besteht. Werde der Gebrauch des Vornamens eines Künstlers in der Öffentlichkeit auf
einen bestimmten Künstler bezogen, komme nur eine Verletzung des allgemeinen Persönlichkeitsrechts in Betracht.

Von der Rechtsprechung[20] und dem überwiegenden Teil der Literatur[21] wird diese An- **10**
sicht zu Recht abgelehnt. Auch der pseudonyme Vorname kann selbstständig durch
§ 12 BGB geschützt sein, und zwar dann, „wenn schon der Gebrauch des Vornamens
allein beim Publikum die Erinnerung an die mit dem Decknamen bezeichnete Person
weckt"[22]. Werden nämlich durch die Nennung des pseudonymen Vornamens eines
Künstlers in Verbindung mit den Umständen, unter denen sie erfolgt, in der Öffentlichkeit Assoziationen in Bezug auf einen bestimmten Künstler erweckt, erfüllt bereits der
Vorname die Individualisierungsfunktion, die grundsätzlich nur dem vollen Namen zukommt, sodass es gerechtfertigt ist, in diesen Fällen den pseudonymen Vornamen
selbstständig durch § 12 BGB zu schützen[23].

Adalbert B. ist in Deutschland unter seinem Pseudonym „Addy Brown" als Schlager- **11**
sänger und Gitarrist bekannt. Da Addy kein landläufiger Vorname ist, dürfte bereits
seine Nennung beim Publikum Erinnerungen an Adalbert B. wachrufen. Entscheidend
ist aber, dass die Nennung des Vornamens im Zusammenhang mit der Abbildung eines
Rollstuhlfahrers erfolgt, sodass jeder, der den Künstler kennt, an dessen Unfall erinnert
wird. Daher erfüllt hier der **Vorname allein** die **Individualisierungsfunktion** und
wird deshalb durch § 12 BGB selbstständig geschützt.

d) Möglicherweise besteht ein durch § 12 BGB geschütztes Recht des Adalbert B. an **12**
seinem Künstlernamen nicht mehr, weil er sich aus dem Showgeschäft zurückgezogen
hat. Der Schutz des Pseudonyms endet jedoch nicht mit der Aufgabe der künstlerischen Tätigkeit. Diese wirkt über ihre Beendigung hinaus fort. Der Künstler bleibt seinem Publikum weiter unter seinem Pseudonym in Erinnerung. Mit diesem verbindet
sich sein Ruf und der Ruhm aus seiner früheren künstlerischen Tätigkeit, die für ihn neben dem ideellen auch vermögensrechtlichen Wert haben. Es ist nämlich davon auszugehen, dass z.B. weiterhin Schallplatten und Musikkassetten des Schlagersängers
„Addy Brown" verkauft werden. Darüber hinaus hat er beispielsweise die Möglichkeit, aus der Bekanntheit, die er unter seinem Pseudonym erlangt hat, durch Werbever-

---

19 MK/*Schwerdtner*, 1. Aufl. 1978, § 12 Rdn. 9; seit der 2. Aufl. 1984, § 12 Rdn. 22 hält *Schwerdtner* zwar
  seine Kritik an der Rspr. aufrecht, schließt aber andererseits einen Schutz auch des isolierten Vornamens
  durch § 12 BGB nicht mehr generell aus; s. nunmehr MK/*Schwerdtner*, § 12 Rdn. 46, 190.
20 OLG München NJW 1960, 869; s. auch KG JW 1921, 348 u. BGH NJW 1983, 1184 (1185).
21 *Staudinger/Weick/Habermann* (1995) § 12 Rdn. 240; *Soergel/Heinrich*, § 12 Rdn. 112; RGRK/*Krüger-
  Nieland*, § 12 Rdn. 13; *Freitag*, GRUR 1994, 345 (346).
22 OLG München NJW 1960, 869.
23 Für die Gewährung des Namensschutzes aus § 12 BGB macht es keinen Unterschied, ob ein Künstler unter einem Pseudonym oder unter seinem bürgerlichen Namen bekannt geworden ist; im letzteren Falle ist
  es ausnahmsweise gerechtfertigt, den bürgerlichen Vornamen durch § 12 BGB zu schützen; vgl. BGH
  NJW 1983, 1184 („Uwe" Seeler); MK/*Schwerdtner*, § 12 Rdn. 46 a.E.; OLG München ZUM 2001, 434
  („Boris" Becker); LG Düsseldorf NJW 1987, 1413 („Heino"); NJW-RR 1998, 747 („Berti" Vogts); LG
  München AfP 2001, 420 („Uli" Hoeneß), ZUM 2002, 238 („Uli" Hoeneß).

träge Einnahmen zu erzielen. Adalbert B. hat somit auch nach Aufgabe seiner künstlerischen Tätigkeit ein berechtigtes ideelles und wirtschaftliches Interesse an der **Aufrechterhaltung des Schutzes** aus § 12 BGB für sein Pseudonym. Es ist daher gerechtfertigt, das Pseudonym eines Künstlers auch dann nach § 12 BGB zu schützen, wenn die künstlerische Tätigkeit nicht mehr ausgeübt wird[24].

13 e) Für Ansprüche aus § 12 BGB auf Beseitigung der Plakate und die Unterlassung der künftigen Werbung mit Plakaten dieser Art ist weiterhin erforderlich, dass die Namensnennung auf den Plakaten („ich war nicht so berühmt wie Addy") den Tatbestand des **unbefugten Namensgebrauchs** erfüllt.

Ein unbefugter Gebrauch eines Namens liegt zunächst immer dann vor, wenn ein Dritter einen ihm nicht zustehenden Namen unberechtigterweise als eigenen Namen benutzt[25] oder eine andere Person mit diesem Namen bezeichnet[26]. Dies ist hier nicht der Fall, da die Firma Roll niemandem den Namen Addy beigelegt hat in einer Weise, die zu einer Verwechslung mit dem Namensträger führen könnte. Die Firma Roll hat vielmehr im Zusammenhang mit der Werbung für einen von ihr hergestellten Haftreifen den pseudonymen Vornamen des Adalbert B. verwendet, um hierdurch die Aufmerksamkeit des Publikums auf die Werbung und damit auf ihr Produkt zu lenken. Ob allein die Verwendung eines fremden Namens zu Wettbewerbszwecken ein unbefugter Namensgebrauch ist, ist umstritten.

14 Das Reichsgericht hat angenommen, dass ein unbefugter Namensgebrauch auch dann vorliege, wenn der Namensträger durch den Gebrauch seines Namens mit bestimmten Einrichtungen, Gütern oder Erzeugnissen in Verbindung gebracht werde, mit denen er nichts zu tun habe[27]. Es hat seine Ansicht auf die Protokolle der Kommission für die 2. Lesung des BGB gestützt, in denen ausdrücklich dargelegt ist, dass der Namensschutz auch dann zu gewähren sei, wenn der Name nicht zur Kennzeichnung einer anderen Person, sondern zu Reklamezwecken oder zur Bezeichnung von Waren oder auf Schildern gebraucht werde[28].

15 Nach Ansicht des BGH ist es zu weitgehend, jeden eigenmächtigen namentlichen Hinweis auf eine andere Person, die im Zusammenhang mit einer Werbung erfolgt, ausnahmslos als einen Namensmissbrauch anzusehen. Nur wenn durch die Werbung der Eindruck erweckt werde, die angepriesenen Erzeugnisse oder Leistungen seien irgendwie als Leistungen oder Erzeugnisse des Namensträgers anzusehen oder zu behandeln, sodass eine Identitäts- oder Zuordnungsverwirrung entstehen könne, sei § 12 BGB anwendbar, nicht dagegen, wenn die Art des Hinweises in der Werbung die Annahme

---

24 RGZ 101, 226 (231); *Soergel/Heinrich*, § 12 Rdn. 120; RGRK/*Krüger-Nieland*, § 12 Rdn. 31.

25 Allg. Ansicht, vgl. *Soergel/Heinrich*, § 12 Rdn. 173; MK/*Schwerdtner*, § 12 Rdn. 176; RGRK/*Krüger-Nieland*, § 12 Rdn. 87; *Erman/H. P. Westermann*, § 12 Rdn. 18; *Palandt/Heinrichs*, § 12 Rdn. 21; RGZ 91, 350 (352).

26 H.M., *Soergel/Heinrich*, § 12 Rdn. 175; *Erman/H. P. Westermann*, § 12 Rdn. 20; *Enneccerus/Nipperdey*, § 100 Fn. 13; *Medicus*, BGB AT, Rdn. 1070; *Larenz/Wolf*, BGB AT, § 8 Rdn. 17; MK/*Schwerdtner*, § 12 Rdn. 194; *Palandt/Heinrichs*, § 12 Rdn. 23; a.A. RGZ 108, 230 (233).

27 RG DR 1939, 438; vgl. auch OLG Köln GRUR 1967, 319 (320); *Sack*, WRP 1984, 521 (529 ff.) m. w. N. in Fn. 144.

28 Protokolle Bd. VI, S. 113.

ausschließe, dass die Erzeugnisse, für die geworben werde, dem in der Werbung erwähnten Namensträger irgendwie zuzurechnen seien[29].

Die Auffassung des BGH hat in der Literatur zu Recht ganz überwiegend Zustimmung **16** gefunden[30]. Sind die angepriesenen Leistungen oder Erzeugnisse dem in der Werbung Genannten nicht irgendwie zuzurechnen, liegt deshalb kein unbefugter Namensgebrauch vor, weil sich der Werbende in diesem Fall den im Namen repräsentierten Eigenwert des Künstlers weder für sich noch für seine Leistungen oder Erzeugnisse aneignet[31]. Auch aus den Darlegungen in den Protokollen kann nicht entnommen werden, dass § 12 BGB in derartigen Fällen eingreife, da der vorliegende Fall nicht mit dem vergleichbar ist, in dem der Name eines Künstlers zur Bezeichnung einer Ware verwendet wird. Da auf dem Werbeplakat der Firma Roll im Zusammenhang mit der Abbildung eines Rollstuhlfahrers lediglich steht „ich war nicht so berühmt wie Addy", wird nicht der Eindruck erweckt, dass der angepriesene Reifen „Addy" in irgendeiner Weise zuzurechnen sei, beispielsweise, dass Adalbert B. den Reifen für ein qualitativ gutes Erzeugnis halte. Vielmehr wird der Name nur verwendet, um eine größere Beachtung und damit Wirksamkeit der Plakatwerbung zu erzielen. Es liegt somit kein unbefugter Namensgebrauch i.S. des § 12 BGB vor. Ansprüche aus dieser Vorschrift bestehen daher nicht.

2. Adalbert B. könnte jedoch gegen die Firma Roll einen Anspruch auf **Beseitigung** **17** **der Plakate und Unterlassung der künftigen Werbung** mit Plakaten dieser Art aus §§ 823 I, 1004 BGB analog wegen Verletzung des allgemeinen Persönlichkeitsrechts haben.

a) Beide Ansprüche sind keine Ausgleichsansprüche für erlittene Schäden. Sie sind **18** vielmehr darauf gerichtet, künftige Beeinträchtigungen zu verhindern. In Rechtsprechung und Literatur ist allgemein anerkannt, dass bei einem Eingriff in ein vom Gesetz geschütztes Recht oder Rechtsgut der Verletzte berechtigt ist, Beseitigung der vorhandenen und Unterlassung weiterer Beeinträchtigungen zu verlangen[32]. Indem das Gesetz bei der Verletzung gewisser Rechte, Rechtsgüter und rechtlich geschützter Interessen einen Schadensersatzanspruch gewährt, verbietet es gleichzeitig eine Störung dieser Rechte. Daraus rechtfertigt sich die Beseitigungs- und vorbeugende Unterlassungsklage, mit deren Hilfe die Entstehung etwaiger Schäden aus einer derartigen Störung

---

29 BGHZ 30, 7 (9 f.); 81, 75 (78); 91, 117 (120); 98, 94 (95); 119, 237 (245); 126, 208 (215 f.); 287 (293); BGH NJW-RR 1991, 934 (935); vgl. auch RGZ 125, 80 (84); BGH NJW 1991, 1532; 1996, 1672; LG Düsseldorf NJW 1987, 1413 (1414); OLG Bremen AfP 1987, 514; OLG Düsseldorf NJW-RR 1990, 293; OLG Frankfurt/M. ZIP 1993, 1232 (1234).

30 *Medicus*, BGB AT, Rdn. 1069; *Staudinger/Weick/Habermann* (1995) § 12 Rdn. 255; RGRK/*Krüger-Nieland*, § 12 Rdn. 82; *Soergel/Heinrich*, § 12 Rdn. 172; *Erman/H. P. Westermann*, § 12 Rdn. 18; *Palandt/Heinrichs*, § 12 Rdn. 20; *Pietzko*, AfP 1988, 209 (212); MK/*Schwerdtner*, § 12 Rdn. 191 f.

31 Vgl. BGHZ 30, 7 (10); vgl. auch LG Düsseldorf NJW 1987, 1413 (1414); OLG Bremen AfP 1987, 514 f.

32 *Larenz/Canaris*, §§ 86 I 1, 87 I 1; *Medicus*, BürgR, Rdn. 628 ff.; *ders.*, Schuldrecht II, Besonderer Teil, 11. Aufl. 2002, Rdn. 942 ff.; MK/*Medicus*, § 1004 Rdn. 59; *Schack*, Rdn. 67 ff.; *Soergel/Mühl*, § 1004 Rdn. 4 f.; *Esser/Weyers*, § 62; *Fikentscher*, Rdn. 1359 ff.; *Enneccerus/Lehmann*, § 252 II; RGZ 148, 123; RGZ 163, 214; BGHZ 3, 270; BGH NJW 1958, 1043; speziell zum Unterlassungs- und Beseitigungsanspruch bei Persönlichkeitsverletzungen siehe *Kötz/Wagner*, Deliktsrecht, 9. Aufl. 2001, Rdn. 646 ff.; MK/*Schwerdtner*, § 12 Rdn. 268 ff.

verhindert werden soll[33]. Anders als beim Schadensersatzanspruch genügt als Anspruchsvoraussetzung eine objektiv-rechtswidrige Störung; **Verschulden ist nicht erforderlich**[34]. Voraussetzung für einen Anspruch des Adalbert B. auf Beseitigung der Plakate und Unterlassung der künftigen Werbung mit Plakaten dieser Art ist somit zunächst, dass die Plakatwerbung das allgemeine Persönlichkeitsrecht des Adalbert B. als ein durch § 823 I BGB geschütztes Recht oder Rechtsgut verletzt.

19 b) Ein **allgemeines Persönlichkeitsrecht** findet sich im BGB nicht; einige Persönlichkeitsgüter werden durch § 823 I BGB geschützt, und zwar die Unversehrtheit des Körpers[35] und der Gesundheit sowie Leben und Freiheit. Hinzu kommen die Bestimmungen des § 823 II BGB, insbesondere in Verbindung mit dem Ehrenschutz[36] der §§ 185 ff. StGB, und § 826 BGB sowie das Namensrecht (§ 12 BGB)[37]. Ein umfassender Persönlichkeitsschutz erschien den Schöpfern des BGB zu unbestimmt und deshalb in der Anwendung mit zu großen Rechtssicherheitsrisiken belastet[38]. Dementsprechend hat das Reichsgericht in ständiger Rechtsprechung die Anerkennung eines allgemeinen Persönlichkeitsrechts abgelehnt[39]. In einer Entscheidung vom 25. 5. 1954 hat der BGH erstmals in Abkehr von der Rechtsprechung des Reichsgerichts ein allgemeines Persönlichkeitsrecht als sonstiges Recht i.S. des § 823 I BGB anerkannt[40]. Seither ist dieses Recht in zahlreichen Entscheidungen bestätigt worden[41]. Die Gründe für diesen Wandel waren insbesondere auf zwei Umstände zurückzuführen[42]: Mit Übernahme des BGB nach Art. 123 I GG ergab sich die Notwendigkeit, den Persönlichkeitsschutz an den Grundprinzipien der Art. 1 und 2 GG zu orientieren. Hinzu kam, dass Veränderungen der sozialen Wirklichkeit, insbesondere durch den wissenschaftlich-technischen Fortschritt, zu einer nicht vorhersehbaren Gefährdung der Persönlichkeit geführt haben. Technische Neuerungen wie z.B. Abhöranlagen ermöglichen das Eindringen in den persönlichen Bereich in einem vorher nicht gekannten Ausmaß[43]. Massenmedien haben eine große Breitenwirkung erlangt, sodass Persönlichkeitsverletzungen durch die Berichterstattung ein besonderes Gewicht erhalten haben. Die Rechtsprechung des BGH zum Persönlichkeitsrecht hat in der Literatur weitgehend

---

33 Die Beseitigungs- und Unterlassungsklage ist nicht nur bei Verletzung absoluter Rechte und Rechtsgüter anerkannt, sondern auch bei Eingriffen in Rahmenrechte und Schutzgesetzverletzungen (§ 823 II BGB), darüber hinaus bei Vorliegen besonderer Deliktstatbestände (§§ 824, 825 BGB) und Sittenverstößen (§ 826 BGB); vgl. *Larenz/Canaris*, §§ 86 I 1, 87 I 1; *Fikentscher*, Rdn. 1359 ff.

34 Allg. Ansicht; vgl. hierzu *Larenz/Canaris*, § 86 I 1; *Fikentscher*, Rdn. 1359 ff.

35 BGHZ 124, 52 (54) versteht das „Recht am eigenen Körper als gesetzlich ausgeformten Teil des allgemeinen Persönlichkeitsrechts"; § 823 I BGB schütze den Körper „als Basis der Persönlichkeit".

36 Zum Schutz der persönlichen Ehre als Teil des allgemeinen Persönlichkeitsrechts vgl. BVerfGE 54, 208 (217); BVerfG NJW 1991, 1475 (1476); *Baston-Vogt*, Der sachliche Schutzbereich des zivilrechtlichen allgemeinen Persönlichkeitsrechts, 1997, S. 441 ff.

37 Außerhalb des BGB wird z.B. das Recht am eigenen Bild durch § 22 KunstUrhG geschützt; vgl. dazu BGHZ 143, 214 ff.; 151, 26 ff.; BGH NJW 1994, 124 (125); 1995, 1955 (1956); 1996, 985 f.; 2000, 2201 f.; *Scholtissek*, WRP 1992, 612 (614 f.); MK/*Rixecker*, § 12 Anh. Rdn. 29 ff.; zum Recht am eigenen Bild vgl. auch *Schulz/Jürgens*, JuS 1999, 664 ff., 770 ff.

38 Vgl. *Schwerdtner*, JuS 1978, 289 f.; *Ehmann*, JuS 1997, 193.

39 RGZ 79, 397 (398); 102, 134; 107, 277 (281); 123, 312 (320).

40 BGHZ 13, 334 (338 f.).

41 Vgl. die Nachweise bei *Palandt/Sprau*, § 823 Rdn. 83 ff.; vgl. auch *Brandner*, JZ 1983, 689 ff.

42 Vgl. hierzu *v. Caemmerer*, FS v. Hippel, 1977, S. 27 ff. (30 ff.).

43 Sogar das seelische Innenleben kann durch Narkoanalyse, Lügendetektoren und graphologische Untersuchungen transparent gemacht werden.

Zustimmung gefunden[44]. Obwohl wegen der „generalklauselartigen Weite und Unbestimmtheit"[45] des allgemeinen Persönlichkeitsrechts die ursprünglich erhobenen Bedenken fortbestehen, kann sein Bestand – kraft richterlicher Rechtsschöpfung[46] – als gesichert angesehen werden, insbesondere nachdem das Bundesverfassungsgericht in zahlreichen Entscheidungen die Rechtsprechung des BGH zum allgemeinen Persönlichkeitsrecht als verfassungsgemäß erachtet[47]und in neuerer Zeit sogar um bedeutsame Gesichtspunkte ergänzt hat[48].

Unter dem allgemeinen Persönlichkeitsrecht versteht man „das Recht des Einzelnen auf Achtung seiner Menschenwürde und Entfaltung seiner Persönlichkeit, das sich nicht nur gegen den Staat und seine Organe richtet, sondern im Privatrecht gegen jedermann gilt"[49]. Es handelt sich um einen „Gesamtbegriff, der das Recht auf Entfaltung, Unverletzlichkeit, Würde, anerkannte Bezeichnung und freie Betätigung der Individualität nach allen Richtungen umfasst"[50].

Die **dogmatische Einordnung** des allgemeinen Persönlichkeitsrechts innerhalb des § 823 I BGB **ist umstritten**. Der BGH[51] und ihm folgend ein Teil der Literatur[52] sieht darin ein „sonstiges Recht" i.S. des § 823 I BGB. Richtigerweise dürfte es jedoch der Kategorie der Rechtsgüter wie Leben, Körper, Gesundheit und Freiheit zuzuordnen sein[53], da durch den Schutz dieser Rechtsgüter ebenso wie durch den Schutz des allgemeinen Persönlichkeitsrechts die Entfaltung des Menschen in seinem unmittelbaren äußeren Dasein gewährleistet wird. **20**

Das allgemeine Persönlichkeitsrecht ergänzt die gesetzlichen Teilregelungen, durch die in bestimmten Bereichen, z.B. durch das Namensrecht, bereits ein Persönlichkeitsschutz gewährt wird. Soweit eine besondere gesetzliche Regelung vorhanden ist, steht das allgemeine Persönlichkeitsrecht hierzu in einem Subsidiaritätsverhältnis[54]. Jedoch kann nicht daraus, dass Adalbert B. keine Ansprüche namensrechtlicher Art zustehen, hergeleitet werden, dass deshalb auch keine Verletzung seines Persönlichkeitsrechts **21**

---

44 Vgl. die Nachweise bei *Erman/Ehmann*, Anh. § 12 vor Rdn. 1 und *Staudinger/Habermann/Weick* (1995) Vorbem. zu § 1 vor Rdn. 18.

45 BGHZ 24, 72 (78); BGH LM Nr. 23 zu § 12 BGB.

46 *Larenz*, SchuldR II, 12. Aufl. 1981, § 72 III a.

47 BVerfGE 34, 269; 35, 202 (220 ff.); BVerfG NJW 1980, 2069 (2070, 2072); s. auch BVerfG NJW 1994, 1784. Zur Problematik der richterlichen Rechtsfortbildung s. *Diederichsen*, VersR 1987, Beiheft Karlsruher Forum 1985, S. 4; *Raiser*, ZRP 1985, 111 ff.; vgl. auch BVerfG NJW 1984, 475.

48 BVerfGE 65, 1 (42 ff.): „Recht auf informationelle Selbstbestimmung" (s. dazu auch BGH NJW 1991, 1532 [1533]; ZIP 1994, 1537 [1538]; BAG NJW 1990, 2272); BVerfGE 72, 155 (170 f.): „Recht auf individuelle Selbstbestimmung"; kritisch dazu *Erman/Ehmann*, Anh. § 12 Rdn. 9; BVerfGE 97, 391 (399); zu den verfassungsrechtlichen Aspekten des allgemeinen Persönlichkeitsrechts vgl. *Jarass*, NJW 1989, 857 ff.; *Degenhart*, JuS 1992, 361 ff.

49 BGHZ 24, 72 (76); vgl. auch BGHZ 30, 7 (10); BGH NJW 1959, 525.

50 *Ennercerus/Nipperdey*, § 101 I 1; vgl. auch *Larenz/Canaris*, § 80 III; BGH NJW 1988, 1016 (1017).

51 Vgl. BGHZ 24, 72 (77); 26, 349 (354); 50, 133 (143); 143, 214 (218) m.w.N.

52 Vgl. *Brox*, Rdn. 721; *Eisenhardt*, Rdn. 505; *Kötz/Wagner* (Fn. 32), Rdn. 626, 630; *Palandt/Sprau*, § 823 Rdn. 84.

53 So zutr. *Medicus*, BürgR, Rdn. 615; *Jauernig/Teichmann*, § 823 Rdn. 66; s. auch *Erman/Schiemann*, § 823 Rdn. 48. Nach *Beuthien*, Persönlichkeitsgüterschutz vor und nach dem Tode, Einf., S. 13, ist der Begriff der Freiheit i.S.d. § 823 I BGB über die körperliche Bewegungsfreiheit auf die „selbstbestimmte Freiheit der Persönlichkeit" auszuweiten.

54 BGHZ 30, 7 (11); *Larenz/Wolf*, BGB AT, § 8 Rdn. 6; a.A. *Klippel*, S. 513.

vorliege. Vielmehr ist zu prüfen, ob die Firma Roll durch ihre Werbung nicht in anderer Weise, außerhalb des Schutzbereichs des § 12 BGB, in das Recht des Adalbert B. auf Achtung und Nichtverletzung seiner Person eingegriffen hat[55].

22 Angesichts der Weite des allgemeinen Persönlichkeitsrechts ist eine generelle Abgrenzung seines Schutzbereichs nicht möglich. Es handelt sich um eine Generalklausel[56], deren verschiedene Schutzpositionen abschließend nicht erfassbar sind[57]. Die Feststellung des Schutzumfangs erfordert daher regelmäßig eine Güter- und Interessenabwägung im Einzelfall; nur die (im vorliegenden Fall nicht betroffene) Intimsphäre eines Menschen genießt als unantastbarer Kernbereich seiner privaten Lebensgestaltung grundsätzlich absoluten Schutz[58]. Da es somit keinen fest umrissenen Verletzungstatbestand gibt, erfüllt das allgemeine Persönlichkeitsrecht nicht die Funktion, die der Gesetzgeber dem „Recht" in § 823 I BGB zugedacht hat, nämlich bei unmittelbaren Verletzungen die Rechtswidrigkeit zu indizieren. Vielmehr muss auf Grund einer Abwägung der widerstreitenden Interessen nach dem Grad ihrer Schutzwürdigkeit unter Beachtung der Wertentscheidungen des Grundgesetzes im Einzelfall festgestellt werden, ob eine rechtswidrige Verletzung des allgemeinen Persönlichkeitsrechts vorliegt[59]. Daher ergibt sich erst aus der Feststellung der Rechtswidrigkeit des Verhaltens, ob das allgemeine Persönlichkeitsrecht verletzt ist[60].

Die Abwägung der beteiligten Güter und Interessen führt hier zu dem Ergebnis, dass diese Voraussetzung erfüllt ist.

23 Aus dem Grundrecht der freien Meinungsäußerung (Art. 5 GG) folgt zwar, dass die öffentliche Nennung einer Person grundsätzlich gestattet ist, da die Erwähnung eines Namens für sich allein nicht ausreicht, um einen Eingriff in den inneren Persönlichkeitsbereich des Namensträgers annehmen zu können. Dies gilt umso mehr für Adalbert B., der durch seine künstlerische Tätigkeit Gegenstand des allgemeinen Interesses geworden und dies auch nach Beendigung seiner künstlerischen Tätigkeit noch immer ist.

---

55 Vgl. BGHZ 30, 7 (11); 81, 75 (78); OLG Bremen AfP 1987, 514 (515).

56 *Larenz*, SchuldR II, 12. Aufl. 1981, § 72 III a; *v. Caemmerer*, FS v. Hippel, 1967, S. 27 f.; s. auch BGHZ 24, 72 (77, 78); 50, 133 (143); teilweise wird es auch als „Rahmenrecht" (BGH NJW 1987, 2667; 1991, 1532 [1533]; 1994, 124 [125]; MK/*Rixecker*, § 12 Anh. Rdn. 7; *Fikentscher*, Rdn. 1216; *Schack*, Rdn. 64) als „Denkform" (*Ennerccerus/Lehmann*, § 229 II) oder als „Auffangtatbestand" (BGHZ 50, 133 [143]; *Scholtissek*, WRP 1992, 612 [614]) bezeichnet; a.A. jetzt *Larenz/Canaris*, § 80 III 2.

57 Vgl. *Schwerdtner*, Das Persönlichkeitsrecht in der deutschen Zivilrechtsordnung, 1977, S. 95; *Erman/Ehmann*, Anh. § 12 Rdn. 14 ff.; zur Systematisierung des allgemeinen Persönlichkeitsrechts durch Bildung von Fallgruppen, siehe *Larenz/Canaris*, § 80 II; *Medicus*, BGB AT, Rdn. 1079 ff.; *Baston-Vogt* (Fn. 36); *Prinz/Peters*, Medienrecht, 1999, Rdn. 53; vgl. speziell zur „Prominentenwerbung" *Pietzko*, AfP 1988, 209 (215 ff.).

58 BVerfGE 34, 238 (245, 248 ff.); BGHZ 73, 120 (124); BGH NJW 1981, 1366; 1982, 277; 1988, 1017; 1984 (1985); *Palandt/Sprau*, § 823 Rdn. 87; *Ricker*, NJW 1990, 2097 (2098).

59 Vgl. BGHZ 45, 296 (307); 50, 133 (147); BGH JZ 1979, 103; NJW 1987, 2667; 1988, 1016 (1017); 1991, 1532 (1533); 1994, 124 (125); 1995, 1955 (1956 f.); *Fikentscher*, Rdn. 1225; *Baumbach/Hefermehl*, Wettbewerbsrecht, 22. Aufl. 2001, Allg. Rdn. 146; ausführlich *Erman/Ehmann*, Anh. § 12 Rdn. 54 ff.; a.A. *Larenz/Canaris*, § 80 II.

60 *Larenz*, SchuldR II, 12. Aufl. 1981, § 72 III a; *Baumbach/Hefermehl* (Fn. 59), Einl. UWG Rdn. 355; einschränkend jetzt *Larenz/Canaris*, § 80 II; der Meinungsstreit zwischen Handlungs- und Erfolgsunrecht ist daher hier ohne Belang. Zu den unterschiedlichen Ansichten über die Anknüpfung des Rechtswidrigkeitsurteils im übrigen (Erfolgs-, Handlungs- oder eingeschränkte Erfolgsunrechtslehre) vgl. *Larenz/Canaris*, § 75 II 3 m.w.N.

Das Recht auf öffentliche Erwähnung einer Person endet aber dort, wo der gute Ruf **24** und das Ansehen des Betroffenen zu eigenen Zwecken, insbesondere zur Förderung eigener materieller Interessen eingesetzt werden. Dabei kommt es nicht darauf an, ob die Werbung für einen Künstler schmeichelhaft ist oder nicht. Vielmehr braucht niemand gegen seinen Willen seinen Namen für Werbungen irgendwelcher Art herzugeben[61]. Die eigenmächtige Namensnennung zu Werbezwecken ist generell unzulässig. Hinzu kommt, dass die Plakatwerbung geeignet ist, das Ansehen des Adalbert B. in der Öffentlichkeit zu schädigen. Da in dem Plakat auf den Unfall des Schlagersängers angespielt wird, kann bei dem Betrachter der Eindruck entstehen, dass Adalbert B. gegen Bezahlung gestatte, sein schweres Schicksal für Werbezwecke einzusetzen. Die Firma Roll verletzt somit durch die von ihr durchgeführte Plakatwerbung rechtswidrig das Persönlichkeitsrecht des Adalbert B.

Adalbert B. steht also aus §§ 823 I, 1004 BGB analog ein Anspruch gegen die Firma Roll auf Entfernung der Werbeplakate zu.

II. Unterlassungsanspruch analog §§ 823 I, 1004 BGB

Ein **Anspruch auf Unterlassung** der künftigen Werbung mit Plakaten dieser Art hat **25** zusätzlich zur Voraussetzung, dass eine Fortsetzung der Plakatwerbung und damit weitere Eingriffe in das Persönlichkeitsrecht des Adalbert B. zu besorgen sind[62]. Eine derartige Wiederholungsgefahr kann nicht allein daraus hergeleitet werden, dass in die Rechtssphäre des Adalbert B. durch die aushängenden Plakate schon eingegriffen worden ist. Es handelt sich hierbei lediglich um ein Indiz für das Drohen weiterer Beeinträchtigungen[63]. Aus dem Sachverhalt ergibt sich jedoch, dass die Werbung auf unbestimmte Zeit durchgeführt werden soll, sodass Wiederholungsgefahr besteht. Adalbert B. kann daher von der Firma Roll auch die Unterlassung der künftigen Werbung mit Plakaten dieser Art verlangen.

III. Anspruch auf eine angemessene Entschädigung in Geld

Adalbert B. könnte darüber hinaus wegen Verletzung seines Persönlichkeitsrechts ein **26** **Anspruch auf Ersatz des ihm entstandenen Schadens nach § 823 I BGB** zustehen.

Die erforderliche **objektiv-rechtswidrige Verletzung des Persönlichkeitsrechts** **27** **liegt**, wie bereits festgestellt, **vor**. Darüber hinaus müsste die Firma Roll auch schuldhaft gehandelt haben. In Anwendung der im Verkehr erforderlichen Sorgfalt (§ 276 II BGB) war man seitens der Firma Roll verpflichtet, vor Durchführung der Plakatwer-

---

61 OLG Hamburg NJW 1990, 1995 = AfP 1989, 760 m. i.E. zust. Anm. *Pietzko*; *Schwerdtner* (Fn. 57), S. 240; nachdem der BGH zunächst offen gelassen hatte (vgl. BGHZ 30, 7 [12]), ob es Fälle gebe, in denen die Erwähnung einer Person in einem Werbetext nicht beanstandet werden könne, auch wenn der Genannte nicht einverstanden sei, hat er später entschieden (BGHZ 81, 75 [80]; 143, 214 [219]), dass es im Wesen des Persönlichkeitsrechts liege, darüber zu entscheiden, ob und unter welchen Voraussetzungen der Name für Werbezwecke anderer zur Verfügung steht; eingehend hierzu *Sack*, WRP 1984, 521 (523 ff.).

62 Zur Wiederholungsgefahr vgl. BGHZ 22, 394; *Larenz/Canaris*, § 87 II; *Erman/Ehmann*, Anh. § 12 Rdn. 714; *Medicus*, BürgR, Rdn. 628; MK/*Medicus*, § 1004 Rdn. 80; RGRK/*Pikart*, § 1004 Rdn. 104.

63 MK/*Medicus*, § 1004 Rdn. 80.

bung zu überprüfen, ob durch die eigenmächtige Nennung des pseudonymen Vornamens des Adalbert B. dessen Persönlichkeitsrecht verletzt wird. Dabei hätte man im Hinblick auf die gefestigte Rechtsprechung zum allgemeinen Persönlichkeitsrecht – und hier speziell zur unbefugten Benutzung eines fremden Namens zu Wettbewerbszwecken – zu dem Ergebnis kommen müssen, dass dies zu bejahen ist. Es könnte indes fraglich sein, ob die Verletzung des allgemeinen Persönlichkeitsrechts überhaupt Schadensersatzansprüche nach § 823 I BGB begründen kann, handelt es sich doch regelmäßig um immaterielle Schäden.

28 1. Im Anschluss an die **„Herrenreiter"-Entscheidung** vom 14. 2. 1958[64] vertritt der BGH in ständiger Rechtsprechung die Auffassung, dass bei Verletzung des allgemeinen Persönlichkeitsrechts ein Anspruch auf Ersatz des immateriellen Schadens besteht, wenn die Schwere des Eingriffs eine solche Genugtuung erfordert, und wenn die erlittene Beeinträchtigung nicht in anderer Weise, etwa durch Widerrufs- oder Unterlassungsklage, ausgeglichen werden kann[65]. Begründet hat der BGH diesen Anspruch zunächst mit einer Analogie zu dem Begriff der Freiheitsentziehung in § 847 BGB a.F.[66], indem er die Verletzung des allgemeinen Persönlichkeitsrechts als eine „Freiheitsentziehung im Geistigen" angesehen hat[67]. Diese Analogie war jedoch nicht haltbar, weil in den Fällen der Persönlichkeitsverletzung die geistige Freiheit des Betroffenen nicht beeinträchtigt wird. Eine solche Beeinträchtigung kann sich nämlich nur auf die Willensentschließung beziehen, die aber gerade in derartigen Fällen nicht tangiert ist. Derjenige, der das Persönlichkeitsrecht eines anderen verletzt, wirkt nicht auf dessen Willen ein[68]. Auch der BGH hat diese Analogie aufgegeben und den Anspruch in der Folgezeit unmittelbar aus § 823 I BGB hergeleitet. Die Zuerkennung einer Geldentschädigung für immaterielle Schäden bei Verletzung des allgemeinen Persönlichkeitsrechts wurde damit begründet, dass die unter dem Einfluss der Wertentscheidung des Grundgesetzes erfolgte Ausbildung des zivilrechtlichen Persönlichkeitsschutzes unzulänglich wäre, wenn die Verletzung des Persönlichkeitsrechts keine der ideellen Beeinträchtigung adäquate Sanktion auslösen würde[69]. Diese Rechtsprechung ist vom Bundesverfassungsgericht für verfassungsgemäß erachtet worden[70].

---

64 BGHZ 26, 349.
65 Vgl. BGHZ 35, 363; 39, 124; 95, 212 (214 f.); 128, 1 (12, 15); 132, 13 (27); BGH NJW 1965, 685; 1970, 1077; 1971, 699; 1976, 1198; 1982, 635; 1985, 1617; 1989, 2941 (2943); 1996, 984 (985), 985 (986); NJW-RR 1988, 733; WM 1994, 992 (996).
66 Der § 847 BGB a.F. lautet:
(1) Im Falle der Verletzung des Körpers oder der Gesundheit sowie im Falle der Freiheitsentziehung kann der Verletzte auch wegen des Schadens, der nicht Vermögensschaden ist, eine billige Entschädigung in Geld verlangen.
(2) Ein gleicher Anspruch steht einer Frauensperson zu, gegen die ein Verbrechen oder Vergehen wider die Sittlichkeit begangen oder die durch Hinterlist, durch Drohung oder unter Missbrauch eines Abhängigkeitsverhältnisses zur Gestattung der außerehelichen Beiwohnung bestimmt wird.
67 BGHZ 26, 349 (356).
68 Vgl. *Münzel*, NJW 1960, 2027; siehe hierzu auch *Weitnauer*, JZ 1964, 578.
69 BGHZ 128, 1 (15); 143, 214 (218 f.); BGH NJW 1971, 698 ff.; 1980, 994; 1996, 984 (985), 985 (987); OLG München NJW-RR 1996, 539 (540).
70 BVerfGE 34, 269; vgl. auch die Zitate in Fn. 47.

2. In der **Literatur** ist die Rechtsprechung des BGH überwiegend mit Zustimmung **29** aufgenommen worden[71], aber auch auf Ablehnung gestoßen[72].

Die Ablehnung wurde im Wesentlichen damit begründet, dass die Gewährung von **30** Geldersatz für immaterielle Schäden bei Persönlichkeitsverletzungen durch § 253 BGB a.F.[73] ausgeschlossen und daher eine unzulässige Rechtsfortbildung contra legem sei, mit der die Rechtsprechung die ihr durch das Grundgesetz, insbesondere Art. 20 II und III, gezogenen Grenzen überschritten habe.

Soweit der Rechtsprechung des BGH zugestimmt wurde, fanden sich hierzu unter- **31** schiedliche Begründungen. Teilweise ist die Ansicht vertreten worden, § 253 BGB a.F. sei durch die Artt. 123, 1 I, 2 I GG außer Kraft getreten, soweit er eine Geldentschädigung für Nichtvermögensschäden bei Persönlichkeitsrechtsverletzungen ausschließe[74]. Die Vorschrift habe insoweit materiellrechtlich im Widerspruch gestanden zu den in Artt. 1 I u. 2 I GG verbürgten Grundrechten auf Menschenwürde und freie Entfaltung der Persönlichkeit, die zivilrechtlich durch das allgemeine Persönlichkeitsrecht geschützt würden. Das Zivilrecht habe nämlich neben der Gewährung von Geldersatz für immaterielle Schäden keine anderen ausreichenden Sanktionen, die dem Schutz der Persönlichkeit hinreichend gerecht würden. Durch die Teilunwirksamkeit des § 253 BGB a.F. sei es möglich gewesen, § 847 a.F. BGB auf Fälle der Persönlichkeitsrechtsverletzungen analog anzuwenden.

Nach anderer Auffassung[75] tangierte die Gewährung immateriellen Schadensersatzes bei Persönlichkeitsrechtsverletzungen § 253 BGB a.F. nicht. Entsprechend der verfassungsrechtlich gebotenen Erweiterung des § 823 I BGB um das allgemeine Persönlichkeitsrecht sei lediglich konsequenterweise eine weitere aus der Rechtsordnung abgeleitete Ausnahme von § 253 BGB a.F. geschaffen worden.

Beide Begründungen konnten bereits nach alter Rechtslage nicht überzeugen. Dass **32** § 253 BGB a.F. mit dem Grundgesetz unvereinbar gewesen sei, anders formuliert: dass dieses die Gewährung einer Geldentschädigung für Verletzungen des Persönlichkeitsrechts von Verfassungs wegen zwingend gebiete, ist nicht erweislich. Zwar erfordern die Verbürgungen der Menschenwürde (Art. 1 I GG) und der freien Entfaltung der Per-

---

71 *Palandt/Sprau*, § 823 Rdn. 123 ff.; *Erman/Schiemann*, § 847 Rdn. 3; *Enneccerus/Nipperdey*, § 101 IV 1; *Larenz/Canaris*, § 80 I 4; *Diederichsen*, NJW 1978, 1801 (1806); *Maunz/Dürig*, Grundgesetz, 42. Lieferung, 2003, Art. 2 I Rdn. 127; *Prinz*, NJW 1996, 953 ff.; ausführlich *Ehlers*, Geldersatz für immaterielle Schäden bei deliktischer Verletzung des allgemeinen Persönlichkeitsrechts, 1977; für den Fall der Verletzung (auch) namensrechtlicher Interessen differenzierend *Klippel* (Fn. 3), S. 518 f.; s. auch die Übersicht bei *Staudinger/Schäfer*, 12. Aufl. 1986, § 847 Rdn. 140 ff., 152 f.; krit. *Pfeifer*, JZ 1996, 420 (421); *Siemes*, AcP 201 (2001), 202 (212 ff.).

72 *Larenz*, SchuldR II, 12. Aufl. 1981, § 72 III a; *Giesen*, NJW 1971, 801, noch unter Zugrundelegung der alten Rechtslage.

73 Beachte die Neufassung des § 253 BGB durch das Zweite Gesetz zur Änderung schadensersatzrechtlicher Vorschriften vom 19. 7. 2002, BGBl. I 2674. Zu der Neuregelung vgl. *Müller*, VersR 2003, 1 (3 f.); *Däubler*, JuS 2002, 625 (627); *Wagner*, NJW 2002, 2049 (2053 ff.).

74 So – freilich noch zu § 253 a.F. – z.B. *Helle*, Der Schutz der Persönlichkeit, der Ehre und des wissenschaftlichen Rufes im Privatrecht, 2. Aufl. 1969, S. 86 ff.; *Nipperdey*, Verh. d. 42. Deutschen Juristentages, Bd. 2, 1959, S. D 21; vgl. auch *Staudinger/Schäfer*, 12. Aufl. 1986, § 847 Rdn. 145; *Scholtissek*, WRP 1992, 612 (616).

75 *Larenz/Canaris*, § 80 I 4; MK/*Schwerdtner*, 3. Aufl. 1993, § 12 Rdn. 187, 291; *Weitnauer*, DB 1976, 1413 (1417); auch BVerfGE 34, 269 (292).

sönlichkeit (Art. 2 I GG) den Schutz der Persönlichkeitssphäre. Eine bestimmte Ausgestaltung dieses Schutzes lässt sich der Grundrechtsverbürgung indes nicht entnehmen. Sie steht vielmehr zur Disposition des einfachen Gesetzgebers und könnte beispielsweise durch strafrechtliche Sanktionen ebenso gewährleistet werden wie durch den Ersatz des Nichtvermögensschadens[76]. Gegen eine analoge Anwendung des § 847 a.F. BGB in Erweiterung der dort genannten Rechtsgüter um das allgemeine Persönlichkeitsrecht sprach, dass durch § 253 a.F. BGB eine derartige Analogie ausdrücklich ausgeschlossen wurde und daher keine Regelungslücke bestand[77].

33   Trotz dieser methodischen und dogmatischen Bedenken gegen die Anerkennung eines Anspruchs auf Ersatz des immateriellen Schadens nach einer Verletzung des allgemeinen Persönlichkeitsrechts konnte man bereits nach alter Rechtslage der Rechtsprechung des BGH im Ergebnis zustimmen. Dies weniger deshalb, weil sie – unter Billigung durch das Bundesverfassungsgericht[78] – inzwischen so verfestigt ist, dass es den Gerichten kaum möglich sein dürfte, von ihr wieder abzugehen[79], sondern vielmehr, weil sie unter den gegebenen Umständen **rechtspolitisch notwendig** ist, um das Persönlichkeitsrecht gegen schuldhaft-rechtswidrige Eingriffe, insbesondere durch unlautere journalistische oder werbetechnische Praktiken, ausreichend zu schützen. Denn der negatorische Schutz durch (vorbeugende) Unterlassungsklage greift zu kurz, weil er meistens erst wirken kann, wenn die Verletzung schon geschehen ist. Zwar wäre es an sich die Aufgabe des Gesetzgebers, durch entsprechende zivilrechtliche oder strafrechtliche Regelungen einen effizienten Schutz der Persönlichkeit zu gewährleisten. Angesichts seines Schweigens, namentlich in Anbetracht des Fehlens strafrechtlicher Sanktionen, von denen eine wirksame Präventivwirkung zu erwarten wäre, konnte es den Zivilgerichten jedoch nicht verwehrt sein, mit den ihnen zu Gebote stehenden Mitteln den aufgetretenen Missständen entgegenzusteuern. „Geldersatz für nicht vermögensmäßig erfassbare Persönlichkeitsbeschränkungen gehört unabhängig von jeder methodologischen Bewertung zu den wahrhaft politischen Taten des BGH[80]". Daran hat sich auch durch die Änderungen des Zweiten Gesetzes zur Änderung schadensrechtlicher Vorschriften nichts geändert. Der Gesetzgeber hat im Rahmen des Gesetzgebungsverfahrens vielmehr ausdrücklich klargestellt, dass der von der Rechtsprechung ausgeformte Anspruch durch die Gesetzesänderung nicht berührt werden soll[81].

34   3. Der **Ersatz immateriellen Schadens** kann jedoch grundsätzlich nur bei **schwerwiegender Beeinträchtigung des Persönlichkeitsrechts** verlangt werden. Ob eine sol-

---

76 MK/*Schwerdtner*, 3. Aufl. 1993, § 12 Rdn. 156, 286; *ders.* (Fn. 57), S. 255 ff.; *Larenz/Canaris*, § 80 I 4.
77 Vgl. *Fikentscher*, Rdn. 1231; *Esser/Weyers*, § 61 II 2 b; *Palandt/Heinrichs*, § 253 Rdn. 1; *Larenz*, SchuldR II, 12. Aufl. 1981, § 72 III a; a.A. jetzt *Larenz/Canaris*, § 80 I 4.
78 BVerfGE 34, 269; vgl. auch die Zitate in Fn. 47.
79 Vgl. *Fikentscher*, Rdn. 1231; *Larenz/Canaris*, § 80 I 4.
80 *Diederichsen*, NJW 1978, 1801 (1806); so der Sache nach auch *Esser/Weyers*, § 61 II 2 b; *Medicus*, BürgR, Rdn. 615; vgl. ferner *Scholtissek*, WRP 1992, 612 (616).
81 Vgl. BT-Drucks. 14/7752, S. 25. Im Rahmen des Gesetzgebungsverfahrens ist erörtert worden, ob die bisherige Rechtsprechung zur Geldentschädigung bei Persönlichkeitsrechtsverletzungen ausdrücklich kodifiziert werden sollte, vgl. BT-Drucks. 14/7752, S. 49. Dies ist jedoch mit der Begründung abgelehnt worden, dass eine ausdrückliche gesetzliche Ausformung dieses Anspruchs vor dem Hintergrund ungelöster rechtspolitischer Fragen im Bereich des Allgemeinen Persönlichkeitsrechts unbefriedigend wäre, vgl. BT-Drucks. 14/7752, S. 55; dazu auch *Däubler*, JuS 2002, 625 (627); *Mayenburg*, VersR 2002, 278 (283); *Müller*, VersR 2003, 1 (5); *Wagner*, NJW 2002, 2049 (2056 f.).

che vorliegt, hängt vor allem von Bedeutung und Tragweite des Eingriffs, ferner von Anlass und Beweggrund des Rechtsverletzers sowie vom Grad seines Verschuldens ab[82]. Diese Beschränkung des Anspruchs rechtfertigt sich aus den Besonderheiten des Persönlichkeitsrechts. Die Feststellung eines immateriellen Schadens ist nämlich bei Persönlichkeitsrechtsverletzungen schwieriger und deshalb mit größeren Unsicherheitsfaktoren belastet als beispielsweise bei einem Körperschaden. Außerdem gilt es zu verhindern, dass geringfügige Beeinträchtigungen der Persönlichkeitssphäre „als Verdienstquelle ausgebeutet werden"[83]. Ausnahmsweise kann bei Beeinträchtigungen von verhältnismäßig geringem Ausmaß eine Entschädigung verlangt werden, wenn ein schweres Verschulden des Verletzers vorliegt. Wenn nämlich sein Vorgehen in besonderem Maße boshaft oder rücksichtslos ist, kann auf eine Genugtuung durch Geldentschädigung billigerweise nicht verzichtet werden. Das Ausmaß der Verletzung oder die Schwere der Schuld sind deshalb alternativ Voraussetzung für einen Geldersatzanspruch[84]. Diese Einschränkung erscheint indes für den Fall, dass mit dem Namen oder auch dem Bild bekannter Persönlichkeiten geworben wird, nicht angebracht. In diesen Fällen geht es weniger um die Geltendmachung eines immateriellen Schadens als vielmehr um den Ausgleich der Verletzung vermögenswerter Bestandteile des allgemeinen Persönlichkeitsrechts[85]. Die Werbung beruht in diesen Fällen nämlich vor allem auf der Popularität und dem Image der Persönlichkeit, die einen Marktwert haben und damit ein vermögenswertes Gut darstellen. Da die Bekanntheit einer Person sich also regelmäßig wirtschaftlich verwerten lässt, stellt die Verwendung des Namens zu Werbezwecken in erster Linie die Beeinträchtigung kommerzieller Interessen des Betroffenen dar[86].

So auch im vorliegenden Fall. Die Firma Roll hat in das Persönlichkeitsrecht des Adalbert B. eingegriffen, um ihre Werbung zugkräftig zu gestalten, indem sie auf den Plakaten an den schweren Autounfall des Künstlers und die für ihn bleibenden Folgen der Querschnittslähmung angespielt hat. Sie hat somit die Bekanntheit und das schwere Schicksal des Adalbert B. zu ihrem kommerziellen Vorteil verwendet. Bereits diese Umstände reichen aus, um die Plakatwerbung als schwerwiegenden Eingriff in die vermögenswerten Bestandteile des Persönlichkeitsrechts des Adalbert B. anzusehen. **35**

Allerdings hat die Firma Roll nicht nur kommerzielle Interessen des Adalbert B. beeinträchtigt. Darüber hinaus ist ihm auch ein immaterieller Schaden enstanden, da für den Betrachter der Plakate der Eindruck entstehen kann, die Werbeaktion erfolge mit Zustimmung des Adalbert B., dieser setze somit sein schweres Schicksal für Geld zu Werbezwecken ein. Die Plakatwerbung ist infolgedessen auch geeignet, das Ansehen des Adalbert B. in der Öffentlichkeit herabzusetzen. Dies stellt ebenfalls einen schwerwiegenden Eingriff in das Persönlichkeitsrecht des Adalbert B. dar, sodass ihm auch

---

82 St. Rspr. BGHZ 95, 212 (214 f.); 128, 1 (12); 132, 13 (27); BGH NJW 1989, 2941 (2943); 1996, 985 (986); NJW-RR 1988, 733; WM 1994, 992 (996); vgl. auch die weiteren in Fn. 65 zitierten Entscheidungen sowie BVerfGE 34, 269.

83 BGH NJW 1965, 1364.

84 Vgl. *Deutsch*, Allgemeines Haftungsrecht, 2. Aufl. 1995, Rdn. 902 f.; *Erman/Ehmann*, Anh. § 12 Rdn. 806 f.; *Hübner*, Rdn. 186; *Kötz/Wagner* (Fn. 32), Rdn. 642; *Ehlers* (Fn. 71), S. 265 ff.; MK/*Rixekker*, § 12 Anh. Rdn. 241; a.A. MK/*Schwerdtner*, 3. Aufl. 1993, § 12 Rdn. 296 ff.

85 MK/*Schwerdtner*, § 12 Rdn. 296 sowie z.B. BGHZ 128, 1 (12, 15 f.).

86 BGHZ 143, 214 (219); dazu *Wagner*, VersR 2000, 1305 (1308).

insoweit ein Anspruch auf Ersatz des immateriellen Schadens gegen die Firma Roll zusteht.

36 Für die Beeinträchtigung der vermögenswerten Interessen kann der Geschädigte den Schaden konkret oder im Wege der sog. „Lizenzanalogie" berechnen[87]. Soweit es um den rein immateriellen Schaden geht, ist die Höhe der Entschädigung unter Würdigung aller Umstände festzulegen, wobei u.a. die wirtschaftlichen Verhältnisse der Beteiligten, das Maß des Verschuldens seitens des Verletzers, dessen etwaiger mittels der Persönlichkeitsrechtsverletzung erzielter Gewinn sowie allfällige negative Auswirkungen auf das psychische Befinden des Verletzten zu berücksichtigen sind[88]. Mangels hinreichender Angaben im Sachverhalt kann der genaue Betrag hier nicht bestimmt werden.

IV. Anspruch aus § 812 I S. 1 Alt. 2 BGB

37 Fraglich ist, ob Adalbert B. darüber hinaus ein Anspruch aus **Nichtleistungskondiktion nach § 812 I S. 1 Alt. 2 BGB** gegen die Firma Roll zusteht.

Dazu müsste diese „in sonstiger Weise" etwas auf Kosten des Adalbert B. ohne rechtlichen Grund erlangt haben. Dass die Firma Roll durch die Verwendung des Namens einen vermögenswerten Vorteil erlangt hat, steht außer Frage. Sie nutzte die Bekanntheit des Adalbert B. zu Werbezwecken aus, ohne dafür eine Gegenleistung zu erbringen. Dieser hatte die Verwendung nicht genehmigt; ein Rechtsgrund ist daher nicht ersichtlich. Es stellt sich aber die Frage, ob in dem darin liegenden Eingriff in das allgemeine Persönlichkeitsrecht des Adalbert B. ein von der Rechtsordnung nicht gebilligter Eingriff in den Zuweisungsgehalt dieser Rechtsposition zu sehen ist (sog. „Eingriffskondiktion")[89]. Wann eine Verletzung von Persönlichkeits- und Immaterialgüterrechten einen solchen Eingriff darstellt ist umstritten. Es soll eine übermäßige Kommerzialisierung dieser Rechte vermieden werden[90]. Sofern es sich jedoch um die Verletzung vermögenswerter Positionen des Persönlichkeitsrechts handelt, besteht diese Gefahr nicht, da das Persönlichkeitsrecht ja schon zu einem gewissen Grad kommerzialisiert ist[91]. Im vorliegenden Fall ist eine Eingriffskondiktion daher zu bejahen. Der Anspruch ist allerdings auf die Verletzung eben dieser vermögenswerten Interessen beschränkt. Adalbert B. kann von der Firma Roll gemäß §§ 812 I S. 1 Alt. 2, 818 II BGB daher den Vermögensvorteil verlangen, den diese durch die nicht genehmigten Verwendung seines Namens erlangt hat[92].

---

87 BGHZ 143, 214 (232); BGH NJW 2000, 2201 (2202); vgl. dazu *Staudinger/Schmidt*, Jura 2001, 241 (242 ff.); *Palandt/Sprau*, § 823 Rdn. 125.

88 Vgl. BGHZ 128, 1 (15 f.); BGH NJW 1996, 984 (985); MK/*Mertens*, § 847 Rdn. 15 ff.; *Erman/Ehmann*, Anh. § 12 Rdn. 815 ff.; *Palandt/Sprau*, § 823 Rdn. 124; *Pietzko*, AfP 1988, 209 (221); hierzu eingehend *v. Bar*, NJW 1980, 1724 ff., dort wird es abgelehnt, die gesellschaftliche und wirtschaftliche Stellung des Opfers als Bemessungsfaktor für die Höhe der Entschädigung zu berücksichtigen; ähnlich MK/*Rixecker*, § 12 Anh. Rdn. 217. *Prinz*, NJW 1996, 953 ff., plädiert aus Gründen der Prävention für erheblich höhere als die bisher zugesprochenen Geldentschädigungen, die sich in Anlehnung an das Tagessatzsystem bei der Bemessung von Geldstrafen (§ 40 StGB) insbesondere nach den finanziellen Verhältnissen des Verletzers richten sollen.

89 *Palandt/Sprau*, § 812 Rdn. 10 f.; *Erman/Ehmann*, Anh. § 12 Rn. 771 ff.; *Erman/H.P. Westermann*, § 812 Rdn. 65; ausführlich auch *Canaris*, FS Deutsch, 1999, S. 85 (87 ff.).

90 *Erman/H.P. Westermann*, § 812 Rdn. 69; *Staudinger/Lorenz* (1999) § 812 Rdn. 23.

91 BGHZ 81, 75 ff.; *Palandt/Sprau*, § 812 Rdn. 11.

92 BGHZ 81, 75 (81 f.); OLG Koblenz NJW-RR 1995, 1112.

V. Ergebnis

V. Adalbert B. kann somit von der Firma Roll die Beseitigung der Werbeplakate und das Unterlassen der künftigen Werbung mit Plakaten dieser Art verlangen. Darüber hinaus steht ihm Schadensersatz wegen der Verletzung der vermögenswerten Bestandteile des Allgemeinen Persönlichkeitsrechts sowie eine angemessene Entschädigung in Geld für den erlittenen immateriellen Schaden zu.   **38**

Fall 2

Auswirkungen des § 107 BGB im Grundbuchrecht – Schenkung und Übertragung eines Erbbaurechts von Eltern an ihre Kinder – Erklärung der dinglichen Einigung als Insich-Geschäft „in Erfüllung einer Verbindlichkeit" – teleologische Reduktion – § 181 BGB als formale Ordnungsvorschrift – Auslegung des lediglich rechtlichen Vorteils in § 107 BGB – Abstraktionsprinzip – Lehre von der Gesamtschau – Berücksichtigung öffentlich-rechtlicher Pflichten bei § 107 BGB

Ausgangsfälle

BGH, Beschl. v. 9. 7. 1980 – V ZB 16/79 = BGHZ 78, 28 = NJW 1981, 109 = DB 1980, 2234 = RPfleger 1980, 436 = WM 1980, 1193 = JR 1981, 281 m. zust. Anm. v. Gitter.
OLG Frankfurt, Beschl. vom 22. 8. 1974 – 20 W 399/74 = RPfleger 1974, 429.
BGH, Urt. v. 10. 11. 1954 – II ZR 165/53 = BGHZ 15, 168 = NJW 1955, 1353 = JZ 1955, 243 m. Anm. v. Westermann = DNotZ 1955, 72.
BGH, Urt. v. 20. 9. 1978 – VIII ZR 142/77 = NJW 1979, 102.

Sachverhalt

39 Der verwitwete Apotheker Alfons (A) erwarb ein Erbbaurecht an einem in T gelegenen Grundstück, auf dem er ein Einfamilienhaus errichtete. Am 25. Juli 2002 suchte er zusammen mit seiner am 25. Juli 1985 geborenen Tochter Elisabeth (E) den Notar Dr. K auf, zu dessen Urkunde er sich mit seiner Tochter über die schenkweise Übertragung des Erbbaurechts einigte, wobei der als Schenkungsvertrag bezeichnete notarielle Vertrag auch die dingliche Einigung über den Rechtsübergang enthielt.

Den Antrag auf Vollzug der Urkunde beschied der Rechtspfleger beim zuständigen Grundbuchamt mit einer Zwischenverfügung, in der der Standpunkt vertreten wird, zur Übertragung des Erbbaurechts an dem mit einem Einfamilienhaus bebauten Grundstück sei die Bestellung eines Ergänzungspflegers notwendig, weil die Erwerberin gem. § 9 I S. 1 ErbbauVO i.V.m. § 1108 I BGB für den Erbbauzins persönlich hafte und die Übertragung daher für die minderjährige E nicht lediglich rechtlich vorteilhaft sei.

Nachdem eine von A sowohl im eigenen als auch im Namen der E eingelegte Beschwerde erfolglos blieb, verfolgt er sein Begehren im Wege einer weiteren Beschwerde weiter.

Frage:
Wie wird das OLG entscheiden?

Gliederung   **40**

Lösung

Das OLG wird der weiteren Beschwerde stattgeben, wenn sie zulässig und begründet   **41**
ist.

I. Zulässigkeit der weiteren Beschwerde

1. Die weitere Beschwerde ist gem. § 78 S. 1 GBO **statthaft**, da sie sich gegen eine   **42**
Entscheidung des Landgerichts als Beschwerdegericht (§ 72 GBO) wendet.

2. Die **Zuständigkeit** bestimmt sich nach § 79 I GBO. Hiernach entscheidet über die   **43**
weitere Beschwerde das Oberlandesgericht[1].

3. A als Veräußerer und E als Erwerberin sind auch **beschwerdeberechtigt**, da ihre   **44**
Erstbeschwerde zurückgewiesen wurde[2].

---

1 Nach § 199 I FGG, der über § 1 FGG auch für Grundbuchsachen gilt, soweit die Grundbuchordnung, wie
  hier, nichts anderes bestimmt, sind die Bundesländer jedoch berechtigt, die Zuständigkeit für die weitere
  Beschwerde einem von mehreren OLGs eines Landes oder dem obersten Landesgericht, dessen Konstitu-
  ierung sich nach § 8 EGGVG richtet, zuzuweisen. Davon haben Bayern (Art. 11 III Nr. 1 Bayer. AGGVG
  v. 23. 6. 1981: BayObLG) und Rheinland-Pfalz (§ 4 III GerichtsorganisationsG v. 5. 10. 1977, geändert
  durch Gesetz v. 16. 9. 1982 und durch AGGVG v. 10. 11. 1989: OLG Zweibrücken) Gebrauch gemacht.
2 Vgl. *Kuntze/Ertl/Herrmann/Eickmann*, Grundbuchrecht, 5. Aufl. 1999, § 79 Rdn. 27 m.w.N.

45 4. Hinsichtlich der **Beschwerdefähigkeit**, die sich in der Regel mit der Prozessfähigkeit (§ 52 ZPO) deckt[3], bestehen insoweit, als A im eigenen Namen handelt, keine Bedenken. Indes ist die E nur beschränkt geschäftsfähig und damit auch nicht beschwerdefähig (§ 52 ZPO analog)[4]. Die Einwilligung des Vaters ist unerheblich, da die Beschwerdefähigkeit nicht dadurch herbeigeführt werden kann, dass der gesetzliche Vertreter der Prozessführung **im Voraus** zustimmt[5]. Prozessunfähige müssen im Beschwerdeverfahren vielmehr durch ihren gesetzlichen Vertreter vertreten sein[6]. Dies ist hier der Fall, da A die weitere Beschwerde ausdrücklich sowohl im eigenen Namen als auch zugleich im Namen der E erhob.

Demnach ist die weitere Beschwerde zulässig.

II. Begründetheit der weiteren Beschwerde

46 1. Die **Begründetheit** der weiteren Beschwerde erfordert zunächst, dass die **Erstbeschwerde zulässig** war[7]. Diese Voraussetzung ist erfüllt. § 71 I GBO gewährt gegen Entscheidungen des Grundbuchamtes das nicht fristgebundene Rechtsmittel der Beschwerde. Zu den Entscheidungen i.S. dieser Vorschrift gehört auch die hier vom Grundbuchamt nach § 18 I S. 1 2. Alt. GBO erlassene Zwischenverfügung, in der aufgezeigt wurde, dass der beantragten Eintragung ein Hindernis entgegenstehe, weil die zur Übertragung des Erbbaurechts notwendige Bestellung eines Ergänzungspflegers noch nicht erfolgt sei[8]. Zuständig für den Erlass der Zwischenverfügung war nach § 3 Nr. 1 Buchst. h RPflG der Rechtspfleger. Über die gemäß § 11 I RPflG i.V.m. § 71 GBO gegen die Zwischenverfügung eingelegte Beschwerde hatte das nach § 72 GBO örtlich zuständige Landgericht zu entscheiden. Die Beschwerdeberechtigung des A und der E ergibt sich aus ihrem Antragsrecht nach § 13 I S. 2 GBO[9], wobei E im Beschwerdeverfahren durch ihren Vater als gesetzlichen Vertreter vertreten wurde (s. oben I 4).

47 2. Neben der Zulässigkeit der Erstbeschwerde erfordert die Begründetheit der weiteren Beschwerde, dass die Entscheidung des Beschwerdegerichts **auf einer Verletzung des Rechts beruht**. Dabei entscheidet das Erfordernis einer Rechtsverletzung entgegen dem missverständlichen Wortlaut des § 78 S. 1 GBO über die Begründetheit und nicht

---

3 *Habscheid*, Freiwillige Gerichtsbarkeit, 7. Aufl. 1983, § 23 I 2a aa.

4 Die Beschwerdefähigkeit der E ergibt sich auch nicht aus § 59 I FGG, da es sich hier nicht um eine ihre *Person*, sondern um eine das Vermögen betreffende Angelegenheit handelt.

5 Vgl. *Baur/Grunsky*, Zivilprozessrecht, 10. Aufl. 2000, Rdn. 82; *Rosenberg/Schwab/Gottwald*, § 44 II 2a.

6 *Habscheid* (Fn. 3), § 23 I 2a aa.

7 BGHZ 5, 39 (45, 46).

8 Anfechtbar nach § 71 GBO sind nur die in der Sache entscheidenden Entschließungen des Grundbuchamts. Eine derartige Sachentscheidung ist auch die Zwischenverfügung nach § 18 GBO, da sie die Ablehnung des Eintragungsantrags androht, falls nicht bestimmte Voraussetzungen bis zu einem bestimmten Termin erfüllt werden (*Demharter*, Grundbuchordnung, 24. Aufl. 2002, § 71 Rdn. 11; *Streck* in: *Meikel*, Grundbuchrecht, Band 3, Teil I, 8. Aufl. 1997, § 71 Rdn. 17; *Kuntze/Ertl/Herrmann/Eickmann* [Fn. 2], § 71 Rdn. 13).

9 *Demharter* (Fn. 8), § 71 Rdn. 58, 63; *Kuntze/Ertl/Herrmann/Eickmann* (Fn. 2), § 71 Rdn. 64, 69; beschwerdeberechtigt in Grundbuchsachen ist jeder, dessen Rechtsstellung durch die Entscheidung des Grundbuchamts beeinträchtigt wird und der damit ein rechtlich geschütztes Interesse an ihrer Beseitigung hat. Im Eintragungsverfahren deckt sich die Beschwerdeberechtigung mit dem Antragsrecht (BGH WM 1998, 1847; BayObLG DNotZ 1989, 438 jeweils m.w.N.).

über die Zulässigkeit der weiteren Beschwerde[10]. Eine Rechtsverletzung ist nach § 546 ZPO, der über § 78 S. 2 GBO entsprechend anzuwenden ist, gegeben, wenn eine Rechtsnorm „nicht oder nicht richtig angewendet worden ist" (§ 546 ZPO). Dabei muss die Entscheidung des Beschwerdegerichts auf der Rechtsverletzung beruhen[11].

Die zurückgewiesene Beschwerde richtete sich gegen die nach § 18 I S. 1 2. Alt. GBO **48** ergangene Zwischenverfügung des Rechtspflegers. Die Zurückweisung beinhaltet also eine Rechtsverletzung, wenn die Beanstandung des Rechtspflegers, dass zur Wirksamkeit des Überlassungsvertrages die Bestellung eines Ergänzungspflegers erforderlich sei, nicht mit dem formellen oder materiellen Recht vereinbar ist[12].

a) Die **formellrechtlichen Voraussetzungen** einer Grundbucheintragung richten sich **49** grundsätzlich nach den §§ 13, 19, 29, 39 GBO.

aa) Da die erforderlichen Anträge gestellt sind, steht § 13 GBO als Ausprägung des das **50** Grundbuchrecht beherrschenden **Antragsgrundsatzes**[13] der Eintragung nicht entgegen.

bb) Nach § 19 GBO bedarf das Grundbuchamt zur Vornahme einer Eintragung nur der **51** **Bewilligung** des Betroffenen[14]. Diese Regelung ist Ausdruck des sog. **formellen Konsensprinzips**, nach der zur Eintragung nur die Einverständniserklärung des Betroffenen, nicht aber die materiellrechtlich erforderlichen Erklärungen, wie z.B. eine Einigung nach den §§ 873, 925 BGB oder §§ 873, 1093 BGB oder §§ 873, 1113 BGB, vorzuliegen brauchen[15].

cc) Die bedeutsamste **Durchbrechung des formellen Konsensprinzips** findet sich in **52** § 20 GBO. Nach dieser Vorschrift gilt nämlich im Falle der Übertragung eines Erbbaurechts – ebenso wie bei der Auflassung eines Grundstücks – das materielle Konsensprinzip, d.h. die Eintragung ist abhängig vom Nachweis der materiellrechtlichen Wirksamkeit der dinglichen Einigung[16]. Aus § 20 GBO ergibt sich also die Pflicht des Grundbuchamtes zur Prüfung der materiellen Rechtslage[17].

---

10 *Demharter* (Fn. 8), § 78 Rdn. 1; *Kuntze/Ertl/Herrmann/Eickmann* (Fn. 2), § 78 Rdn. 1.

11 *Demharter* (Fn. 8), § 78 Rdn. 20; *Kuntze/Ertl/Herrmann/Eickmann* (Fn. 2), § 78 Rdn. 17; *Meikel/Streck* (Fn. 8), § 78 Rdn. 23.

12 Bei der Beschwerde gegen eine Zwischenverfügung ist das LG verpflichtet, die Rechtmäßigkeit der konkreten Beanstandung zu prüfen, da die Beanstandung als solche eine Entscheidung i.S.d. § 71 I GBO darstellt, vgl. *Demharter* (Fn. 8), § 71 Rdn. 35; *Kuntze/Ertl/Herrmann/Eickmann* (Fn. 2), § 71 Rdn. 14.

13 *Demharter* (Fn. 8), § 13 Rdn. 1 ff.; *Kuntze/Ertl/Herrmann/Eickmann* (Fn. 2), § 13 Rdn. 1, 2. Zur Antragsberechtigung von A und E gem. § 13 I S. 2 GBO s.o.

14 Nach früher überwiegender Ansicht ist die Eintragungsbewilligung eine dem formellen Recht angehörende, auf Vornahme der Eintragung gerichtete rechtsgeschäftliche Willenserklärung: so *Horber*, Grundbuchordnung, 16. Aufl. 1983, § 19 Anm. 3 A a; s. auch *Kuntze/Ertl/Hermann/Eichmann* (Fn. 2), § 19 Rdn. 16 m.w.N.; nach nunmehr ganz h.M. stellt sie eine rein verfahrensrechtliche Erklärung dar: BayObLG NJW-RR 1993, 283; OLG Naumburg FGPrax 1998, 1 (2); OLG Frankfurt FGPrax 1998, 85 (86); OLG Hamm FGPrax 1998, 206; *Palandt/Bassenge*, § 873 Rdn. 9; *Kuntze/Ertl/Herrmann/Eickmann* (Fn. 2), § 19 Rdn. 17 ff.; *Demharter* (Fn. 8), § 19 Rdn. 13; *Lichtenberger* in: Meikel, Grundbuchrecht, Band 2, 8. Aufl. 1998, § 19 Rdn. 36 ff.; jeweils m.w.N.

15 *Demharter* (Fn. 8), § 19 Rdn. 1; *Meikel/Lichtenberger* (Fn. 14), § 19 Rdn. 3, 12, 16.

16 *Demharter* (Fn. 8), § 20 Rdn. 1 f.; *Kuntze/Ertl/Herrmann/Eickmann* (Fn. 2), § 20 Rdn. 2; die Wirksamkeit des schuldrechtlichen Kausalgeschäfts wird vom Rechtspfleger nicht geprüft.

17 Eigene Ermittlungen muss das Grundbuchamt indes nicht anstellen; zum Umfang der Prüfungspflicht des Grundbuchamtes im Einzelnen, vgl. *Kuntze/Ertl/Herrmann/ Eickmann* (Fn. 2), § 20 Rdn. 1 sowie *Habscheid* (Fn. 3), § 41 II 7 m.w.N. – insbesondere zur Beweislastfrage.

53 b) Durch § 20 GBO findet in das formelle Grundbuchrecht die **materiellrechtliche Frage der Wirksamkeit** der Einigung zwischen A und E Eingang: Der Rechtspfleger hatte seine Zwischenverfügung damit begründet, dass die Übertragung des Erbbaurechts[18] der E nicht lediglich rechtliche Vorteile bringe. Im Rahmen des § 20 GBO ist also die Wirksamkeit der dinglichen Einigung (§ 873 BGB) und damit die Frage des lediglich rechtlichen Vorteils (§ 107 BGB) zu prüfen, eine Konstellation, die in der Praxis sehr häufig ist[19].

54 aa) Die durch die E erklärte Annahme des Übertragungsangebotes ihres Vaters wäre dann wirksam, wenn diese **Annahmeerklärung** und damit der Erwerb des Erbbaurechts i.S. des § 107 BGB **lediglich rechtlich vorteilhaft** wäre.

55 Das **Erbbaurecht**, geregelt in der ErbbauVO vom 15. 1. 1919 (= Schönfelder Nr. 41), ist ein dingliches Nutzungsrecht an einem Grundstück. Es ist eine Belastung des Grundstücks in der Weise, dass dem Berechtigten das veräußerliche und vererbliche Recht zusteht, auf dem Grundstück ein Bauwerk zu haben, das in seinem Eigentum steht (vgl. § 1 I ErbbauVO). Da der Eigentümer also sowohl den Besitz als auch sämtliche Nutzungsrechte des Grundstücks verliert, stellt das Erbbaurecht die stärkste Belastung dar, die das Grundstückseigentum erfahren kann. Gem. § 11 I ErbbauVO ist das Erbbaurecht wie ein Grundstück zu behandeln. Dementsprechend erhält es ein besonderes Grundbuchblatt, das Erbbaugrundbuch; es kann ebenso wie ein Grundstück belastet werden und wird ebenso wie Grundeigentum geschützt (z.B. §§ 985 ff., 1004 BGB). Insbesondere wird aber gem. § 12 ErbbauVO ein auf dem belasteten Grundstück errichtetes Gebäude auch nicht wesentlicher Bestandteil des Grundstücks, sondern wesentlicher Bestandteil des Erbbaurechts.

56 Hierin ist dessen **wirtschaftliche Bedeutung** begründet: Der Inhaber des Erbbaurechts kann auf dem Grundstück ein in seinem Eigentum stehendes Bauwerk errichten, ohne das für den Grundstückserwerb erforderliche Kapital aufbringen zu müssen. Stattdessen muss er dem Grundstückseigentümer lediglich eine meist in wiederkehrenden Leistungen bestehende Vergütung, den **Erbbauzins** erbringen, auf den die Vorschriften über die Reallast (§ 1108 BGB) entsprechend Anwendung finden (§ 9 I S. 1 ErbbauVO). Die **Begründung** des Erbbaurechts geschieht gem. § 873 BGB durch Einigung und Eintragung in das Grundbuch, ohne dass es also der Form des § 925 BGB bedarf (§ 11 I ErbbauVO). Der der Bestellung zu Grunde liegende schuldrechtliche Vertrag muss aber in der Form des § 311b I BGB abgeschlossen werden (§ 11 II ErbbauVO)[20]. Ebenfalls nach § 873 BGB richtet sich die **Übertragung** des Erbbaurechts. Es **erlischt** i.d.R. durch Ablauf der vereinbarten Zeit[21], die im Allgemeinen 99 oder 66 Jahre währt.

Im Folgenden ist also zunächst zu prüfen, ob mit dem Erwerb des Erbbaurechts lediglich rechtliche Vorteile i.S. des § 107 BGB für die E verbunden wären. Lediglich recht-

---

18 Vgl. BGH NJW 1979, 102 (103).
19 Vgl. *Habscheid* (Fn. 3), § 41 II 3; *Palandt/Heinrichs*, § 107 Rdn. 4.
20 Vgl. BGH NJW 1960, 525.
21 Vgl. *Baur/Stürner*, § 29 C II 4; *Westermann*, Sachenrecht, 7. Aufl. 1998, § 66 II 9.

lichen Vorteil i.S. des § 107 BGB bringt ein Rechtsgeschäft, das die Rechtsstellung des Minderjährigen nicht beeinträchtigt[22].

Zwar werden mit der Übertragung des Erbbaurechts in der Regel auch öffentlich-recht- **57** liche Pflichten des Erbbauberechtigten begründet (§ 2 Nr. 3 ErbbauVO). Indes ist der Erwerb des Erbbaurechts in dieser Hinsicht nicht anders zu behandeln als ein Grund- stückserwerb[23], den die ganz h.M.[24] im Hinblick auf öffentlich-rechtliche Lasten – wenn auch mit verschiedener Begründung – als lediglich rechtlich vorteilhaft ansieht.

Die Rechtsstellung der E könnte jedoch dadurch beeinträchtigt werden, dass sie als Er- **58** werberin des Erbbaurechts gem. § 9 I S. 1 ErbbauVO i.V.m. § 1108 I BGB für den während der Dauer ihrer Berechtigung fälligen Erbbauzins persönlich haftet. Ein Rechtsgeschäft ist nämlich dann nicht i.S. des § 107 BGB lediglich rechtlich vorteil- haft, wenn es zu einer persönlichen Verpflichtung des beschränkt Geschäftsfähigen führt[25]. Der Erwerb des Erbbaurechts löst seinem Inhalt nach gem. § 9 I S. 1 ErbbauVO i.V.m. § 1108 I BGB die persönliche Verpflichtung des Erbbauberechtigten zur Leis- tung des Erbbauzinses aus. Diese müsste die E notfalls aus ihrem sonst vorhandenen Vermögen erfüllen[26], mit der Folge, dass die Rechtsstellung der E insoweit beeinträch- tigt wird[27]. Damit ist also die im Rahmen der Übertragung des Erbbaurechts erfolgte dingliche Einigung nach § 873 BGB für die E nicht i.S. des § 107 BGB lediglich von rechtlichem Vorteil, sodass diese die Annahme des Übertragungsangebotes ihres Va- ters *nicht ohne die Einwilligung ihres gesetzlichen Vertreters* wirksam erklären konnte (§ 107 BGB).

bb) Gem. §§ 1626 I, 1629 I, 1680 I BGB steht die **gesetzliche Vertretungsbefugnis** **59** grundsätzlich dem verwitweten A als alleinigem Elternteil zu. Dieser hat seine Zustim- mung zwar nicht ausdrücklich erklärt. Indes muss in dem Angebot zur Erbbaurechts- übertragung zugleich die Einwilligung des A in die Annahme dieses Angebots durch die E gesehen werden (§§ 133, 157 BGB)[28].

Fraglich ist aber, ob A der Annahmeerklärung wirksam zustimmen konnte. Soweit der **60** gesetzliche Vertreter nämlich von der Vertretung ausgeschlossen ist, kann er seine Zu- stimmung auch nicht zu dem von dem Minderjährigen selbst vorgenommenen Rechts-

---

22 Nach allg. Ansicht gilt § 107 BGB über den Wortlaut hinaus auch für „neutrale Geschäfte", d.h. für solche Geschäfte, die für den Minderjährigen weder vorteilhaft noch nachteilig sind. Unberücksichtigt bleibt da- bei, wie sich das Rechtsgeschäft *wirtschaftlich* auswirkt. Die Ansicht *Stürners* (AcP 173 [1973], 402 [421]), wonach die wirtschaftliche Betrachtungsweise entscheidend sein soll, ist abzulehnen, da sie mit dem geltenden Recht nicht zu vereinbaren ist und zu einer beträchtlichen Rechtsunsicherheit führen wür- de; *Palandt/Heinrichs*, § 107 Rdn. 2 m.w.N.; *Köhler*, JZ 1983, 225 (227 f.).

23 Vgl. MK/*Schmidt*, § 107 Rdn. 36 m.w.N.

24 BGHZ 15, 168 (169) m.w.N.; BayObLGZ 1968, 1; OLG München DNotZ 1939, 206 (207); LG Augs- burg, RPfleger 1967, 175; *Palandt/Heinrichs*, § 107 Rdn. 4; *Planck/Flad*, § 107 Anm. I 3 d; *Soergel/ Hefermehl*, § 107 Rdn. 4; RGRK/*Krüger-Nieland*, § 107 Rdn. 17; *Staudinger/Dilcher*, § 107 Rdn. 15; *Brox*, Rdn. 276; *Enneccerus/Nipperdey*, § 150 II 1, S. 931, Fn. 3; *Larenz/Wolf*, BGB AT, § 25 Rdn. 24 ff.; krit., wenngleich im Ergebnis zustimmend, *Flume*, § 13, 7b; *Stürner*, AcP 173 (1973), 402 (426 ff.); ab- weichend und differenzierend *Lange*, NJW 1955, 1339 (1341) unter IV 2 sowie *Köhler*, JZ 1983, 225 ff. (230) sowie *ders.*, § 10 Rdn. 16.

25 *Palandt/Heinrichs*, § 107 Rdn. 2 m.w.N.

26 Vgl. *Larenz/Wolf*, BGB AT, § 25 Rdn. 26.

27 Vgl. BGH NJW 1979, 102 (103).

28 Vgl. BGHZ 15, 168 (170); KG JW 1936, 1679 (1680).

geschäft erteilen[29]. Die konkludent erteilte Zustimmung des A wäre also dann unwirksam – mit der Folge, dass die dingliche Einigung gem. §§ 107 ff. BGB schwebend unwirksam wäre –, wenn A seine Tochter bei der Annahme des Übertragungsangebots nicht vertreten konnte.

61 (1) Die Vertretungsbefugnis des A könnte nach §§ 181, 1795 II, 1629 II S. 1 BGB ausgeschlossen sein. Voraussetzung hierfür ist, dass ein **Insichgeschäft** nach § 181 BGB vorliegt und das Selbstkontrahieren nicht ausnahmsweise gestattet ist.

Ein Insichgeschäft i.S. des § 181 BGB liegt immer dann vor, wenn jemand gegenüber sich selbst ein Rechtsgeschäft vornimmt. Dies ist nicht nur beim **Selbstkontrahieren** (wenn ein Vertreter im Namen des Vertretenen mit sich selbst im eigenen Namen einen Vertrag abschließt) und bei der **Mehrvertretung** (wenn der Vertreter im Namen des Vertretenen mit sich im Namen eines Dritten ein Rechtsgeschäft vornimmt) der Fall, sondern auch bei **einseitigen Rechtsgeschäften** – wie der hier vorliegenden **Zustimmung** –, die eine Person gegenüber sich selbst vornimmt[30].

62 Mit der Einwilligung in die Annahme seines eigenen Übertragungsangebotes nahm A gegenüber sich selbst ein Rechtsgeschäft vor, sodass es sich hierbei um ein Insichgeschäft i.S. des § 181 BGB handelt. Es fragt sich jedoch, ob dieses Insichgeschäft dem A nicht ausnahmsweise gestattet war, mit der Folge, dass die Zustimmung zulässig gewesen und damit die durch die E erklärte Annahme des Angebotes wirksam erfolgt wäre. Gem. § 181 BGB ist ein Insichgeschäft ausnahmsweise in zwei Fällen gültig: (1) wenn dem Vertreter das Insichgeschäft – durch Gesetz oder Rechtsgeschäft – gestattet ist (§ 181 1. Alt. BGB) oder (2) wenn das Insichgeschäft ausschließlich in der Erfüllung einer Verbindlichkeit besteht (§ 181 2. Alt. BGB).

Die Übertragung sollte in Erfüllung einer durch den schuldrechtlichen Schenkungsvertrag (§ 518 BGB) begründeten Verbindlichkeit erfolgen. Indes ist diese Verbindlichkeit nur dann entstanden, wenn der Schenkungsvertrag seinerseits wirksam zustandegekommen ist. Da die minderjährige E die Annahme des Schenkungsangebotes selbst erklärte, richtet sich die rechtliche Wirkung dieser Annahmeerklärung nach § 107 BGB. Die Annahme des Schenkungsangebotes müsste der E also lediglich rechtlichen Vorteil gebracht haben; d.h., sie dürfte deren Rechtsstellung nicht beeinträchtigt haben[31]. Das Schenkungsversprechen ist ein einseitig verpflichtender Schuldvertrag. Durch die Annahme einer Schenkung entsteht für den Beschenkten, sieht man von dem hier nicht vorliegenden Fall der Schenkung unter Auflage (§§ 525 ff. BGB) ab, grundsätzlich keine rechtliche Verbindlichkeit. Damit ist die Annahme einer Schenkung generell lediglich rechtlich vorteilhaft[32]. Dies gilt auch für die Annahme der Schenkung eines Erbbaurechts, da dem Beschenkten hieraus nur der (Erfüllungs-)Anspruch auf Übertragung des Erbbaurechts erwächst. Insbesondere entsteht die persönliche Haftung für den Erbbauzins (§ 9 I S. 1 ErbbauVO i.V.m. § 1108 I BGB) nicht bereits auf

---

29 KG KGJ 45, 237; MK/*Wagenitz* § 1795 Rdn. 10; vgl. auch BayObLG NJW 1960, 577.
30 Vgl. RGZ 143, 350 (352); BGH NJW-RR 1991, 1441; *Brox*, Rdn. 584; *Palandt/Heinrichs*, § 181 Rdn. 6; *Schack*, Rdn. 489 ff.
31 S. Fn. 22.
32 BGHZ 15, 168 (170); OLG Köln FGPrax 1998, 23; *Erman/Palm*, § 107 Rdn. 5; *Medicus*, BürgR, Rdn. 172; *Palandt/Heinrichs*, § 107 Rdn. 6.

Grund des schuldrechtlichen Schenkungsvertrages, sondern erst auf Grund des dinglichen Vollzugsgeschäfts.

Die Annahme des Schenkungsangebotes war demnach für die E i.S. des § 107 BGB **63** lediglich rechtlich vorteilhaft, mit der Folge, dass sie das Schenkungsversprechen ihres Vaters annehmen konnte und damit ein wirksamer Schenkungsvertrag zustande kam, zumal auch das Formerfordernis des § 11 II ErbbauVO i.V.m. §§ 311b I, 518 I BGB erfüllt ist. Demzufolge erlangte die E auf Grund dieses schuldrechtlichen Schenkungsvertrages einen Erfüllungsanspruch auf Übertragung des Erbbaurechts. Geht man nun davon aus, dass die dingliche Einigung i.S. des § 873 BGB in Erfüllung der durch den wirksamen Schenkungsvertrag begründeten Verbindlichkeit erfolgte, so wäre – unter Zugrundelegung des Wortlauts von § 181 letzter Halbs. BGB – auch das in der Zustimmung liegende Insichgeschäft des A gestattet.

(2) Diese Lösung, die eine scheinbar notwendige Konsequenz des aus dem Abstrak- **64** tionsprinzip folgenden Trennungsgrundsatzes ist, wurde zunächst vom BGH[33] und einem Teil der Lehre vertreten[34]. Indes führt diese strikte Trennung zwischen Verpflichtungs- und Verfügungsgeschäft bei wortgetreuer Anwendung der §§ 107, 181 BGB dazu, dass der Schutzzweck des § 107 BGB völlig unberücksichtigt bleibt. Aus diesem Grunde ist die Entscheidung des BGH (BGHZ 15, 168) zu Recht in der Literatur überwiegend kritisiert worden[35]. Den Eltern eröffne sich bei dieser Kombination der §§ 107, 181 BGB mit dem Abstraktionsprinzip die Möglichkeit, durch zwei Insichgeschäfte eine persönliche Haftung und damit ein für das Kind im Ergebnis rechtlich nachteiliges Rechtsgeschäft herbeizuführen. Dies zeige das Beispiel der Schenkung eines mit einer Reallast belasteten Grundstücks: der obligatorische Schenkungsvertrag wäre ex definitione lediglich rechtlich vorteilhaft (§ 107 BGB), da er ja die Reallast und damit auch die persönliche Haftung des Eigentümers (§ 1108 I BGB) noch nicht begründet. Obwohl § 181 BGB Insichgeschäfte grundsätzlich untersagt, ist doch mit Recht überwiegend anerkannt, dass die Vorschrift entsprechend ihrem Zweck, eine für den Vertretenen potentiell nachteilige Interessenkollision in der Person des Vertreters zu verhindern, dann nicht anwendbar ist, wenn eine derartige Interessenkollision wegen des für den Vertretenen rechtlich lediglich vorteilhaften Charakters des fraglichen Geschäfts (vgl. § 107 BGB) generell nicht auftreten kann (**teleologische Reduktion**)[36]. Die Eltern könnten also den schuldrechtlichen Schenkungsvertrag als ein rechtlich lediglich vorteilhaftes Geschäft ungehindert durch § 181 BGB mit sich selbst abschließen[37]. Wenn sie dann – ihrer Verpflichtung aus dem Schenkungsversprechen folgend – dem Minderjährigen das Grundstück übereigneten, geschähe dies in Erfüllung einer Verbindlichkeit (§ 181 letzter Halbs. BGB). Auf diese Weise hätten sie die

---

33 BGHZ 15, 168 (171).
34 Vgl. *Firsching*, FamR, 4. Aufl. 1979, § 9 II 5 d; *Palandt/Heinrichs*, 40. Aufl. 1981, § 107 Anm. 2; RGRK/ *Scheffler*, 11. Aufl., § 1629 Anm. 21; RGRK/*Krüger-Nieland*, § 107 Rdn. 23.
35 Vgl. *Dölle*, Familienrecht, Bd. 2, 1965, § 94 III 2 b; *Flume*, § 13, 7 b; *Gernhuber*, Lehrbuch des Familienrechts, 4. Aufl. 1994, § 61 III 6; ferner *Staudinger/Peschel-Gutzeit* (2002) § 1629 Rdn. 222 ff. m.w.N.
36 BGHZ 59, 236 (240); 94, 232 (235); BayObLG NJW 1998, 3574 (3575); OLG Karlsruhe Die Justiz 2000, 274 (275); *Erman/Palm*, § 181 Rdn. 10; *Larenz/Wolf*, BGB AT, § 46 Rdn. 133 ff.; *ders.*, Methodenlehre, S. 392 f. m.w.N. in Fn. 61; MK/*Schramm*, § 181 Rdn. 9; *Palandt/Heinrichs*, § 181 Rdn. 9; *Staudinger/ Schilken* (2001) § 181 Rdn. 32 m.w.N.; krit.: *Schubert*, WM 1978, 290 (291); a.A. RGZ 157, 31; *Pawlowski*, Rdn. 794; siehe auch Rdn. 341 ff.
37 Vgl. hierzu Rdn. 60.

Möglichkeit, den Minderjährigen persönlich zu verpflichten (vgl. § 1108 I BGB) und damit den Zweck des Minderjährigenschutzes zu unterlaufen[38].

65 Diese auf der wortgetreuen Anwendung der §§ 107, 181 BGB beruhende Lösung führt damit zu Ergebnissen, die gegen die „immanente Teleologie" des Gesetzes verstoßen: Unter „immanenter Teleologie" ist der vom Gesetz in seinem Regelungszusammenhang verfolgte Plan zu verstehen[39]. Den Regelungen der §§ 107 ff. BGB liegt der gesetzgeberische Plan zu Grunde, zum Schutze des Minderjährigen alle rechtlich nachteiligen Geschäfte in ihrer Gültigkeit von der Zustimmung der Eltern abhängig zu machen. In Ergänzung zu §§ 107 ff. BGB soll dann durch §§ 1629 II S. 1, 1795, 181 BGB der Schutz des Minderjährigen auch gegen die Verfolgung eigener Interessen der Eltern sichergestellt werden. Bei wortgetreuer Anwendung der §§ 107, 181 letzter Halbs. BGB kann – wie zuvor dargestellt – dieses gesetzgeberische Ziel bei Schenkungen der Eltern an ihre Kinder indes nicht erreicht werden.

66 (3) Auf Grund dieser Erwägungen hat denn auch der BGH[40] die Einzelbetrachtung der schuldrechtlichen und der dinglichen Schenkungskomponente abgelehnt und stattdessen – wie bereits zuvor das BayObLG[41] – eine „**Gesamtbetrachtung**" vorgenommen. Der BGH[42] hat damit seine frühere Rechtsprechung[43] aufgegeben. Er ist der Auffassung, es sei mit dem Schutzzweck des § 107 BGB nicht vereinbar, die Beurteilung, ob die Schenkung dem Minderjährigen lediglich einen rechtlichen Vorteil bringt, getrennt einerseits für den schuldrechtlichen Vertrag und andererseits für das dingliche Erfüllungsgeschäft vorzunehmen, mit der Folge, dass bei lukrativem Charakter des Grundgeschäfts unbeschadet rechtlicher Nachteile, die mit der Übertragung des dinglichen Rechts verbunden seien, der gesetzliche Vertreter im Hinblick auf § 181 letzter Halbs. BGB befugt sei, den Minderjährigen bei dem dinglichen Erfüllungsgeschäft zu vertreten. „Andernfalls bliebe gerade der nach Sinn und Zweck des § 107 BGB maßgebende Gesichtspunkt, ob im Ergebnis das Rechtsgeschäft sich für den Minderjährigen rechtlich (auch) belastend auswirkt, unberücksichtigt"[44].

67 Dieser – wohl noch herrschenden – Ansicht[45] kann indes nur im Ergebnis gefolgt werden; sie stellt nämlich eine unzulässige und zudem überflüssige Durchbrechung des aus dem **Abstraktionsprinzip** folgenden Trennungsgrundsatzes[46] dar. Damit soll gesagt sein, dass Vor- und Nachteile von Verpflichtungs- und Erfüllungsgeschäft stets ge-

---

38 Vgl. *Stürner*, JZ 1976, 67; weitere Beispiele: *Klüsener*, RPfleger 1981, 258 (259).
39 Vgl. hierzu *Larenz*, Methodenlehre, S. 370, 374.
40 BGHZ 78, 28 = NJW 1981, 109 = JR 1981, 281 = DB 1980, 2234 = WM 1980, 1193 = RPfleger 1980, 463.
41 BayObLGZ 1979, 244 = NJW 1980, 416.
42 BGH NJW 1981, 109 (110).
43 BGHZ 15, 168.
44 BGH NJW 1981, 109 (110); vgl. auch BFH NJW 1981, 141.
45 BayObLGZ 1979, 49 (52); 244, 250; BFH DStR 1979, 37; OLG Oldenburg NJW-RR 1988, 839; BayObLG NJW 1998, 3574 (3576); 2003, 1129; OLG Hamm, FGPrax 2000, 176 (177); NJW-RR 2001, 437; *Fezer*, S. 149; *Lange*, NJW 1955, 1339 (1343 m.w.N.); *Gitter*, JR 1981, 283 (284); *Gitter/Schmitt*, JuS 1982, 253 ff.; *Klüsener*, RPfleger 1981, 258 (263); *Otto*, RPfleger 1979, 404; *Palandt/Heinrichs*, § 107 Rdn. 6; MK/*Schmidt*, § 107 Rdn. 38; *Staudinger/Peschel-Gutzeit* (2002) § 1629 Rdn. 224 f.; krit. *Giesen*, Rdn. 445.
46 So auch *Jauernig*, § 107 Rdn. 2, § 181 Rdn. 10; *ders.*, JuS 1982, 576 ff.; *Brehm*, Rdn. 290; *Martinek*, JuS 1993, L 19 (L 20 f.); s. auch *Feller*, DNotZ 1989, 66 (74).

trennt zu prüfen sind, es sich also verbietet, eine „Gesamtschau" des schuldrechtlichen und des dinglichen Vertrages vorzunehmen[47].

Die vom BGH und den Vertretern der „Gesamtschau" für die Durchbrechung des Ab- **68** straktionsprinzips vorgebrachte Argumentation kann nicht überzeugen. Eine getrennte Betrachtung des schuldrechtlichen Vertrages und des dinglichen Erfüllungsgeschäfts führt nämlich nicht per se, sondern nur bei gleichzeitiger wortgetreuer Anwendung des § 181 (letzter Halbs.) BGB zu einer Aushöhlung des Minderjährigenschutzes. Da die wortgetreue Anwendung der §§ 107, 181 letzter Halbs. BGB also zu Ergebnissen führen kann, die dem Minderjährigenschutz und damit – wie bereits festgestellt – dem Plan des Gesetzes widersprechen, handelt es sich hierbei um eine sog. „**verdeckte Lücke**"[48]. Das Gesetz enthält nämlich nicht die nach seiner Zwecksetzung zu erwartende Einschränkung. Diese „verdeckte Lücke" muss durch Hinzufügung der erforderlichen Einschränkung, methodisch also wiederum durch eine „teleologische Reduktion" des § 181 (letzter Halbs.) BGB ausgefüllt werden.

Während also bei einem lediglich rechtlich vorteilhaften Rechtsgeschäft das Selbst- **69** kontrahieren gegen den Wortlaut des § 181 erster Halbs. BGB gestattet ist[49], handelt es sich – entgegen § 181 letzter Halbs. BGB – um ein unzulässiges Insichgeschäft, wenn der gesetzliche Vertreter die Verbindlichkeit aus seiner gem. § 107 BGB wirksamen Schenkung durch ein für den Minderjährigen nachteiliges Geschäft erfüllt. Der Minderjährigenschutz der §§ 107 ff., 1629 II S. 1, 1795 BGB darf nämlich nicht durch die gesetzliche Gestattung des Insichgeschäfts gem. § 181 letzter Halbs. BGB ausgeschaltet werden[50]. Diese Überlegungen zeigen, dass der Minderjährigenschutz also keineswegs die einer „Gesamtschau" immanente Durchbrechung des Trennungsprinzips erfordert, sondern bereits durch eine systemgerechte teleologische Reduktion des § 181 letzter Halbs. BGB gewahrt bleibt. Ebenso wie die „Gesamtschau" so bezweckt und erreicht nämlich auch die teleologische Reduktion, dass der gesetzliche Vertreter seine wirksam begründete Verbindlichkeit nicht ohne Bestellung eines Ergänzungspflegers (§ 1909 I S. 1 BGB) erfüllen kann, wenn mit der Übertragung des dinglichen Rechts rechtliche Nachteile für den Minderjährigen verbunden sind. Die teleologische Reduktion des § 181 letzter Halbs. BGB ist aber gegenüber der Durchbrechung des Abstraktionsprinzips, bei dem es sich um ein Wesensmerkmal des deutschen Privatrechts handelt[51], die dogmatisch und methodisch bessere Lösung und daher vorzuziehen[52].

Entscheidend für die Beantwortung der Frage, ob in der von A bei der dinglichen Eini- **70** gung nach § 873 BGB gegenüber sich selbst erklärten Zustimmung ein ausnahmsweise zulässiges Insichgeschäft liegt, ist damit, ob das dingliche Erfüllungsgeschäft der E lediglich einen rechtlichen Vorteil bringt. Ein verbotenes Insichgeschäft läge somit

---

47 Vgl. auch OLG Frankfurt RPfleger 1974, 429 (430).
48 Vgl. *Larenz/Wolf*, BGB AT, § 46 Rdn. 133 ff.; *Larenz*, Methodenlehre, S. 391 ff.
49 Vgl. die Nachweise in Fn. 36.
50 *Jauernig*, § 181 Rdn. 10; *ders.*, JuS 1982, 576 ff.
51 Vgl. *Baur/Stürner*, § 5 IV, § 51 VIII 1; *Brox*, Rdn. 117 ff.; *Larenz/Wolf*, BGB AT, § 23 Rdn. 84 ff., jeweils m.w.N.; *Larenz*, SchuldR II, 1, § 39 II; Motive Bd. I, S. 127.
52 *Jauernig*, § 107 Rdn. 2; § 181 Rdn. 10; *ders.*, JuS 1982, 576 ff.; zust. *Köhler*, JZ 1984, 18; weiterhin *Larenz/Wolf*, BGB AT, § 46 Rdn. 134 (Fn. 31); *Brehm*, Rdn. 290; *Erman/Palm*, § 107 Rdn. 5, § 181 Rdn. 27; *Soergel/Hefermehl*, § 107 Rdn. 5; *Feller*, DNotZ 1989, 66 (75 ff.); *Martinek*, JuS 1993, L 19 (L 20 f.); krit. *Medicus*, BGB AT, Rdn. 565.

– entgegen dem Wortlaut des § 181 letzter Halbs. BGB – unabhängig von dem zu Grunde liegenden Schenkungsvertrag, der lediglich rechtlich vorteilhaft ist, dann vor, wenn mit dem dinglichen Rechtsgeschäft der Übertragung des Erbbaurechts nicht lediglich rechtliche Vorteile i.S. des § 107 BGB für die E verbunden wären.

71 Wie bereits festgestellt, ist die Übertragung des Erbbaurechts für die E aber schon deshalb rechtlich nachteilig, weil diese als Erwerberin gem. § 9 I S. 1 ErbbauVO i.V.m. § 1108 I BGB für den während der Dauer ihrer Berechtigung fälligen Erbbauzins persönlich haftet[53]. § 181 letzter Halbs. BGB findet daher auf Grund teleologischer Reduktion keine Anwendung, sodass es sich bei der von A erteilten Einwilligung in die durch die E erklärte Annahme seines Angebotes zum Rechtsübergang um ein unzulässiges Insichgeschäft i.S. des § 181 erster Halbs. BGB handelt.

72 Da die Vertretungsbefugnis des A daher gem. §§ 181 erster Halbs., 1795 II, 1629 I, II S. 1 BGB ausgeschlossen war, konnte er auch nicht seine Einwilligung in die durch die E vorgenommene Annahmeerklärung erteilen[54]. Hierzu hätte es nach § 1909 I S. 1 BGB der Bestellung eines Ergänzungspflegers bedurft. Dies ist indes nicht geschehen. Die zwischen A und E erklärte dingliche Einigung über die Übertragung des Erbbaurechts ist folglich nach den §§ 107 ff. BGB schwebend unwirksam[55].

III. Ergebnis

73 Die Eintragungsvoraussetzungen des in § 20 GBO zum Ausdruck kommenden materiellen Konsensprinzips sind demnach nicht erfüllt, mit der Folge, dass die auf den Vollzugsantrag ergangene ablehnende Zwischenverfügung des Rechtspflegers nicht zu beanstanden ist. Die zulässige weitere Beschwerde hat daher in der Sache keinen Erfolg: Das OLG wird sie als unbegründet zurückweisen.

---

53 Vgl. BGH NJW 1979, 102 (103).
54 Vgl. die Nachweise in Fn. 29.
55 Wer gesetzlicher Vertreter eines Minderjährigen ist, hängt nämlich vom Einzelfall ab: Bezüglich der Zustimmung zur Annahme des Angebotes zur Übertragung des Erbbaurechts durch E ist ihr gesetzlicher Vertreter hier nach den §§ 1629 II S. 1, 1795 II, 181 BGB nicht ihr Vater A, sondern der gem. § 1909 I S. 1 BGB zu bestellende Ergänzungspfleger, dessen Zustimmung bisher nicht vorliegt. Vgl. *Soergel/Hefermehl*, § 107 Rdn. 15.

Fall 3

Bürgschaftsversprechen – Auslegung einer Erklärung als Willenserklärung – objektiver und subjektiver Tatbestand der Willenserklärung – Handlungswille, Erklärungsbewusstsein, Geschäftswille – Rechtsfolgen fehlenden Erklärungsbewusstseins – Rechtsscheinhaftung

Ausgangsfälle
BGH, Urt. v. 7. 6. 1984 – IX ZR 66/83 = BGHZ 91, 324 = LM Nr. 28 zu § 119 BGB = NJW 1984, 2279 m. Anm. Canaris = MDR 1984, 838 = JZ 1984, 984 m. Anm. Ahrens = JR 1985, 12 m. Anm. Schubert = JuS 1984, 971 = BB 1984, 1317 = WM 1984, 1018 = ZIP 1984, 939 = ZfBR 1984, 214.
OLG Düsseldorf, Urt. v. 1. 2. 1982 – 5 U 150/81 = OLGZ 1982, 240.
BGH, Urt. v. 2. 11. 1989 – IX ZR 197/88 = BGHZ 109, 171 = LM Nr. 4 zu § 152 ZVG = NJW 1990, 454 = MDR 1990, 335 = ZIP 1990, 56 = RPfleger 1990, 132 = KTS 1990, 356.

Sachverhalt

Die S-GmbH in München bestellte bei der Stahlbaufirma V eine Halle aus Stahl zum **74** Preis von 80 000 €. Die Lieferung sollte auf Kredit erfolgen. Zur Sicherung der aus dem Geschäft herrührenden Verbindlichkeiten verlangte V von ihrer Kundin die Beibringung einer Bankbürgschaft. Der Geschäftsführer der S-GmbH sagte zu, dass er sich um die geforderte Bankbürgschaft bemühen werde. Wenige Tage später erhielt die Firma V von der Sparkasse K folgendes Schreiben: „Unsere Bürgschaft in Höhe von 75 000 € zu Gunsten Fa. S-GmbH, München ... zu Gunsten der Firma S-GmbH haben wir gegenüber Ihrer Firma die selbstschuldnerische Bürgschaft in Höhe von 75 000 € übernommen. Wir wären Ihnen für eine kurze Mitteilung sehr verbunden, wie hoch sich die Verpflichtungen der Firma S-GmbH bei Ihnen zur Zeit belaufen ...“ V antwortete umgehend: „Wir danken für Ihr Schreiben vom ... und haben gerne zur Kenntnis genommen, dass Sie gegenüber der Firma S-GmbH die selbstschuldnerische Bürgschaft gegenüber unserer Firma in Höhe von 75 000 € übernommen haben. Unsere Forderungen an die oben genannte Firma betragen mit heutigem Stand 80 000 €“. Gleichzeitig erfolgte die Auslieferung der Stahlhalle durch V an die S-GmbH ohne weitere Sicherheit. Nunmehr teilte die Sparkasse der Firma V mit: „... dass wir an Sie gegenüber der oben bezeichneten Firma S-GmbH keine selbstschuldnerische Bürgschaft in Höhe von 75 000 € übernommen haben. Die in Ihrem Schreiben vom ... gemachten Ausführungen treffen daher nicht zu ...“ Nachdem die Firma V die Sparkasse auf den Widerspruch zu ihrem ersten Schreiben hingewiesen hatte, entgegnete diese wahrheitsgemäß: „Bei dem Schreiben vom ... ging unsere Zweigstelle davon aus, dass eine Bürgschaft besteht. Diese Annahme beruhte auf einem Irrtum. Die Übernahme einer Bürgschaft war zwar im Gespräch, diese Bürgschaft kam jedoch nie zu Stande ...“ Zwei Wochen später focht die Sparkasse außerdem eine „etwa erteilte Bürgschaftserklärung nochmals wegen Irrtums vorsorglich an“. Kurze Zeit später wurde die S-GmbH zahlungsunfähig.

Frage:
Kann V von der Sparkasse Zahlung von 75 000 € verlangen?

75 # Gliederung

I. Anspruch aus § 765 I BGB
1. Bestehen der Hauptforderung
2. Wirksamer Bürgschaftsvertrag
   a) Bürgschaftserklärung
   b) Merkmale einer Willenserklärung
   c) Fehlendes Erklärungsbewusstsein
   d) Rechtsfolgen fehlenden Erklärungsbewusstseins
3. Ergebnis

II. Anspruch auf Ersatz des Vertrauensschadens
1. Rechtsschein
2. Haftung aus §§ 280 I, 241 II, 311 II BGB
3. Ergebnis

Lösung

I. Anspruch aus § 765 I BGB

76 Der Firma V könnte gegen die Sparkasse K ein **Anspruch** auf Zahlung von 75 000 € **aus § 765 I BGB** zustehen. Voraussetzung dafür ist einmal, dass zwischen V und K ein Bürgschaftsvertrag i.S. des § 765 BGB wirksam abgeschlossen wurde. Da die Verpflichtung des Bürgen nach Bestand und Umfang von der Hauptverbindlichkeit abhängt (§ 767 I S. 1 BGB) – die Bürgschaft ist ein **akzessorisches Sicherungsrecht** –, muss ferner eine Forderung der Gläubigerin V gegen die Hauptschuldnerin S-GmbH in dieser Höhe bestehen.

77 1. Die zweite Voraussetzung ist hier gegeben. Die S-GmbH schuldete der Firma V aus der Lieferung der Stahlhalle 80 000 € (§§ 651 I, 433 I BGB[1]).

78 2. Fraglich ist jedoch, ob ein **Bürgschaftsvertrag** zwischen K und V **wirksam** zu Stande gekommen ist. Dazu müsste K eine **Bürgschaftserklärung** abgegeben haben. Als Bürgschaftserklärung kommt lediglich das erste Schreiben der K an V in Betracht. Es ist davon auszugehen, dass die Mitarbeiter der K, die dieses erste Schreiben formulierten und absandten, auf Grund ihrer Vertretungsmacht wirksam eine K verpflichtende Bürgschaftserklärung abgeben konnten (§§ 164 I, 167 BGB). Falls dieses erste Schreiben der K an V als Bürgschaftserklärung anzusehen ist, ist der Bürgschaftsvertrag zu Stande gekommen; die Schriftform (§ 766 S. 1 BGB) ist gewahrt[2], und die Antwort der V auf dieses erste Schreiben der K enthält eine Annahmeerklärung.

79 a) Die Mitarbeiter der Zweigstelle der Sparkasse K wollten aber mit ihrem ersten Schreiben keine Bürgschaftserklärung abgeben. Sie gingen davon aus, dass ein Bürgschaftsvertrag zwischen K und V bereits bestand und wollten lediglich die Höhe der

---

1 Zu § 651 BGB vgl. *Palandt/Sprau*, § 651 Rdn. 1 ff.
2 Für Kaufleute gilt das Schriftformerfordernis des § 766 S. 1 BGB nach § 350 HGB im Übrigen nicht (vgl. auch Fall 6).

Hauptschuld der S-GmbH gegenüber V in Erfahrung bringen, um den Umfang der Bürgschaftsschuld zu bestimmen (§ 767 I BGB). Dennoch könnte ihre Äußerung als Willenserklärung und damit als Bürgschaftsversprechen zu deuten sein.

b) Eine Willenserklärung ist die „Äußerung eines auf die Herbeiführung einer Rechts- **80** wirkung gerichteten Willens"[3]. Der Erklärende bringt damit zum Ausdruck, dass eine bestimmte Rechtsfolge nach seinem Willen eintreten soll. Soweit die Rechtsordnung Willenserklärungen als rechtswirksam anerkennt, wird die Rechtsfolge durch die Erklärung herbeigeführt[4]. Die **Willenserklärung** ist ein Mittel der Selbstbestimmung[5]. Sie besteht aus einem **objektiven** und einem **subjektiven Element**, der Äußerung des Willens und dem inneren Willen[6]. Beide Elemente bilden eine Einheit. Allein der innere Wille kann ohne die Äußerung, die dem Rechtsverkehr ermöglicht, den inneren Willen zu erkennen, die gewünschte Rechtsfolge nicht herbeiführen[7].

Die **subjektive Seite** setzt sich zusammen aus Handlungs-, Erklärungs- und Ge- **81** schäftswillen[8]. Die Unterscheidung dieser einzelnen Elemente des inneren Willens ist für die Frage der Rechtsfolgen beim Fehlen einzelner Elemente von Bedeutung[9]. **Handlungswille** ist das Bewusstsein zu handeln; eine Willenserklärung setzt ein vom Willen beherrschtes Verhalten voraus. Der Erklärende handelt mit **Erklärungswillen** oder **Erklärungsbewusstsein**, wenn er sich bei seiner Handlung – dies kann eine Äußerung oder auch ein konkludentes Verhalten sein – bewusst war, dass diese eine rechtserhebliche Erklärung darstellt, also auf die Herbeiführung irgendeiner Rechtsfolge gerichtet ist. Der **Geschäftswille** ist der Wille, eine konkrete Rechtsfolge herbeizuführen[10].

c) Die Vertreter der Sparkasse K handelten bei der Abfassung und der Absendung des ersten Schreibens bewusst, also mit Handlungswillen, aber **ohne Erklärungsbewusstsein**. K wollte lediglich unter Bezugnahme auf einen bereits früher abgeschlossenen Bürgschaftsvertrag eine Auskunft von V erbitten, nicht aber eine auf eine Rechtsfolge gerichtete Erklärung abgeben. Das erste Schreiben enthielt nach dem Willen des Erklärenden lediglich eine tatsächliche Mitteilung[11].

Die Rechtsfolgen des Fehlens der einzelnen Elemente des inneren Willens sind unter- **82** schiedlich. Eine Äußerung, die ohne Handlungswillen abgegeben wird, etwa im Schlaf oder in einem sonstigen das Bewusstsein ausschließenden Zustand, ist rechtlich uner-

---

3 *Palandt/Heinrichs*, Einf. v. § 116 Rdn. 1.
4 *Larenz/Wolf*, BGB AT, § 24 Rdn. 1.
5 Vgl. *Bork*, Rdn. 566; *Larenz/Wolf*, BGB AT, § 24 Rdn. 30; *Köhler*, § 5 Rdn. 5.
6 *Hübner*, Rdn. 662 ff.; *Leipold*, Rdn. 308 ff.; *Brehm*, Rdn. 126 ff.; *Giesen*, Rdn. 14 ff.; dazu ausführlich *Hepting*, FS der Rechtswissenschaftlichen Fakultät zur 600-Jahr-Feier der Universität zu Köln, 1988, S. 209 (215 ff.), der indes selbst den überkommenen Begriff der Willenserklärung ablehnt und stattdessen im Rahmen eines „einheitlich vertrauenstheoretischen Willenserklärungsbegriffs" insbesondere darauf abstellen will, inwieweit einerseits der Erklärungsempfänger auf den obj. Erklärungstatbestand vertrauen durfte und inwieweit dieser andererseits dem Erklärenden zurechenbar ist (S. 218 ff., 224 ff., 233).
7 *Bork*, Rdn. 566; *Brox*, Rdn. 83.
8 *Staudinger/Dilcher*, Vorbem. zu §§ 116–144, Rdn. 16 ff.; *Brox*, Rdn. 84 ff.; *Hübner*, Rdn. 664 ff.; *Schack*, Rdn. 203; *Werner*, S. 14; s. auch *Hepting* (Fn. 6), S. 209 (216 f.).
9 Vgl. *Köhler*, § 6 Rdn. 3.
10 *Bork*, Rdn. 600; *Brox*, Rdn. 86; *Werner*, S. 14.
11 BGHZ 91, 324 (326 f.).

heblich, auch wenn sie wie die Äußerung eines Rechtsfolgewillens erscheinen mag[12]. Die Rechtsfolgen einer möglichen Diskrepanz zwischen dem geäußerten und dem tatsächlichen Geschäftswillen regeln die §§ 116 ff. BGB. Dass ein konkreter Geschäftswille nicht Voraussetzung für eine gültige Willenserklärung ist, ergibt sich aus § 119 I BGB. Die irrtümliche Willenserklärung ist wirksam, ihre Geltung kann jedoch durch Anfechtung rückwirkend beseitigt werden (§ 142 I BGB).

83 Welche rechtlichen Wirkungen eine ohne Erklärungsbewusstsein abgegebene Äußerung hat, ist problematisch. Eindeutig ist die Rechtslage allerdings, wenn der Adressat erkannt hat oder hätte erkennen müssen, dass die Erklärung ohne Erklärungsbewusstsein abgegeben wurde. Unter diesen Voraussetzungen fehlt bereits der äußere Tatbestand einer Willenserklärung, die Erklärung bleibt ohne rechtliche Wirkungen[13].

84 Die Firma V hat aber die Äußerungen der Sparkasse K als Abgabe einer Bürgschaftserklärung verstanden, also als Erklärung, die auf den Eintritt einer Rechtsfolge zielte. Fraglich ist, ob sie die Erklärung auch so verstehen durfte. Stimmen der innere Wille des Erklärenden und das Verständnis der Erklärung durch den Erklärungsempfänger nicht überein, ist die objektive Bedeutung der Gedankenäußerung durch Auslegung zu ermitteln (§§ 133, 157 BGB)[14]. Auch die Frage, ob überhaupt eine Willenserklärung vorliegt, ist im Wege der Auslegung zu beantworten[15]. Hierfür ist der objektive Sinn der Erklärung entscheidend[16].

85 Gegen die Auslegung als Bürgschaftserklärung könnte der Wortlaut des Briefes sprechen. Die Sparkasse K teilte V mit, dass sie die Bürgschaft übernommen *habe*, nicht dass sie die Bürgschaft *übernehme*. Zudem pflegen Kreditinstitute Bürgschaftserklärungen deutlich und eindeutig unter Verwendung besonderer Formulare zu übernehmen[17]. Der Wortlaut der Erklärung „haben wir übernommen" spricht jedoch nicht eindeutig gegen die Annahme eines Bürgschaftsversprechens, da nicht deutlich auf einen bestimmten, früher abgeschlossenen Bürgschaftsvertrag Bezug genommen wurde. Die Formulierung kann durchaus auch als Bezugnahme auf eine bankinterne Entscheidung verstanden werden[18]. Zwar geben Banken Bürgschaftserklärungen üblicherweise in besonderen Formularen ab. Sie können bindende Bürgschaften aber auch in normalen Geschäftsbriefen und nach § 350 HGB sogar formfrei übernehmen[19]. Vom Empfänger einer äußerlich voll wirksamen Bürgschaftserklärung kann nicht verlangt werden, bei der Bank anzufragen, wieso diese nicht das übliche Formular verwandt habe. Vor allem aber ist zu berücksichtigen, dass der Geschäftsführer der S-GmbH V zugesagt hatte, sich um eine Bürgschaft zu bemühen und dass daraufhin Verhandlungen mit K geführt wurden. Alle diese Umstände erlauben den Schluss, dass V ohne Verstoß gegen Sorg-

---

12 Ganz h.M.: *Palandt/Heinrichs*, Einf. v. § 116 Rdn. 16; *Soergel/Hefermehl*, Vor § 116 Rdn. 15; MK/*Kramer*, Vor § 116 Rdn. 8; *Larenz/Wolf*, BGB AT, § 24 Rdn. 3; *Medicus*, BGB AT, Rdn. 606; *Hübner*, Rdn. 673; a.A. *Kellmann*, JuS 1971, 609 (612); *Brehmer*, JuS 1986, 440 (443).

13 Vgl. nur *Werner*, S. 15 ff.

14 *Larenz/Wolf*, BGB AT, § 28 Rdn. 1 ff.

15 *Soergel/Hefermehl*, Vor § 116 Rdn. 17; *Larenz/Wolf*, BGB AT, § 24 Rdn. 34.

16 BGHZ 21, 102 (106); BGH WM 1976, 448 (449); *Hepting* (Fn. 6), S. 209 (215).

17 *Canaris*, NJW 1984, 2281; *Medicus*, BGB AT, Rdn. 608a.

18 BGH NJW 1984, 2279, insoweit ist diese Auslegung durch den Tatrichter nicht in BGHZ 91, 324 abgedruckt; vgl. auch BGHZ 91, 324 (330 f.).

19 Vgl. auch BGHZ 91, 324 (331).

faltspflichten die Erklärung der K nach Treu und Glauben unter Berücksichtigung der Verkehrssitte als Bürgschaftsversprechen i.S. des § 765 I BGB verstehen durfte (§§ 133, 157 BGB)[20].

d) Es ist umstritten, welche rechtlichen Wirkungen eine Erklärung hat, die ohne Erklärungsbewusstsein abgegeben wurde, von dem redlichen Empfänger aber als rechtsgeschäftliche Erklärung verstanden wurde und verstanden werden durfte. In der Literatur wurde diese Frage bisher vor allem am Schulfall der **Trierer Weinversteigerung** diskutiert[21]. Teilweise wird die Ansicht vertreten, das Erklärungsbewusstsein sei notwendiges Tatbestandsmerkmal einer Willenserklärung. Eine ohne Erklärungsbewusstsein abgegebene Erklärung sei nichtig, allenfalls komme analog § 122 BGB oder aus culpa in contrahendo (§§ 280 I, 241 II, 311 II BGB[22]) ein Schadensersatzanspruch in Betracht[23]. Die Vertreter der Gegenansicht sehen auch in einer ohne Erklärungsbewusstsein abgegebenen Erklärung, die der Empfänger als rechtsgeschäftliche Erklärung verstehen durfte, eine wirksame Willenserklärung, die aber wie beim Erklärungsirrtum gem. §§ 119 I, 120, 121 BGB angefochten werden könne[24]. **86**

Der BGH, der diese Frage zunächst offen gelassen hatte[25], ist später der zweiten Ansicht gefolgt, allerdings mit der Einschränkung, dass der Erklärende „bei der Anwendung der im Verkehr erforderlichen Sorgfalt hätte erkennen können, dass seine Erklärung oder sein Verhalten vom Empfänger nach Treu und Glauben und mit Rücksicht auf die Verkehrssitte als Willenserklärung aufgefasst werden durfte"; nur dann sei ihm die Bedeutung der Erklärung zurechenbar[26]. **87**

---

20 BGHZ 91, 324 (326, 331); *Emmerich*, JuS 1984, 971; a.A. *Canaris*, NJW 1984, 2281; *Medicus*, BGB AT, Rdn. 608a.

21 Der Besucher einer Weinversteigerung, der mit dem Ablauf dieser Versteigerung nicht vertraut ist, hebt die Hand, um einem Freund zuzuwinken. Dieses Handzeichen wird vom Auktionator als Abgabe eines höheren Gebotes verstanden. S. z.B. *Brox*, Rdn. 85, 137; *Leipold*, Rdn. 589; *Werner*, S. 20.

22 Im Rahmen des Gesetzes zur Modernisierung des Schuldrechts hat der Gesetzgeber die von Rechtsprechung und Lehre entwickelten Grundsätze über das Verschulden bei Vertragsverhandlungen gesetzlich normiert; vgl. dazu ausführlich, *Riehle* in: *Dauner-Lieb/Konzen/Schmidt (Hrsg.)*, S. 137 ff.

23 OLG Düsseldorf OLGZ 1982, 240 (242); RGZ 68, 323 (324); 122, 138 (140); 157, 228 (233); *Enneccerus/Nipperdey*, § 145 II A 3 u. IV, § 167 II 2; *v. Tuhr*, I, § 61 I 1 b; *Canaris*, NJW 1984, 2281; *ders.*, Die Vertrauenshaftung im Dt. Privatrecht, 1971, S. 427 f., 548 ff.; *Frotz*, Verkehrsschutz im Vertretungsrecht, 1972, S. 469 ff.; *Traub*, Das Erklärungsbewusstsein im Tatbestand der Willenserklärung, 1971, S. 117; *Staudinger/Dilcher*, Vorbem. zu §§ 116–144, Rdn. 18 f., der allerdings zur Beseitigung des erzeugten Anscheins einer Willenserklärung eine unverzügliche förmliche Anfechtung entsprechend § 119 BGB verlangt, Rdn. 80; *Hübner*, Rdn. 677 f., 681 ff.; *Schubert*, JR 1985, 15 (16); *Singer*, JZ 1989, 1030 (1034 f.); *ders.* Selbstbestimmung und Vertrauensschutz im Recht der Willenserklärung, 1995, S. 169 ff.

24 *Flume*, § 23, 1, allerdings nur für ausdrückliche Erklärungen; *Palandt/Heinrichs*, Einf. v. § 116 Rdn. 17; *Larenz/Wolf*, BGB AT, § 35 Rdn. 16, § 36 Rdn. 34 f., 90 ff.; *Brox*, Rdn. 135; *Erman/Palm*, Vor § 116 Rdn. 3; *Soergel/Hefermehl*, Vor § 116 Rdn. 13 f., 49; *Medicus*, BGB AT, Rdn. 607; *ders.*, BürgR, Rdn. 130; *Jauernig*, Vor § 116 Rdn. 5; *Köhler*, § 7 Rdn. 5; MK/*Kramer*, Vor § 116 Rdn. 13,18, § 119 Rdn. 92 ff.; *Emmerich*, JuS 1984, 117; *Kramer*, Jura 1984, 234 (240); *Hart*, KritV 1986, 211 (222); *Spieß*, JZ 1985, 593 (596); *Pawlowski*, Rdn. 445 ff.; *Jahr*, JuS 1989, 249 (256); *Wieling*, JA 1991, (Ü) 222 (227); *Lutter/Gehling*, JZ 1992, 154 (155); *Habersack*, JuS 1996, 585 (586); *Brehmer*, JuS 1986, 440 (443), der allerdings nicht die strengen Regeln der Irrtumsanfechtung, sondern ein „Gegenrecht" des sich ohne Erklärungsbewusstsein Äußernden zulassen will; im Ergebnis auch *Eisenhardt*, JZ 1986, 875 (880), der zwar das Vorliegen einer wirksamen Willenserklärung verneint, eine solche aber aus Rechtsscheinsgesichtspunkten fingieren will, vgl. auch *dens.*, Rdn. 58 f.

25 Vgl. BGH NJW 1983, 2198 (2199); NJW 1953, 58; NJW 1968, 2102 (2103); JR 1968, 420 (421).

26 BGHZ 91, 324 (330) m.w.N.; 97, 372 (377); 109, 171 (177); BGH NJW 1991, 2084 (2085 f.); 1995, 953; 2002, 363 (365); 3629 ff.; WM 1989, 650 (652); 2001, 400 (402); BB 1999, 2104 (2105); ebenso BAGE

88 Das BGB enthält keine allgemeine gesetzliche Regelung zur Frage, ob das Erklärungs-bewusstsein Tatbestandsmerkmal einer Willenserklärung ist. Zu diesen Grundfragen der Lehre von der Willenserklärung hatten sich schon für das Gemeine Recht verschiedene Theorien gebildet, sie spiegeln sich auch in der heutigen Diskussion noch wider. Die **Willenstheorie** (*Savigny, Windscheid, Zitelmann*) hält den tatsächlichen subjektiven Willen des Erklärenden für entscheidend; deshalb könne eine Erklärung ohne Rechtsfolgewille keine wirksame Willenserklärung sein. Die **Erklärungstheorie** (*Bekker, Kohler, Leonhard*) betont dagegen die Bedeutung der Willenserklärung für den Rechtsverkehr. Im Interesse der Verkehrssicherheit müsse sich der Erklärende am äußeren Sinn der Erklärung festhalten lassen, eine Berufung auf das Fehlen des Rechtsfolgewillens sei grundsätzlich ausgeschlossen[27]. Der BGB-Gesetzgeber hat sich nicht für eine dieser Theorien entschieden, die gesetzlichen Regelungen berücksichtigen Elemente beider Auffassungen[28]. Auch in der Literatur werden heute weitgehend vermittelnde Ansichten vertreten[29].

89 Der BGH und die Autoren, die bei fehlendem Erklärungsbewusstsein eine wirksame, wenn auch anfechtbare Willenserklärung annehmen, stellen den Schutz des Rechtsverkehrs in den Vordergrund. Wer eine Willensäußerung abgebe, müsse prüfen, ob sie als Willenserklärung verstanden werden könne; der berechtigt vertrauende Erklärungsempfänger sei zu schützen[30].

90 Die **Annahme einer Willenserklärung aus Gründen des Verkehrsschutzes kann jedoch nicht überzeugen.** Für die Nichtigkeit einer Erklärung bei fehlendem Erklärungsbewusstsein spricht zunächst § 118 BGB[31]. Eine nicht ernstlich gemeinte „Willenserklärung" ist nichtig, wenn der Erklärende erwartet, der Mangel der Ernstlichkeit werde vom Empfänger nicht verkannt werden. Gilt dies bei einer bewusst ohne Bindungswillen abgegebenen Erklärung, so muss dieselbe Rechtsfolge eintreten, wenn der Erklärende eine Äußerung ohne Rechtsbindungswillen abgegeben und sich dabei keinerlei Gedanken darüber gemacht hat, ob sie als rechtsgeschäftliche Erklärung verstanden werden konnte, weil er diese Möglichkeit – wenn auch sorgfaltswidrig – überhaupt nicht in Erwägung gezogen hat. § 118 BGB stellt eine Durchbrechung des Ver-

---

47, 130 (133); 49, 290 (296); OLG Nürnberg WM 1990, 928 (930); OLG Hamm BB 1992, 2177; OLG Dresden WM 1999, 949 (951); LG Kaiserslautern VersR 1991, 539; *Larenz/Wolf*, BGB AT, § 36 Rdn. 34; *Flume*, § 16, 3 c, § 23, 1; *Leipold*, Rdn. 592 ff.; *Köhler*, § 7 Rdn. 5; *Hepting* (Fn. 6), S. 209 ff.; *Röder*, JuS 1982, 125 (126 f.); *Hart*, KritV 1986, 211 (221 ff.); *Klein-Blenkers*, Jura 1993, 640 (641); *Soergel/Hefermehl*, Vor § 116 Rdn. 13; MK/*Kramer*, § 119 Rdn. 92 ff.; vgl. auch OLG Celle WM 1988, 1436 (1437); OLG München WM 1994, 21 f.; krit. *Medicus*, BGB AT, Rdn. 608; *Schneider*, WuB VI f. § 154 ZVG 1.90 (S. 380).

27 Vgl. nur *Palandt/Heinrichs*, Einf. v. § 116 Rdn. 2 f.; *Hübner*, Rdn. 674; *Eisenhardt*, JZ 1986, 875 (877 f.); *Werner*, S. 14 f.

28 BGHZ 91, 324 (329 f.); *Hübner*, Rdn. 675; *Eisenhardt*, JZ 1986, 875 (878); *Diederichsen*, Rdn. 207 ff.

29 Vgl. etwa *Larenz*, der die Theorie von der Willenserklärung als Geltungserklärung vertritt, *Larenz/Wolf*, BGB AT, § 24 Rdn. 26 ff.; vgl. auch *Werner*, S. 15 ff.

30 Vgl. *v. Craushaar*, AcP 174 (1974), 2 (9 ff.) sowie die Nachweise in Fn. 26. Allerdings hat BGHZ 91, 324 (329) auch das Interesse des *Erklärenden* an der Wahlmöglichkeit hervorgehoben, „das Erklärte gegen *und für* sich gelten zu lassen oder nach § 119 BGB anzufechten"; zustimmend *Habersack*, JuS 1996, 585 (587 f.); s. auch *Fezer*, S. 11, 12 m.w.N. Gegen eine rechtsgeschäftliche Wirkung von Verhalten ohne Erklärungsbewusstsein *zu Gunsten* des „Erklärenden" jetzt aber BGH NJW 1995, 953 mit abl. Bespr. *Habersack* a.a.O.

31 *Canaris*, NJW 1984, 2281; *Singer*, JZ 1989, 1030 (1034 f.); a.A. *Medicus*, BGB AT, Rdn. 607.

kehrsschutzes, der etwa in §§ 119, 157 BGB zum Ausdruck gekommen ist, zu Gunsten des **Selbstbestimmungsrechts** des Erklärenden dar[32]. Das Selbstbestimmungsrecht des Einzelnen, die Grundlage unserer Privatrechtsordnung[33], erfordert und rechtfertigt allgemein die Annahme der Nichtigkeit einer Erklärung, die ohne Erklärungsbewusstsein abgegeben wurde.

Der BGH sieht das Selbstbestimmungsrecht des Erklärenden dadurch ausreichend gewahrt, dass der Erklärende die Wahlmöglichkeit habe, die Erklärung gelten zu lassen oder durch Anfechtung rückwirkend zu vernichten (§§ 119 I, 142 I BGB)[34]. Wem aber gar nicht bewusst war, dass seine Äußerung rechtlich Bindungswirkung entfalten könnte, wird schwerlich erkennen, dass er unverzüglich (§ 121 I BGB) anfechten muss, um die Bindung an ein nicht gewolltes Rechtsgeschäft zu verhindern. Eine Wahlmöglichkeit wird der Erklärende kaum sehen, eine Wahl wird deshalb in der Regel gar nicht getroffen[35]. Mit der Annahme einer wirksamen Willenserklärung würde darum der Verkehrsschutz zulasten des Selbstbestimmungsrechts zu stark ausgedehnt. Entgegen der Ansicht des BGH[36] besteht zum Irrtum nach § 119 I BGB ein grundlegender Unterschied. Der Erklärende, der bei Abgabe seiner Erklärung i.S.v. § 119 BGB irrte, war sich im Gegensatz zu demjenigen, der sich ohne Erklärungsbewusstsein äußerte, bewusst, dass der am Rechtsverkehr mit einer rechtsgeschäftlichen Erklärung teilnahm. Ihm können deshalb im Interesse des Verkehrsschutzes weitergehende Obliegenheiten auferlegt werden, wenn er sich auf die Diskrepanz zwischen subjektivem Willen und objektiver Erklärung berufen will[37].

91

Überdies bedarf es der Zurechnung als Willenserklärung nicht, um die Interessen des redlichen Erklärungsempfängers ausreichend zu schützen. Vielmehr genügt dafür die **Haftung auf Ersatz des Vertrauensschadens**[38]. Bei der Frage nach den Rechtsfolgen fehlenden Erklärungsbewusstseins geht es demgemäß in Wahrheit nicht in erster Linie um Probleme der Rechtsgeschäftslehre, sondern vielmehr um das Einstehenmüssen für die Schaffung eines Vertrauenstatbestandes, das nach den Regeln der Rechtsscheinhaftung zu beurteilen ist[39]. Auch der BGH berücksichtigt ein wesentliches Element der Rechtsscheinslehre: Eine wirksame Willenserklärung soll nur vorliegen, „wenn der Erklärende bei Anwendung der im Verkehr erforderlichen Sorgfalt hätte erkennen und vermeiden können, dass seine Erklärung oder sein Verhalten vom Empfänger nach Treu und Glauben und mit Rücksicht auf die Verkehrssitte als Willenserklärung aufgefasst werden durfte"[40]. Das Abstellen auf diese „Erklärungsfahrlässigkeit" steht jedoch im Widerspruch zur sonstigen Argumentation des BGH[41]. Vor allem aber sind Verschuldenskriterien für das Vorliegen einer Willenserklärung und den Eintritt rechtsge-

92

---

32 *Palandt/Heinrichs*, § 118 Rdn. 2.
33 *Köhler*, § 5 Rdn. 1; *Medicus*, BGB AT, Rdn. 172 ff.; *Flume*, § 1, 7.
34 BGHZ 91, 324 (330).
35 *Canaris*, NJW 1984, 2281.
36 BGHZ 91, 324 (329 f.).
37 OLG Düsseldorf OLGZ 1982, 240 (243 f.); *Schubert*, JR 1985, 15 (16).
38 OLG Düsseldorf OLGZ 1982, 240 (244); *Schubert*, JR 1985, 15 (16).
39 *Canaris*, NJW 1984, 2283; *Eisenhardt*, JZ 1986, 875 (879); *Hübner*, Rdn. 677, 681 ff. s. auch *Singer*, JZ 1989, 1030 (1034 f.); *Lutter/Gehling*, JZ 1992, 154 (155).
40 BGHZ 91, 324 (330).
41 *Brehmer*, JuS 1986, 440 (443 f.).

schäftlicher Bindung unbeachtlich, ihre Berücksichtigung daher gesetzes- und sach-
fremd[42]. Denn die vom Willen getragene privatautonome Gestaltung und die Verantwortlichkeit des Einzelnen für sein Verhalten sind rechtlich völlig verschiedene Kategorien. Verantwortlichkeit darf deshalb nicht dazu führen, dem Handelnden einen
nicht vorhandenen rechtsgeschäftlichen Willen zu unterstellen[43].

Insgesamt kann somit die Entscheidung des BGH im Ausgangsfall nicht überzeugen.
Vielmehr sprechen die besseren Gründe dafür, eine ohne Erklärungsbewusstsein abgegebene Erklärung dem Urheber nicht als wirksame Willenserklärung zuzurechnen.

93 3. Da die Sparkasse K ihre Äußerung ohne Erklärungsbewusstsein abgegeben hat, lag
also keine Bürgschaftserklärung vor, zum Abschluss eines Bürgschaftsvertrages ist es
nicht gekommen. V hat **keinen Anspruch aus einem Bürgschaftsvertrag** (§ 765 I
BGB) gegen K.

II. Anspruch auf Ersatz des Vertrauensschadens

94 V könnte einen **Anspruch auf Ersatz ihres Vertrauensschadens** gegen K haben. Im
Vertrauen auf einen wirksamen Bürgschaftsvertrag hat V an die S-GmbH die Stahlhalle auf Kredit ohne weitere Sicherheit ausgeliefert. Die Forderung gegen die S-GmbH in
Höhe von 80 000 € ist auf Grund der Zahlungsunfähigkeit der Schuldnerin wertlos.
Auch kann V die Sparkasse K aus der Bürgschaft nicht in Anspruch nehmen, da ein
wirksamer Bürgschaftsvertrag nicht zu Stande kam. Ersatz des Vertrauensschadens bedeutet, dass der Geschädigte so zu stellen ist, wie er stünde, wenn er nicht auf die Gültigkeit des (nicht zu Stande gekommenen) Geschäfts (hier also der Bürgschaft) vertraut, sondern davon nie etwas gehört hätte[44]. In diesem Fall hätte V die Stahlhalle nicht
an die S-GmbH ausgeliefert, wäre also noch deren Eigentümerin. Somit beläuft sich
der Vertrauensschaden hier auf den Wert der gelieferten Halle[45], während der (entgan-
gene) Gewinn aus dem Geschäft mit der S-GmbH nicht darunter fällt[46].

95 1. Die Sparkasse K hat mit ihrer Äußerung den Rechtsschein einer bindenden Bürgschaftserklärung gesetzt. Sie könnte deshalb nach den **Grundsätzen der Rechtsscheinhaftung** verpflichtet sein, dem Erklärungsempfänger, der im Vertrauen auf diesen Anschein einer bestimmten Rechtslage gehandelt hat, den daraus resultierenden
Vertrauensschaden zu ersetzen. Als Anspruchsgrundlage kommt eine Analogie zu der
gesetzlich geregelten Rechtsscheinhaftung nach § 122 BGB[47] in Betracht. Nach § 122
BGB hat der Erklärende, der eine nach § 118 BGB nichtige Willenserklärung abgegeben oder seine Erklärung nach §§ 119, 120 BGB angefochten hat, dem anderen Teil

---

42 OLG Düsseldorf OLGZ 1982, 240 (243); *Kellmann*, JuS 1971, 609 (614 f.).
43 *Hübner*, Rdn. 678.
44 BGH NJW-RR 1990, 230; *Brox/Walker*, Allgemeines Schuldrecht, § 29 Rdn. 9; *Fikentscher*, Rdn. 326 f.;
    Palandt/Heinrichs, vor § 249 Rdn. 17.
45 Maximal indes auf 75 000 €, weil die (unwirksame) „Bürgschaftserklärung" der K auf diesen Betrag be-
    grenzt war und V folglich von Anfang an nicht auf eine weitergehende Sicherung ihrer Forderung gegen
    die S-GmbH vertrauen konnte.
46 Vgl. *Larenz*, SchuldR I, § 27 II b 4.
47 Vgl. *Canaris*, Die Vertrauenshaftung (Fn. 23), S. 532 ff., 423 f.; *Larenz/Wolf*, BGB AT, § 36 Rdn. 127 ff.;
    Bork, Rdn. 596.

oder einem Dritten den Schaden zu ersetzen, den der andere Teil oder der Dritte dadurch erlitten hat, dass er auf die Erklärung vertraute.

Rechtsscheinhaftung setzt außer dem Vertrauenstatbestand die Verantwortlichkeit des **96** in Anspruch Genommenen für das Entstehen des Vertrauenstatbestandes voraus. Es haftet nur, wer den **Rechtsschein in zurechenbarer Weise gesetzt hat**[48]. Für die Zurechnung kann bloße Kausalität nicht ausreichen[49]. Vielmehr geschieht die Zurechnung nach dem Veranlassungsprinzip, dem Verschuldensprinzip oder dem Risikoprinzip[50]. Die Haftung nach § 122 BGB beruht auf dem Veranlassungsprinzip[51]. Dabei ist aber zu berücksichtigen, dass auch die Veranlassungshaftung nicht auf der bloßen Kausalität des Verhaltens für die Entstehung des Rechtsscheins beruht[52]. *Flume*[53] sieht den Haftungsgrund bei § 122 BGB darin, dass derjenige, der einem anderen sein Wort gebe, jedenfalls die Verantwortung dafür trage, dass der andere nicht durch das Vertrauen auf das ihm gegebene Wort Schaden erleide. Überwiegend wird aber die Veranlassungshaftung mit dem Gedanken der Risikoverteilung (Risikosphäre) verknüpft[54]. Derjenige, gegen den ein Vertrauenstatbestand spricht, soll für den Vertrauensschaden des auf den Rechtsschein Vertrauenden haften, wenn er ein erhöhtes Risiko geschaffen hat und die fraglichen Gefahren eher beherrscht als der andere Teil.

Zwischen den von § 122 BGB unmittelbar erfassten Fällen und dem Fehlen des Erklä-   **97** rungsbewusstseins besteht ein grundsätzlicher Unterschied. Wer eine Willenserklärung abgibt und diese später anficht, war sich bei Abgabe der Erklärung bewusst, dass er am rechtsgeschäftlichen Verkehr teilnimmt. Dies rechtfertigt es, ihm das Risiko für die möglichen Folgen seiner Teilnahme am Rechtsverkehr aufzubürden. Bei einer Scherzerklärung nach § 118 BGB wollte der Erklärende zwar nicht am rechtsgeschäftlichen Verkehr teilnehmen. Er hat aber bewusst eine Erklärung an diesen Rechtsverkehr abgegeben und sich über das mögliche Verständnis der Erklärung durch die Erklärungsempfänger eine Vorstellung gebildet, eben indem er darauf vertraute, dass der Mangel der Ernstlichkeit der Scherzerklärung erkannt werde. Erfüllt sich die subjektive Erwartung des Erklärenden nicht, ist es sachgerecht, dass er das Risiko der Missverständlichkeit seiner Äußerung trägt[55]. Anders ist die Situation im Normalfall der Abgabe einer Äußerung ohne Erklärungsbewusstsein. Der Erklärende wollte sich eben nicht bewusst am rechtsgeschäftlichen Verkehr beteiligen; über eine möglicherweise rechtsgeschäftliche Bedeutung seiner Erklärung hat er sich – wenn auch fahrlässig – keine Vorstellung gebildet. Allein die Abgabe einer Äußerung genügt aber nicht, um ihm jegliches Risiko etwaiger Missverständnisse aufzuerlegen[56]. Eine Zurechnung des Vertrauenstatbestandes und damit eine Haftung für den Vertrauensschaden ist nur gerechtfertigt, wenn der Erklärende bei pflichtgemäßer Sorgfalt erkennen konnte und musste,

---

48 Eingehend *Canaris* (Fn. 23), S. 467 – 490; *Hübner*, Rdn. 588 ff.
49 *Canaris* (Fn. 23), S. 469, 474; *Hübner*, Rdn. 589.
50 *Canaris* (Fn. 23), S. 473 ff.
51 BGH NJW 1969, 1380; RGZ 81, 395 (399); *Palandt/Heinrichs*, § 122 Rdn. 1; *Soergel/Hefermehl*, § 122 Rdn. 1 m.w.N.
52 Vgl. vor allem *Canaris* (Fn. 23), S. 474; MK/*Kramer*, § 122 Rdn. 3; a.A. *Staudinger/Dilcher*, § 122 Rdn. 2.
53 *Flume*, § 10, 5.
54 *Canaris* (Fn. 23), S. 479 ff.; *Hübner*, Rdn. 590; *Soergel/Hefermehl*, § 122 Rdn. 1; MK/*Kramer*, § 122 Rdn. 3; *Marburger*, AcP 173 (1973), 137 (154 f.); vgl. auch *Lutter/Gehling*, JZ 1992, 154 (155).
55 *Canaris* (Fn. 23), S. 550.
56 *Canaris* (Fn. 23), S. 481 f.

dass seine Äußerung vom Erklärungsempfänger als Abgabe einer Willenserklärung verstanden werden könnte.

98   Teilweise wird eine Analogie zu § 122 BGB befürwortet, **Erkennbarkeit aber als weitere Zurechnungsvoraussetzung** verlangt[57]. Auch der BGH berücksichtigt in seiner Entscheidung diese „Erklärungsfahrlässigkeit", allerdings bei der Frage, ob eine Willenserklärung trotz fehlenden Erklärungsbewusstseins vorliegt[58]. Bei diesem zusätzlichen Zurechnungskriterium handelt es sich aber im Grunde um ein Verschuldenserfordernis, das dem § 122 I BGB fremd ist. Richtigerweise sollte deshalb der Anspruch auf Ersatz des Vertrauensschadens nicht auf eine Analogie zu § 122 BGB, sondern direkt gemäß §§ 280 I, 241 II, 311 II BGB auf ein Verschulden bei Verhandlungen (culpa in contrahendo) gestützt werden[59].

99   2. Dazu müsste K **schuldhaft eine Pflicht aus einem Schuldverhältnis** im Sinne der §§ 241 II, 311 II BGB **verletzt** haben. Es erscheint allerdings fraglich unter welches Tatbestandsmerkmal des § 311 II BGB die vorliegende Konstellation subsumiert werden kann. Der Gesetzgeber wollte im Rahmen der Schuldrechtsreform die bisherige Rechtsprechung und Lehre zur culpa in contrahendo normieren[60]. Um zu gewährleisten, dass alle Fälle der c.i.c. in der gesetzlichen Neuregelung erfasst werden, hat er § 311 II Nr. 3 BGB als Auffangtatbestand geschaffen[61].

100   Da K vom Vorliegen eines Vertragsverhältnisses ausging, scheiden § 311 II Nr. 1 und Nr. 2 BGB aus. Das zweifelsfrei nach den Grundsätzen über die c.i.c. bestehende vorvertragliche Schuldverhältnis zwischen K und V ist daher unter den Begriff des „ähnlichen geschäftlichen Kontakt(s)" nach §§ 311 II Nr. 3, 241 II BGB zu subsumieren. Innerhalb dieses Schuldverhältnisses hat K dadurch, dass sie den Rechtsschein einer Bürgschaftserklärung gesetzt hat, die ihr gegenüber ihren Geschäftspartnern obliegende Sorgfaltspflicht verletzt, den Verhandlungspartner nicht durch Erregung unbegründeten Vertrauens zu schädigen[62]. Dies geschah auch schuldhaft: Die Mitarbeiter der K hätten bei pflichtgemäßer Sorgfalt erkennen können und müssen, dass die Erklärung von V als Bürgschaftserklärung verstanden werden konnte[63]. Wenn der Empfänger nach Treu und Glauben darauf vertrauen durfte, dass die Äußerung als rechtsgeschäftliche Erklärung abgegeben wurde, wird auch der sich ohne Erklärungsbewusstsein Äußernde regelmäßig erkannt haben müssen, dass seine Äußerung so vom Empfänger verstanden werden konnte. Die „**Erklärungsfahrlässigkeit**" wird deshalb regelmäßig bei Setzung des Rechtsscheins zu bejahen sein. Mithin ist ein Anspruch aus §§ 280 I, 241 II, 311 II BGB dem Grunde nach gegeben. Dieser Anspruch ist, da es sich um eine

---

57 *Canaris* (Fn. 23), S. 537, 548 ff.; *Hübner*, Rdn. 677, 684; *Köhler*, § 7 Rdn. 5; *Singer*, JZ 1989, 1030 (1034 f.).

58 BGHZ 91, 324 (330); w.N. oben in Fn. 26.

59 *Medicus*, BGB AT, Rdn. 608; ob der Anspruch in einer Analogie zu § 122 BGB oder in der culpa in contrahendo seine Grundlage hat, wird offen gelassen vom OLG Düsseldorf OLGZ 1982, 240 (245); ebenso *Schubert*, JR 1985, 15 (16). Zur gesetzlichen Normierung der culpa in contrahendo im Rahmen der Schuldrechtsmodernisierung siehe auch unten Fälle 11, 14.

60 BT-Drucks. 19/6040, 175 ff.

61 *Ehmann/Sutschet*, S. 153; *Lorenz/Riehm*, Rdn. 367; *Rieble* in: *Dauner-Lieb/Konzen/Schmidt (Hrsg.)*, S. 141 f.; *Brox/Walker*, Allgemeines Schuldrecht, § 5 Rdn. 7.

62 *Medicus*, BGB AT, Rdn. 453 m.w.N.

63 BGHZ 91, 324 (330 f.).

Haftung für die Inanspruchnahme von Vertrauen handelt, grundsätzlich auf Ersatz des Vertrauensschadens gerichtet[64].

3. V kann somit von K den **Ersatz ihres Vertrauensschadens** verlangen.

(Zwar entspricht die hier vertretene Lösung im Ergebnis weitgehend der Lösung des BGH. Diese Übereinstimmung der Ergebnisse ist aber nicht zwingend, sie tritt nur dann ein, wenn der sich ohne Erklärungsbewusstsein Äußernde rechtzeitig und ordnungsgemäß seine „Willenserklärung" angefochten hat[65]. Ist die Anfechtungserklärung nicht eindeutig oder versäumt der Erklärende die Anfechtungsfrist, so ist er nach der Auffassung des BGH an das nicht gewollte Rechtsgeschäft gebunden[66].)

101

---

64 *Palandt/Heinrichs*, § 311 Rdn. 11, 57. In bestimmten Fällen ist jedoch auch der Ersatz des Erfüllungsinteresses möglich, vgl. *Palandt/Heinrichs*, § 311 Rdn. 58; *Lorenz/Riehm*, Rdn. 378; dazu auch Fall 11 Fn. 38.

65 *Ahrens*, JZ 1984, 986 (987).

66 So in dem vom BGH entschiedenen Fall BGHZ 91, 324 (331 ff.). Die Bedeutung der vom BGH entwickelten Grundsätze für den entschiedenen Fall wird auch daran deutlich, dass in diesem konkreten Fall kein Vertrauensschaden eingetreten war (*Brehmer*, JuS 1986, 440, [445]), da die „Bürgschaftserklärung" erst nach der Lieferung der Bauteile an die S-GmbH abgegeben wurde; bei rechtzeitiger Anfechtung hätte demnach kein Ersatzanspruch der V aus § 122 BGB bestanden.

Fall 4

Erklärungsirrtum – Inhaltsirrtum – Rechtsfolgenirrtum – Eigenschaftsirrtum – verkehrswesentliche Eigenschaften

Ausgangsfall
OLG Hamm, Beschl. v. 27. 11. 1965 – 15 W 121/63 = NJW 1966, 1080

Sachverhalt

102 A und B wurden durch ein notarielles Testament ihrer Großmutter G als deren Erben zu je ½ eingesetzt. Als Ersatzerbe wurde jeder der Miterben für den anderen benannt. Die G starb im Jahre 2002. Da A ein vermögender Mann war, schlug er seinen Erbteil form- und fristgerecht aus in der Annahme, er würde dann seinem in Brasilien verarmten Bruder B zugute kommen. Zudem scheute er im Hinblick auf den für seine Verhältnisse geringen Nachlasswert die Schwierigkeiten einer Erbauseinandersetzung mit seinem Bruder. Dabei war ihm unbekannt, dass B einen Monat vor G in Südamerika verstorben war. Als A von dem Tode des B erfuhr, focht er seine Ausschlagung des Erbteils nach G durch Erklärung gegenüber dem Nachlassgericht form- und fristgerecht an und verlangt nunmehr von dem Alleinerben des B, dessen Sohn S, Herausgabe des Nachlasses.

Frage:
Mit Recht?

Gliederung 103

Lösung

I. Herausgabeanspruch aus § 2018 BGB

Das **Herausgabeverlangen** des A könnte **gemäß § 2018 BGB** gerechtfertigt sein. **104** Eine Anwendung dieser Vorschrift setzt voraus, dass S den Nachlass auf Grund eines ihm nicht zustehenden Erbrechts erlangt hat und A Erbe geworden ist. Da S den gesamten Nachlass im Besitz hat, ist allein fraglich, wer Erbe ist.

1. Vor Abgabe der Ausschlagungserklärung durch A war dieser Alleinerbe nach G ge- **105** worden, und zwar neben der ihm ohnehin zustehenden Hälfte des Nachlasses zu der restlichen Hälfte als Ersatzerbe an Stelle seines Bruders B (§§ 1937, 2096 BGB).

2. Infolge der form- und fristgerecht abgegebenen **Ausschlagungserklärung** ist S ge- **106** mäß §§ 1953 I, II, 2069, 1924 III BGB Alleinerbe geworden. Zwar ist A bei Abgabe seiner Ausschlagungserklärung davon ausgegangen, er sei lediglich zu ½ Erbe geworden und könne deshalb nur in dieser Höhe ausschlagen; jedoch erstreckt sich gemäß § 1951 II S. 1 BGB die Ausschlagungserklärung auch auf den Erbteil, der ihm als Ersatzerbe angefallen ist[1].

3. Fraglich ist aber, ob A durch die **Anfechtung seiner Ausschlagungserklärung** die **107** Erbenstellung des S beseitigt hat und selbst Alleinerbe geworden ist. Dies ist dann der Fall, wenn A seine Ausschlagungserklärung wirksam angefochten hat (§ 1957 I BGB). Die Anfechtung ist gemäß §§ 1954, 1955 BGB form- und fristgerecht erklärt worden. Es fragt sich aber, ob dem A ein Anfechtungsgrund (vgl. § 1954 I, II S. 1 BGB) zur Seite steht. Bei Abgabe seiner Ausschlagungserklärung ging A irrtümlich davon aus, sein Bruder B lebe noch, dieser sei durch die Ausschlagung Alleinerbe geworden. Zweifelhaft ist, ob in diesem Irrtum des A ein gemäß §§ 1954 I, II S. 1, 119 BGB beachtlicher Irrtum zu sehen ist. In Betracht kommen ein Erklärungs-, Inhalts- oder Eigenschaftsirrtum.

---

1 Vgl. hierzu *Planck/Ebbecke*, § 1954 Anm. 1. Entscheidend ist das Testament als Berufungsgrund, nicht aber die Stellung als Ersatzerbe oder Miterbe; vgl. auch *Palandt/Edenhofer*, § 1951 Rdn. 3.

108 a) Ein **Erklärungsirrtum** (§ 119 I 2. Alt. BGB) liegt dann vor, wenn der Erklärende eine Erklärung des abgegebenen Inhalts überhaupt nicht abgeben wollte, d.h. wenn der Erklärende die innerlich richtig „formulierte" Vorstellung in eine fehlerhafte Äußerung umsetzt. Es handelt sich demnach um ein Versehen bei der Ausführung eines Willensentschlusses, insbesondere um die Fälle des Sichverschreibens oder des Sichversprechens[2]. Ein Erklärungsirrtum liegt in dem zu entscheidenden Fall deshalb nicht vor, weil A die Ausschlagungserklärung so, wie er sie abgegeben hat, auch abgeben wollte.

109 b) A könnte sich jedoch über den Inhalt seiner Erklärung geirrt haben (§ 119 I 1. Alt. BGB). Um einen **Inhaltsirrtum** feststellen zu können, kommt es darauf an, die objektive Bedeutung der abgegebenen Erklärung zu ermitteln und mit dem zu vergleichen, was der Erklärende erklären wollte[3]. Dies bedeutet, dass die Auslegung der Anfechtung stets vorgeht. Lässt sich im Wege der Auslegung das von dem Erklärenden Gewollte mit dem von ihm objektiv Erklärten in Einklang bringen, so ist für eine Anfechtung wegen Inhaltsirrtums kein Raum. Erst das Auseinanderfallen von Wille und Erklärung berechtigt zur Anfechtung. Demnach ist im Wege der Auslegung zu ermitteln, ob der Wille des A und seine Erklärung sich decken. A hat gegenüber dem Nachlassgericht erklärt, die Erbschaft auszuschlagen, in der Erwartung, sie falle dann automatisch seinem Bruder an. Diese Erklärung ist eindeutig und einer Auslegung somit nicht zugänglich. Mit ihr stimmte auch der Wille des A überein. Dass er sich irrigerweise vorgestellt hat, der B und nicht der S trete an seine Stelle, ändert nichts daran, dass er eine Ausschlagungserklärung abgeben wollte[4]. Anders lag ein vom Kammergericht im Jahre 1938[5] entschiedener Fall, in dem die Anfechtung einer Ausschlagungserklärung wegen Inhaltsirrtums zugelassen wurde. In dem vom KG entschiedenen Fall ging der die Erbschaft Ausschlagende davon aus, diese Erklärung sei das *rechtlich gebotene Mittel*, um seinen Erbteil auf eine bestimmte Person *zu übertragen*, während die Ausschlagung zur Folge hatte, dass dieser beabsichtigte Erfolg nicht eintrat, vielmehr neben dem zu begünstigenden Dritten noch andere Personen erbberechtigt wurden.

110 Hingegen war A sich über die Wirkung seiner Ausschlagungserklärung im klaren; dies erhellt insbesondere die Tatsache, dass der von ihm mit der Erklärung gewollte Erfolg (nämlich der Nichtanfall der Erbschaft) auch eingetreten wäre, wenn B zur Zeit der Ausschlagungserklärung noch gelebt hätte. Wille und Erklärungen fielen insoweit nicht auseinander. Demgegenüber ist die weitergehende Absicht des A, seinen Bruder B zu begünstigen, als reines Motiv im Rahmen des § 119 I BGB unbeachtlich (**Rechtsfolgenirrtum**)[6].

Fraglich bleibt allerdings, ob ein Inhaltsirrtum darin zu sehen ist, dass A davon ausging, er sei nicht Alleinerbe, sondern Miterbe zu ½ neben B geworden. Inhalt der Er-

---

2 *Soergel/Hefermehl*, § 119 Rdn. 11; *Palandt/Heinrichs*, § 119 Rdn. 10; *Staudinger/Dilcher*, § 119 Rdn. 11 f.; *Erman/Palm*, § 119 Rdn. 33; MK/*Kramer*, § 119 Rdn. 46.

3 *Staudinger/Dilcher*, § 119 Rdn. 16; *Jauernig*, § 119 Rdn. 2, 7; *Soergel/Hefermehl*, § 119 Rdn. 17; *Medicus*, BGB AT, Rdn. 745.

4 Vgl. für den Fall einer Erbschaftsannahmeerklärung BayObLG NJW-RR 1995, 904 (906); vgl. auch OLG Frankfurt RPfleger 1991, 369.

5 JW 1938, 858 Nr. 10.

6 *Larenz/Wolf*, BGB AT, § 36 Rdn. 19 ff.; *Giesen*, Rdn. 263; *Schack*, Rdn. 218; *Soergel/Hefermehl*, § 119 Rdn. 4; *Staudinger/Dilcher*, § 119 Rdn. 68 f.; vgl. auch BayObLG NJW-RR 1995, 904 (906).

klärung könnte nämlich gewesen sein, er schlage lediglich seinen hälftigen Erbanteil, nicht aber auch seine Stellung als Ersatzerbe aus. Zu beachten ist aber, dass A auf die ihm anfallende Erbenstellung insgesamt verzichtet hat und auch verzichten wollte. Dies folgt schon daraus, dass A keinen Anlass hatte, seine Ausschlagungserklärung zu beschränken, sein Plan vielmehr dahin ging, seinen gesamten Anteil am Nachlass zu Gunsten seines Bruders auszuschlagen. Hinzu kommt, dass eine Ausschlagungserklärung allein bezüglich der auf ihn entfallenden Hälfte, nicht aber hinsichtlich seiner Ersatzerbenstellung, als Teilausschlagungserklärung unzulässig und als solche ohne rechtliche Bedeutung wäre (§ 1950 BGB).

Ferner kann dahinstehen, wann und unter welchen Voraussetzungen ein Irrtum über Eigenschaften einer Person oder Sache bereits als Inhaltsirrtum gemäß § 119 I BGB anfechtbar ist[7]. Eine Berücksichtigung des Irrtums über solche Umstände hat nämlich zur Voraussetzung, dass die Eigenschaft in der Erklärung entweder ausdrücklich oder doch konkludent bezeichnet wird[8]. An einer solchen Bezugnahme auf den Umfang seiner Erbenstellung fehlt es bei der Ausschlagungserklärung des A jedoch. **111**

c) Da somit auch eine Anfechtung wegen Inhaltsirrtums gemäß § 119 I BGB ausscheidet, ist zu untersuchen, ob A seine Ausschlagungserklärung gemäß § 119 II BGB anfechten konnte. **112**

Eine Anfechtung gemäß § 119 II BGB setzt voraus, dass sich A bei der Abgabe seiner Ausschlagungserklärung über solche **Eigenschaften einer Person oder einer Sache geirrt hat, die im Verkehr als wesentlich** angesehen werden.

Als A die Anfechtungserklärung abgab, irrte er über den Umfang seiner Beteiligung an der Erbmasse, glaubte er, Miterbe, nicht aber Alleinerbe zu sein. Dieser Irrtum könnte einen Irrtum über die Eigenschaft der ihm anfallenden Erbmasse darstellen.

Hierbei ist zu beachten, dass eine Anfechtung gemäß § 119 II BGB nicht schon deswegen ausgeschlossen ist, weil nach dem Wortlaut dieser Bestimmung nur ein Irrtum über Eigenschaften von *Sachen* zur Anfechtung berechtigen soll. Denn der Begriff Sache in § 119 II BGB ist inhaltlich nicht auf körperliche Gegenstände (§ 90 BGB) beschränkt, sondern erfasst jeden Gegenstand, der von der Verkehrsanschauung als verkehrsfähig anerkannt wird, also auch Rechte, Sachgesamtheiten und den Nachlass als Vermögensinbegriff[9]. **113**

Dass die Höhe der quotenmäßigen Beteiligung an einer Erbschaft als verkehrswesentliche Eigenschaft des Erbteils anzusehen ist, entspricht allgemeiner Meinung[10]. Als Eigenschaften einer Sache kommen nicht nur deren natürliche Beschaffenheit, sondern auch solche tatsächlichen und rechtlichen Verhältnisse in Betracht, die infolge ihrer **114**

---

7 Vgl. hierzu *Soergel/Hefermehl*, § 119 Rdn. 25 f., 32.
8 *Soergel/Hefermehl*, § 119 Rdn. 26; *Staudinger/Dilcher*, § 119 Rdn. 43.
9 OLG Hamm NJW 1966, 1080; RGZ 149, 238; BGH LM Nr. 2 zu § 779 BGB; BayObLG NJW-RR 1999, 590 (591); *Schack*, Rdn. 279; *Soergel/Hefermehl*, § 119 Rdn. 50; *Staudinger/Dilcher*, § 119 Rdn. 60; *Flume*, § 24, 2e; *Fezer*, S. 205.
10 OLG Hamm NJW 1966, 1080; *Lange/Kuchinke*, Lehrbuch des Erbrechts, 5. Aufl. 2001, § 8 VII 2d (Fn. 179); *Schlüter*, Erbrecht, 14. Aufl. 2000, Rdn. 495; *Soergel/Stein*, § 1954 Rdn. 3; *Jauernig/Stürner*, § 1954 Rdn. 1; *Palandt/Edenhofer*, § 1954 Rdn. 4; *Staudinger/Otte* (2000) § 1954 Rdn. 5 m.w.N.; vgl. auch BayObLG NJW-RR 1995, 904 (906).

Beschaffenheit und Dauer auf deren Brauchbarkeit und Wert von Einfluss sind[11]. Dabei ist jedoch eine Einschränkung dahingehend zu machen, dass die Eigenschaften einer Sache sich nur aus solchen tatsächlichen und rechtlichen Verhältnissen ergeben, die den Gegenstand selbstständig und unmittelbar kennzeichnen; nicht aber darf es sich um Umstände handeln, die nur mittelbar einen Einfluss auf die Bewertung der Sache ausüben können[12]. Das Eigentum an einer Sache oder deren Wert sind daher nicht als Eigenschaften anzusehen[13], hingegen sind Faktoren, die die Wertbildung des Gegenstandes bestimmen, als Eigenschaften zu betrachten.

115 Die Größe des dem A zufallenden Erbanteils wäre dann nicht als Eigenschaft anzusehen, wenn es sich hier lediglich um eine Frage des Wertes des Nachlasses an sich handeln würde, nicht aber um wertbildende Faktoren. Dies ist indes nicht der Fall. So wie die Größe eines Grundstücks oder etwa das Alter oder die Echtheit eines Gemäldes **wertbildende Faktoren** und damit **Eigenschaften i.S. des § 119 II BGB** darstellen, muss auch der Umfang eines Erbteils als Eigenschaft desselben erachtet werden. Besonders deutlich wird dies, worauf das OLG Hamm[14] zu Recht hingewiesen hat, wenn der Erbteil Gegenstand eines Kaufvertrages ist und der Kaufpreis nach dem Umfang des Erbteils bemessen worden ist. Der Erbteil als solcher ist etwas Abstraktes, er wird erst durch seine Eigenheiten in der Miterbenstellung, insbesondere durch seinen Umfang, näher bestimmt. Wollte man die umfangmäßige Begrenzung von Vermögensrechten nicht als Eigenschaft anerkennen, so könnte ein erheblicher Teil von Lebenssachverhalten nicht unter § 119 II BGB subsumiert werden. Eine solche Einschränkung dieser Vorschrift ist mit ihrem Sinn schlechthin nicht zu vereinbaren. Nach alledem ist die umfangmäßige Beteiligung des A am Nachlass eine Eigenschaft des auf A entfallenden Erbteils.

116 § 119 II BGB setzt weiter voraus, dass die Eigenschaft, über die der Erklärende geirrt hat, im Verkehr als eine wesentliche anzusehen ist.

117 Nach einer älteren, von *Savigny*[15] entwickelten Auffassung war der Begriff der Wesentlichkeit objektiv zu bestimmen; eine Eigenschaft sollte nur dann wesentlich sein, wenn sie die Sache allgemein charakterisierte. Die von den Parteien vereinbarte oder vorausgesetzte Zweckbestimmung war nicht ausschlaggebend[16]. Demgegenüber ist nach der subjektiven Theorie, die besonders von *Flume*[17] beeinflusst wurde, eine Eigenschaft dann als wesentlich anzusehen, wenn sich das Rechtsgeschäft „auf die Sache oder Person als eine solche mit der bestimmten Eigenschaft bezieht". Diese Beziehung kann sich nach *Flume*[18] entweder aus den Erklärungen der Parteien oder aus dem Geschäfts-

---

11 Allg. Ansicht: RGZ 21, 308 (311); 64, 266 (269); BGHZ 16, 54 (57); 34, 32 (41); 78, 216 (222); BGH NJW 1979, 160 (161); RGRK/*Krüger-Nieland*, § 119 Rdn. 32; *Soergel/Hefermehl*, § 119 Rdn. 37, 50; MK/*Kramer*, § 119 Rdn. 102; *Eisenhardt*, Rdn. 339.

12 BGHZ 16, 54 (57); 70, 47 (48); *Larenz/Wolf*, BGB AT, § 36 Rdn. 45 ff.; *Brehm*, Rdn. 207; *Soergel/Hefermehl*, § 119 Rdn. 37 m.w.N.; vgl. auch BGH NJW 1990, 1658 (1659).

13 BGHZ 34, 32 (41 f.); BayObLG NJW-RR 1995, 904 (905); LG Berlin NJW 1991, 1238 (1240); LG Zweibrücken DtZ 1993, 122 (124).

14 OLG Hamm NJW 1966, 1080.

15 System des heutigen römischen Rechts, Bd. 3, 1840, S. 283.

16 Vgl. z.B. RGZ 64, 266.

17 Eigenschaftsirrtum und Kauf, 1948.

18 *Flume*, § 24, 2; s. auch *Staudinger/Dilcher*, § 119 Rdn. 46 f.; *Hübner*, Rdn. 790.

typ ergeben. Nach beiden Auffassungen ist die Größe des Erbteils verkehrswesentliche Eigenschaft. Zwar ist der Umfang des Erbanteils im Sinne der subjektiven Theorie einer „Vereinbarung" im Rahmen der einseitigen Ausschlagungserklärung nicht zugänglich (vgl. § 1950 BGB), und A hat einen entsprechenden Willen einer Beschränkung seiner Ausschlagungserklärung auch nicht zum Ausdruck gebracht; jedoch ist die Größe des ausgeschlagenen Erbteils schon nach der Verkehrsauffassung als wesentlicher Inhalt der Ausschlagungserklärung zu erachten.

d) Dieser Irrtum berechtigt zur Anfechtung nur dann, wenn anzunehmen ist, dass A bei **118** Kenntnis der Sachlage und verständiger Würdigung des Falles die Ausschlagungserklärung nicht abgegeben hätte[19].

Es müsste also anzunehmen sein, dass A bei Kenntnis der wahren Größe der ihm angefallenen Erbschaft, nämlich seiner Alleinerbenstellung, die Erbschaft nicht ausgeschlagen hätte. Zweifel an der damit zunächst geforderten **Kausalität** könnten dann bestehen, wenn er die Erbschaft nur ausgeschlagen hätte, um seinen verarmten Bruder zu begünstigen. In diesem Falle könnte man erwägen, dass die Erbschaftsausschlagung nur auf der irrigen Vorstellung, dass sein Bruder noch lebe, also einem nicht beachtlichen Motivirrtum, beruhte. Im vorliegenden Falle hat A die Erbschaft aber auch deshalb ausgeschlagen, weil er annahm, nicht Alleinerbe zu sein, und er deshalb eine schwierige Erbauseinandersetzung fürchtete. Demnach war der Irrtum über den Umfang der Erbenstellung mitursächlich für die Erklärung der Ausschlagung. „Frei von Eigensinn, subjektiven Launen und törichten Anschauungen"[20] hätte zudem auch ein verständiger Dritter bei Kenntnis der wahren Sachlage die Erbschaft nicht ausgeschlagen. Somit hätte A auch bei verständiger Würdigung des Falles keine Ausschlagungserklärung abgegeben, wenn er von seiner Alleinerbenstellung gewusst hätte. Das Anfechtungsrecht des A ist daher zu bejahen.

II. Ergebnis

Seine Anfechtungserklärung hat gemäß § 1957 I BGB die Folge, dass die Erbschaft als **119** angenommen gilt und A Alleinerbe geworden ist. Sein Herausgabeanspruch gegen den Erbschaftsbesitzer S nach § 2018 BGB ist somit begründet.

---

19 Um dieses Erfordernis des Abs. 1 zur Voraussetzung auch in Abs. 2 zu erheben, wurde gesetzgebungstechnisch der Motivirrtum des § 119 II BGB dem Inhaltsirrtum gleichgestellt!
20 RGZ 62, 206.

Fall 5

Formnichtigkeit von Grundstückskaufverträgen – Nichtigkeit perplexer Willenserklärungen – Dissens – Auslegung von Willenserklärungen – subjektive und objektive Geschäftsgrundlage – beiderseitiger Motivirrtum

Ausgangsfälle
BGH, Urt. v. 15. 3. 1967 – V ZR 60/64 = LM § 155 Nr. 2 = MDR 1967, 477 = BB 1967, 476. BGH, Urt. v. 13. 6. 1980 – V ZR 119/79 = DNotZ 1981, 235 = WM 1980, 1013.

Sachverhalt

120 Detlef und August Maier waren zu je ½ Eigentümer eines in X gelegenen Grundstücks von 1250 qm Größe.

Die Brüder M und der mit ihnen befreundete Schulze (Sch) planten zusammen die Bebauung des Grundstücks mit je einem Haus für Sch und die Brüder M. Nach Beginn der Bauarbeiten verkauften die Brüder M an Sch in notariellem Vertrag ein Grundstücksteil mit einem Messgehalt von „etwa 300 qm", das auf einer den Beteiligten zur Durchsicht vorgelegten, der notariellen Urkunde beigefügten Lageplanskizze durch Buchstaben (A–K) und mit diesen verbundene Linien näher bezeichnet war. Die Gewährleistung für den im Veränderungsnachweis festzustellenden Messgehalt wurde ausgeschlossen, der Kaufpreis entsprechend der Angabe von „etwa 300 qm" berechnet.

Die später entsprechend der Planskizze vermessenen Trennflächen ergaben einen Messgehalt des Grundstücks von 450 qm.

Sch klagt nun auf Auflassung. Die Brüder M beantragen, die Klage abzuweisen. Sie halten den Kaufvertrag wegen mangelnder Einigung für nichtig. Hilfsweise berufen sie sich auf Anfechtung und erklären vorsorglich den Rücktritt vom Vertrag.

Frage:
Wie wird das Gericht entscheiden?

46

Gliederung   121

Lösung

Ein die Leistungsklage des Sch rechtfertigender Anspruch auf Auflassung des verkauf-   **122**
ten Grundstücksteils kann sich aus § 433 I BGB ergeben.

I. Wirksamer Kaufvertrag (§ 433 I BGB)

Fraglich ist, ob ein wirksamer Kaufvertrag zwischen den Parteien geschlossen wurde.

1. Der Kaufvertrag kann bereits wegen **Formmangels** gemäß §§ 125, 311b I BGB
nichtig sein.

Nach § 311b I S. 1 BGB bedarf ein Vertrag, durch den sich der eine Teil verpflichtet,   **123**
das Eigentum an einem Grundstück zu übertragen oder zu erwerben, der notariellen
Beurkundung. Diese Formvorschrift ist zwar eingehalten[1], dennoch könnte der Vertrag
unwirksam sein, da im Vertragstext das Grundstück als „etwa 300 qm" groß bezeichnet
ist, es sich in Wirklichkeit jedoch um ein flächenmäßig wesentlich größeres Grundstück handelt. Diese Fallgestaltung könnte verglichen werden mit den Fällen von
Grundstücksverkäufen, in denen aus steuerlichen Gründen unrichtige Preisangaben in
den Vertragstext aufgenommen werden[2].

2. Im vorliegenden Falle greift **§ 125 BGB** indes **nicht** ein. Der Unterschied zu den   **124**
Schwarzkäufen liegt nämlich darin, dass der Vertrag so, wie er nach den Vereinbarungen der Parteien ausgestaltet sein sollte, auch beurkundet worden ist. Die Kaufver-
tragsparteien hatten sich nicht etwa intern andere – nicht beurkundete – Vereinbarungen vorbehalten. Zudem ist zwar die Vereinbarung des Entgeltes wesentlicher Bestandteil eines Grundstücksvertrages; diese unterliegt deshalb vollständig dem Form-
zwang. Nicht aber ist wesentlicher Bestandteil des Vertrages die Größe des Grundstücks[3]. Vielmehr ist lediglich eine hinreichende Bestimmung oder Bestimmbarkeit

---

1 Vgl. zur Einbeziehung von Karten, Zeichnungen und anderen Schriftstücken in notarielle Urkunden §§ 9,
   13, 13a BeurkG.
2 Vgl. BGH NJW 1969, 1628 (1629); NJW 1986, 2820 (2821 f.); NJW 1992, 1037 (1038); *Palandt/Hein-*
   richs, § 311b Rdn. 36; MK/*Kanzleiter*, § 311b Rdn. 68; *Staudinger/Wufka* (2001) § 313 Rdn. 239 f.
3 RGZ 78, 119; RG JW 1936, 800; *Staudinger/Wufka* (2001) § 313 Rdn. 160.

des Grundstücks wesentlicher und daher formbedürftiger Vertragsinhalt. Die Vertrags-
urkunde muss *allein* eindeutig erkennen lassen, welches Grundstück oder welches
Teilgrundstück gemeint ist[4]. Im vorliegenden Fall ergibt sich die Lage des Grundstücks
in seiner Umgrenzung zweifelsfrei aus der dem Vertrag zu Grunde gelegten und beigefügten Planskizze. Die hinreichende Bestimmung des Grundstücks ist gegeben. Sie ist
auch beurkundeter Vertragsinhalt geworden.

Nach alledem ist der Kaufvertrag nicht wegen Formmangels nichtig.

II. Perplexität der Willenserklärungen?

125 Möglicherweise ist aber der zwischen Sch und den Brüdern M abgeschlossene Kaufvertrag deswegen nichtig, weil die Willenserklärungen beider Parteien **perplex** sind[5].
Unter perplexen Willenserklärungen sind solche zu verstehen, die in sich widersprüchlich und deswegen unwirksam sind. Vom Dissens unterscheiden sie sich dadurch, dass
beide Vertragsparteien in ihre Erklärung denselben Widerspruch hineinbringen. Der
sich aus der Planskizze tatsächlich ergebende Flächeninhalt beträgt 450 qm und weicht
somit erheblich, nämlich um das Eineinhalbfache, von dem Flächeninhalt ab, den die
Parteien, unter sich übereinstimmend, mit etwa 300 qm bezeichnet haben[6]. Die Erklärung der Parteien, die Teilfläche betrage „etwa 300 qm", nimmt Bezug auf einen Umstand, der abweichend von der Vorstellung der Parteien sich in der Wirklichkeit als un-
richtig erweist.

Infolgedessen könnten die Willenserklärungen in ihrem *Inhalt* widersprüchlich sein,
was zur Unwirksamkeit beider Erklärungen und damit des Vertrages im Ganzen führen
würde[7]. Andererseits kann die Bezugnahme auf die Planskizze aber auch nur einen Widerspruch im Erklärungs*wortlaut* bedeuten, der durch Auslegung behebbar ist. Mithin
ist im Wege der Auslegung zu ermitteln, was zum Inhalt der Erklärungen der Parteien
geworden und ob dieser Inhalt in sich widersprüchlich ist[8].

126 Aus der Tatsache, dass Sch einen bestimmt umgrenzten Grundstücksteil erhalten und
mit dem von ihm geplanten Haus bebauen sollte, ist zu schließen, dass die Parteien zum
Inhalt ihrer Erklärungen machten, derjenige Grundstücksteil solle verkauft sein, der
sich aus der Planskizze im Einklang mit den Bauplänen der Brüder M als bebaubar ergab. Der BGH[9] hat dies so formuliert: „Wird eine noch nicht vermessene Geländeflä-
che verkauft und der Kaufgegenstand in der notariellen Kaufurkunde sowohl durch
eine bestimmte Grenzziehung in einem maßstabgerechten Plan als auch durch eine als
„ungefähr' bezeichnete Flächenmaßangabe bestimmt, so geht in der Regel der objekti-

---

4 BGHZ 74, 116 f.; BGH DNotZ 1981, 235; NJW-RR 1988, 265; NJW 1989, 166 (167), 898; *Staudinger/
Wufka* (2001) § 313 Rdn. 160; *Palandt/Heinrichs*, § 311b Rdn. 26; vgl. zur *falsa demonstratio* OLG Kiel
JR 1948, 7; BGHZ 87, 150; BGH NJW-RR 1988, 265.

5 Zur Perplexität von Willenserklärungen vgl. *Medicus*, BürgR, Rdn. 133, 134, 155; ferner *Enneccerus/
Nipperdey*, § 201 I sowie BGHZ 102, 237 (240 f.).

6 Vgl. BGH LM § 155 BGB Nr. 2.

7 Vgl. BGH (Fn. 6).

8 Zum Vorrang der Auslegung vor der Annahme von Nichtigkeit infolge Perplexität vgl. BGH NJW 1986,
1035 f.

9 BGH (Fn. 6); BGH WM 1984, 941 (942).

ve Inhalt sowohl der Verkäufer- wie der Käufererklärung dahin, dass bei Differenzen zwischen der mit Flächenmaß angegebenen und der der angegebenen Grenzziehung entsprechenden Flächengröße die Bezifferung ohne Bedeutung und die Umgrenzung allein maßgebend sein soll". *Objektiver* Inhalt der Erklärung des Sch und der Brüder M war somit, dass der Grundstücksteil, der auf der Planskizze umrissen war, verkauft sein sollte[10]. Der Inhalt dieser Erklärung ist in sich widerspruchsfrei. Da die Brüder M eine objektive Erklärung des Inhalts abgegeben haben, verkauft solle das auf der Planskizze umrissene Grundstück sein, und Sch dieses Angebot angenommen hat, ist ein Kaufvertrag über den Grundstücksteil mit einem Messgehalt von 450 qm zu Stande gekommen. Die Willenserklärungen sind nicht wegen Perplexität nichtig. Eine andere Frage ist, welche Bedeutung dem Umstand beizumessen ist, dass der objektive Erklärungsinhalt beider Parteien von ihren übereinstimmenden Vorstellungen abwich. Die Brüder M und Sch gingen ja davon aus, der Messgehalt des umrissenen Grundstücks betrage tatsächlich nur 300 qm.

III. Beiderseitiger Irrtum

Wie festgestellt, stimmt der objektive Erklärungsinhalt beider Parteierklärungen überein. Es steht weiter fest, dass die Parteien übereinstimmend ihren Erklärungen eine andere – jeweils dieselbe – Bedeutung zumaßen. Die Parteien befanden sich somit in einem **beiderseitigen Irrtum**. Der Vertrag ist aus diesem Grunde nicht etwa wegen Dissenses gemäß § 155 BGB nichtig. Eine versteckte Willensunstimmigkeit liegt nämlich vor, „wenn die sich zwar äußerlich deckenden Erklärungen der Vertragspartner im Rechtsverkehr dennoch einen mehrdeutigen Sinn haben und jeder Partner, ohne dass der andere Partner das erkennt, mit seiner Erklärung einen anderen Sinn verbindet"[11]. Sch und die Brüder M haben ihren Erklärungen nicht einen verschiedenen Sinn beigelegt, denn sie gingen *übereinstimmend* von einer Messgröße des Grundstücks von etwa 300 qm aus[12].

127

IV. Rechtsfolgen

Es fragt sich aber, ob die Brüder M von Sch an dem **Vertrag festgehalten werden können** oder ob für sie ein **Lossagungsrecht** besteht.

Fälle der vorliegenden Art, in denen eine unrichtige Bezugnahme auf die Wirklichkeit Unstimmigkeiten in der Vertragsabwicklung herbeiführte, haben Lehre und Rechtsprechung oft beschäftigt. Schulbeispiele für diese Fälle sind der so genannte „Rubelfall"[13],

128

---

10 Zu den Voraussetzungen, die für eine genügende Bestimmbarkeit der veräußerten Parzelle erforderlich sind, vgl. BGH DNotZ 1981, 235; NJW 1989, 898; *Palandt/Heinrichs*, § 311b Rdn. 26. A.A. *Diederichsen*, FS zum 125-jährigen Bestehen der Juristischen Gesellschaft zu Berlin, 1984, S. 81 (95), der hier einen „Perplexitätsdissens" annimmt.

11 BGH LM § 155 BGB Nr. 1.

12 Dass der BGH in LM § 155 BGB Nr. 2 sich auch mit Dissensfragen auseinanderzusetzen hatte, erklärt sich daraus, dass das Berufungsgericht den Vertrag wegen Dissenses für nichtig hielt, was in der Revision gerügt wurde.

13 RGZ 105, 406.

die „Börsenkursfälle"[14], der „Silberfall"[15] und der „Altmetallfall"[16], die sich unter den Begriff des Kalkulationsirrtums[17] zusammenfassen lassen.

129 Das RG hat für die genannten Fälle die Irrtumsanfechtung zugelassen. Es ging davon aus, dass der Kalkulationsirrtum dann ein zur Anfechtung berechtigender Inhaltsirrtum sei, wenn die Berechnung oder ihre Grundlage dem anderen Teil mitgeteilt oder doch bei den Vertragsverhandlungen deutlich gemacht worden sei. Sie sei dann zum Inhalt der Erklärungen selbst geworden[18]. In dem erwähnten „Altmetallfall" hatten die Parteien übereinstimmend das Gewicht des zu einem festen Preis verkauften Altmetalls zu gering eingeschätzt, demnach ihre Preisberechnung auf dieser falschen Preisgrundlage vorgenommen. Im „Rubelfall" – gleiches gilt für die „Börsenfälle" – gingen die Parteien von einer falschen Vorstellung über den Kurswert des Rubels im Verhältnis zur Mark bzw. den Börsenkurs der betreffenden Aktien aus. Im „Silberfall" hatte der Verkäufer dem Käufer den Preis für eine zu verkaufende Menge Silbers 1000 fein vorgerechnet, wobei ihm ein Rechenfehler unterlief.

130 Diese Rechtsprechung des RG hat im Schrifttum zu Recht Widerspruch gefunden[19]. Zur Begründung wird hauptsächlich vorgetragen, nicht alles, was bei den Vertragsverhandlungen erörtert werde, sei damit schon Inhalt der den Vertrag herbeiführenden Willenserklärungen. Sei aber der Inhalt einer Erklärung widersprüchlich, weil sie etwa einen Rechenfehler enthalte, so komme es zunächst darauf an, ob sich der Widerspruch im Wege der Auslegung beseitigen lasse. Keinesfalls werde eine von dem Erklärenden angenommene Berechnungsgrundlage schon dadurch, dass er sie dem anderen zu erkennen gebe, zum Inhalt der auf die Herbeiführung der Rechtsfolge gerichteten Willenserklärung[20].

131 Diese im Schrifttum insoweit einhellige Ansicht ist von dem Bestreben getragen, den geschlossenen Vertrag mit einem im Wege der Auslegung abgeänderten Inhalt aufrechtzuerhalten[21]. So weisen unter anderem *Larenz*[22] und *Flume*[23] darauf hin, man könne beispielsweise im „Rubelfall" annehmen, das in Rubeln gegebene Darlehen solle, nach dem amtlich festgesetzten Rubelkurs in Mark umgerechnet, zurückgezahlt wer-

---

14 RGZ 116, 15; 101, 51; 97, 138; 94, 65.

15 RGZ 101, 107.

16 RGZ 90, 268.

17 Zum Kalkulationsirrtum ausführlich BGHZ 139, 177 ff.; *Singer*, JZ 1999, 342 ff.; *Waas*, JuS 2001, 14 ff.; *Wieling*, Jura 2001, 577 (581); *Birk*, JZ 2002, 446 (447 ff.).

18 Die Problematik ist anschaulich geschildert bei *Larenz/Wolf*, BGB AT, § 36 Rdn. 70 ff.; *Diederichsen*, JurA 1969, 71 (81, 82).

19 *Flume*, § 23, 4 e; *Enneccerus/Nipperdey*, § 167 IV 4; *Larenz/Wolf*, BGB AT, § 36 Rdn. 70 ff.; *Staudinger/Dilcher*, § 119 Rdn. 27 f.; *Soergel/Hefermehl*, § 119 Rdn. 30; MK/*Kramer*, § 119 Rdn. 85 ff.; *Erman/Palm*, § 119 Rdn. 38; *Hübner*, Rdn. 783; *Medicus*, BGB AT, Rdn. 758; *Palandt/Heinrichs*, § 119 Rdn. 18; *Brehm*, Rdn. 221; *Giesen*, Rdn. 267; *Eisenhardt*, Rdn. 335; *John*, JuS 1983, 176 (178); *Habersack*, JuS 1992, 548 (550). So jetzt auch BGHZ 139, 177 (182 ff.); noch offengelassen von BGH BB 1971, 632 f.; WM 1980, 875 (876); NJW 1981, 1551 (1552); NJW-RR 1986, 569 (570); OLG Frankfurt NJW-RR 1990, 692 (693). Gegen das Schrifttum und im Sinne der reichsgerichtlichen Rechtsprechung OLG München NJW-RR 1990, 1406.

20 Vgl. statt aller *Larenz/Wolf*, BGB AT, § 36 Rdn. 72; ferner den instruktiven Fall des BGH JZ 1968, 498, mit Anm. v. *Diederichsen*.

21 Vgl. *John*, JuS 1983, 176 (177 m.w.N.); *Medicus*, BürgR, Rdn. 154.

22 *Larenz/Wolf*, BGB AT, § 36 Rdn. 75.

23 *Flume*, § 26, 4 a.

den. Dieser Ansicht ist beizupflichten, führt doch die Rechtsprechung des RG zu Unbilligkeiten, weil sich der Anfechtende nach § 122 BGB schadensersatzpflichtig macht.

Kann demnach in manchen Fällen die Auslegung den wahren Willen der Parteien – oh- **132** ne dem einzelnen Nachteile zuzufügen – bestimmen, so liegt die Schwierigkeit des vorliegenden Falles darin, dass zwar im Wege der Auslegung zu ermitteln ist, dass das Grundstück in Form der auf der Planskizze bezeichneten Grenzen verkauft sein sollte, nicht aber durch Auslegung geklärt werden kann, wie der Vertrag abzuwickeln ist, oh- ne zu einem unbilligen Ergebnis zu führen. Man könnte z.B. im Wege ergänzender Ver- tragsauslegung den Sch für verpflichtet erklären, einen entsprechenden Mehrpreis zu zahlen. Es steht jedoch nicht fest, ob eine solche Auslegung der Erklärungen mit dem wirklichen Willen des Sch übereinstimmt. Fraglich ist auch, ob es dem Willen der Brü- der M entsprach, einen Grundstücksteil von 450 qm abzugeben. Hier zeigt sich deut- lich ein Unterschied zu dem „Rubelfall", wo ohne weiteres festgestellt werden konnte, dass vorrangiger Wille der Parteien war, das empfangene Darlehen auf Mark umge- rechnet zurückzuzahlen.

Die unrichtige Vorstellung, die die Parteien hinsichtlich der Größe des zu verkaufen- **133** den Grundstücks hegten, beeinflusste entscheidend ihre Willensentscheidung, den „Motivationsprozess"[24] zur Ausgestaltung des Kaufpreises. Es handelt sich demnach um einen **beiderseitigen Irrtum im Motiv**. Da aber die Brüder M und Sch sich in dem gleichen Irrtum befanden, beide „gleichermaßen von einer nicht zutreffenden Annah- me über einen Umstand ausgingen, den sie übereinstimmend als die Grundlage ihrer Abrede betrachteten, so handelt es sich in diesen Fällen um solche des Fehlens der sub- jektiven Geschäftsgrundlage"[25].

Der Begriff der **Geschäftsgrundlage** wurde von *Oertmann*[26] entwickelt und definiert **134** als „die beim Geschäftsschluss zu Tage tretende und vom etwaigen Gegner in ihrer Be- deutsamkeit erkannte und nicht beanstandete Vorstellung eines Beteiligten oder die ge- meinsame Vorstellung der mehreren Beteiligten vom Sein oder vom Eintritt gewisser Umstände, auf deren Grundlage der Geschäftswille sich aufbaut"[27].

Oertmann sah als Fälle der Geschäftsgrundlage sowohl diejenigen an, in denen die Par- teien gemeinsam von irrigen Voraussetzungen ausgegangen waren, als auch eine von den Parteien nicht vorausgesehene Änderung der objektiven Umstände, wie z.B. Krieg oder Inflation. Diese Fälle werden heute vielfach als subjektive und objektive Geschäftsgrundlage unterschieden[28]. Unter subjektiver Geschäftsgrundlage ist mit

---

24 *Larenz/Wolf*, BGB AT, § 36 Rdn. 77.
25 *Larenz/Wolf*, BGB AT, § 36 Rdn. 77; s. ferner *dies.*, a.a.O., § 20 III, sowie *Larenz*, SchuldR I, § 21 II; MK/ *Kramer*, § 119 Rdn. 90; *Rüthers/Stadler*, § 25 Rdn. 95 ff.; *Brehm*, Rdn. 221, 229; *Giesen*, Rdn. 267; *Möl- ler*, EWiR 1988, 755; vgl. auch BGH NJW 1991, 1345 (1346) m. zust. Anm. *Kuchinke*, JZ 1991, 731; BGH NJW 1993, 1641 (1642); NJW-RR 1991, 1339 (1340); 1994, 434 (435); krit. *Fezer*, S. 199 ff., 202.
26 AcP 117 (1919), 275 sowie „Die Geschäftsgrundlage", 1921, S. 55 ff.
27 *Oertmann*, Die Geschäftsgrundlage, 1921, S. 37; vgl. dazu *Ehmann/Sutschet*, S. 163; s. auch BGHZ 84, 1 (8 f.); 89, 226 (231); 128, 230 (236) BGH NJW 1981, 1551 (1552); 1993, 1641 (1642); 2001, 1204 (1206 f.); NJW-RR 1994, 434 (435); ZIP 1995, 276 (278) (st. Rspr.).
28 Grundlegend: *Larenz*, Geschäftsgrundlage und Vertragserfüllung, 3. Aufl. 1963, S. 17 ff. Zum Stand der Lehre von der Geschäftsgrundlage vgl. auch: MK/*Roth*, § 313 Rdn. 43; *Medicus*, BürgR, Rdn. 151 ff., 164 ff.; *ders.*, BGB AT, Rdn. 857 ff.; *Wieling*, Jura 1985, 505; *Hübner*, Rdn. 1095 ff.; *Erman/Werner*,

Larenz zu verstehen: „eine den Vertragschließenden gemeinsame Vorstellung, von der sich beide bei der Festsetzung des Vertragsinhalts haben leiten lassen"[29]. Die objektive Geschäftsgrundlage betrifft demgegenüber alle „diejenigen Umstände und allgemeinen Verhältnisse, deren Vorhandensein oder Fortdauer objektiv erforderlich ist, damit der Vertrag im Sinne der Intentionen beider Vertragsparteien noch als eine sinnvolle Regelung bestehen kann"[30].

135   Die gemeinsame Vorstellung des Sch und der Brüder M oder zumindest die sichere Erwartung der Parteien über die Größe von „etwa 300 qm", von der sich beide bei Abschluss des Vertrages haben leiten lassen, müsste demnach als subjektive Geschäftsgrundlage angesehen werden. Sch und die Brüder M hätten bei Kenntnis der Unrichtigkeit den Vertrag nicht oder doch nicht mit diesem Inhalt abgeschlossen. Insbesondere hätte Sch bei Kenntnis der Sachlage nach Treu und Glauben nicht auf Abschluss des Vertrages zu einem Kaufpreis bestehen dürfen, der auf der Grundlage einer zu kleinen Grundstücksfläche berechnet wurde[31].

136   Das Fehlen der Geschäftsgrundlage wird von § 313 II BGB erfasst[32]. Diese Norm ist allerdings subsidiär gegenüber den Sachmängelgewährleistungsregeln der §§ 434 ff. BGB[33]. In Betracht kommen könnte hier ein Gewährleistungsanspruch auf Grund der Zusicherung der Größe „etwa 300 qm", von der die tatsächliche Beschaffenheit der Kaufsache (450 qm) abweicht[34]. Da die Grundstücksfläche aber in Wirklichkeit größer ist als im Kaufvertrag angegeben, handelt es sich um eine Abweichung von den beiderseitigen Vorstellungen der Vertragspartner, die sich lediglich *zu Ungunsten der Verkäufer* auswirkt. Das Gewährleistungsrecht, das dem *Käufer* Rechte einräumt, regelt diesen Fall nicht. Den Verkäufern muss deshalb die Berufung auf das Fehlen der Geschäftsgrundlage gestattet sein[35].

V. Ergebnis

137   Da es sich somit um einen Fall des § 313 II BGB handelt und den Brüdern ein Festhalten am Vertrag nicht zugemutet werden kann, ist zunächst zu prüfen, ob eine Anpassung des Vertrages an die wirklichen Umstände möglich ist. Diese scheidet hier jedoch aus, sodass sich die Brüder gemäß § 313 III, 346 ff. BGB durch Rücktritt vom Vertrag lösen können. Die Brüder M haben von dieser Befugnis Gebrauch gemacht. Der von Sch geltend gemachte Anspruch besteht daher nicht; seine Klage ist abzuweisen.

---

§ 242 Rdn. 166 ff. Die Lehre von der Geschäftsgrundlage ablehnend: *Flume*, § 26; *Wolf*, Allgemeiner Teil des Bürgerlichen Rechts, 3. Aufl. 1982, § 10 E IV b.

29 *Larenz* (Fn. 28), S. 31.

30 *Larenz* (Fn. 28), S. 172.

31 Vgl. *Larenz/Wolf*, BGB AT, § 38 Rdn. 1 ff.; vgl. auch BGHZ 115, 132 (136); 128, 230 (236); BGH NJW 2001, 1204 (1206 f.); BGH NJW-RR 1993, 880 (881); 1994, 434 (435); anders *Flume*, § 26, 4.

32 Das neue Schuldrecht/*Medicus*, Kap. 3 Rdn. 181 f.; *Ehmann/Sutschet*, S. 181 ff.; *Lorenz/Riehm*, Rdn. 391, 404; *Brox/Walker*, Allgemeines Schuldrecht, § 27 Rdn. 9.

33 BGHZ 60, 319; 98, 100 (103); 117, 159 (162); BGH JZ 1977, 177; *Hübner*, Rdn. 1102; *Palandt/Heinrichs*, § 313 Rdn. 24; MK/*Roth*, § 313 Rdn. 134; *Ehmann/Sutschet*, S. 185; *Lorenz/Riehm*, Rdn. 410; dazu auch *Wieling/Finkenauer*, Fälle zum Besonderen Schuldrecht, 4. Aufl. 2002, Fall 3 I 6.

34 Der vereinbarte Gewährleistungsausschluss steht der Annahme der Grundstücksgröße als zugesicherte Eigenschaft nicht unbedingt entgegen, vgl. BGH WM 1984, 941 (943); NJW 1986, 920 (921).

35 Vgl. BGH WM 1971, 1016 (1017); *Larenz* (Fn. 28), S. 23.

Fall 6

Form der Bürgschaftserklärung – Anfechtung wegen arglistiger Täuschung – Begriff des „Dritten" in § 123 II S. 1 BGB – Kennenmüssen

Ausgangsfälle

BGH, Urt. v. 20. 6. 1962 – V ZR 209/60 = LM Nr. 29 zu § 123 BGB = NJW 1962, 1907 = MDR 1962, 973.

BGH, Urt. v. 26. 9. 1962 – VIII ZR 113/62 = LM Nr. 30 zu § 123 BGB = NJW 1962, 2195 = MDR 1963, 45.

BGH, Urt. v. 5. 4. 1965 – VIII ZR 182/63 = LM Nr. 31 zu § 123 BGB = MDR 1965, 653 = BB 1965, 602.

Sachverhalt

Die Bank B hatte I, dem Inhaber einer Brauerei, ein privates Darlehen von 50 000 € **138** gewährt. Als I das Darlehen nach Fälligkeit nicht zurückzahlen konnte, verlangte B von ihm die Beibringung einer selbstschuldnerischen Bürgschaft. I verkaufte daraufhin die Brauerei an den liquiden Konkurrenzunternehmer K. K übernahm die Brauerei, weil I ihm einen Sanierungsplan unterbreitete, demgemäß bei Stillhalten der Geschäftsgläubiger die Schulden nach zwei Jahren beglichen sein würden. Dabei verschwieg er bewusst, dass einige Gläubiger wegen ihrer Forderungen bereits die Zwangsvollstreckung betrieben.

Als Teil der Gegenleistung unterschrieb K die Bürgschaftsurkunde, die I zuvor von B zur Beschaffung eines Bürgen für das Darlehen erhalten hatte. B erklärte sich mit K als Bürgen einverstanden.

Auf Drängen der Bank B erklärte sich K nach der Geschäftsübernahme fernmündlich mit einer Erhöhung der Bürgschaft um 25 000 € zur Sicherung weiterer dem I gewährter Kredite einverstanden.

Als K von den Vollstreckungsmaßnahmen der Gläubiger erfuhr, focht er die Bürgschaft gegenüber B an. K wird nunmehr von B aus der Bürgschaft in Anspruch genommen.

Frage:
Mit Recht?

139 Gliederung

Lösung

140 Der Bank B steht ein **Anspruch gegen K auf Zahlung** von 75 000 € zu, wenn ein wirksamer Bürgschaftsvertrag in dieser Höhe besteht (§ 765 I BGB).

I. Wirksamer Bürgschaftsvertrag (§§ 765 I, 766 BGB)

Ein **Bürgschaftsvertrag** setzt voraus, dass B und K sich darüber geeinigt haben, dass K für die Darlehensschuld des I in Höhe von 75 000 € einzustehen habe. Kennzeichen des Bürgschaftsvertrages ist es, dass der Bürge nicht die fremde Schuld als eigene übernimmt, sondern dass er sich nur dem Gläubiger gegenüber verpflichtet, ihn wegen seiner Forderungen gegen den Hauptschuldner zu befriedigen[1]. Der Wille des K, für die Bezahlung der Hauptschuld des I in Höhe von 75 000 € einzustehen, ergibt sich aus der Unterzeichnung der Bürgschaftsurkunde über 50 000 € und hinsichtlich des weiteren Betrages von 25 000 € aus der fernmündlichen Erklärung.

Nach § 766 BGB ist für die Gültigkeit des Bürgschaftsvertrags die **schriftliche Erteilung** (§ 126 BGB) der Bürgschaftserklärung erforderlich. Aus der Funktion dieser Vorschrift, dem Bürgen die Gefährlichkeit seiner Erklärung zum Bewusstsein zu bringen (**Warnfunktion**)[2], ergibt sich, dass nicht die beiderseitigen Erklärungen der Schriftform bedürfen, sondern nur diejenige des Bürgen[3]. In Höhe von 50 000 € hat K ein schriftliches Bürgschaftsversprechen abgegeben, sodass gegen die Wirksamkeit des Bürgschaftsvertrages insoweit keine Bedenken bestehen.

Die Bürgschaftserklärung könnte hinsichtlich der nachträglich mündlich vereinbarten Erhöhung von 25 000 € gemäß den §§ 125, 766 S. 1 BGB formnichtig sein[4].

---

1 *Palandt/Sprau*, Einf. v. § 765 Rdn. 1; *Erman/Seiler*, vor § 765 Rdn. 2.
2 *Palandt/Sprau*, § 766 Rdn. 1; MK/*Habersack*, § 766 Rdn. 1.
3 *Larenz/Canaris*, SchuldR II/2, § 60 II 1a; MK/*Habersack*, § 766 Rdn. 5.
4 Nach einhelliger Ansicht ist auch die per Telefax übermittelte Bürgschaftserklärung formnichtig (BGHZ 121, 224 [229]; BGH NJW-RR 1997, 684; OLG Frankfurt, NJW 1991, 2154; *Tschentscher*, CR 1991, 141 [143 f.]; *Daumke*, ZIP 1995, 722 [724]; *Palandt/Heinrichs*, § 126 Rdn. 11; MK/*Einsele*, Rdn. 14; *Erman/*

Das Schriftformerfordernis gilt auch für einen Bürgschaftsabänderungsvertrag, soweit **141** dieser nicht lediglich eine bereits bestehende Verpflichtung des Bürgen einschränkt[5]. Auch dann soll nämlich der Bürge nach dem Zweck des § 766 BGB vor der Gefährlichkeit einer Bürgschaftsübernahme gewarnt werden.

Jedoch findet die Formvorschrift des **§ 766 BGB dann keine Anwendung**, wenn der **142** **Bürge Kaufmann** ist und es sich bei der Bürgschaft um ein **Handelsgeschäft** handelt (§§ 350, 351, 343 HGB)[6].

Für die Beurteilung der Kaufmannseigenschaft ist dabei auf den Zeitpunkt der Bürgschaftsübernahme abzustellen[7]. Zum Zeitpunkt der fernmündlichen Bürgschaftserklärung war K Kaufmann gemäß § 1 I, II Nr. 1 HGB, da er ein Handelsgewerbe, nämlich die übernommene Brauerei, als Inhaber betrieb.

K konnte sich aber nur dann formlos verbürgen, wenn die Bürgschaftsverpflichtung für ihn ein Handelsgeschäft ist. Nach § 343 I HGB sind dies alle Geschäfte eines Kaufmanns, die zum Betriebe seines Handelsgewerbes gehören, wobei die Betriebszugehörigkeit gemäß § 344 I HGB vermutet wird. Handelsgeschäfte sind auch die sog. Vorbereitungsgeschäfte, die mit dem Betrieb des Handelsgeschäfts im Zusammenhang stehen. Zum Betrieb des Handelsgeschäfts gehört damit auch der Erwerb eines Handelsgeschäfts selbst, wenn der Erwerber es fortführen will[8]. Ebenso ist dann die zum Zwecke des Erwerbes eines Handelsgeschäfts abgegebene Bürgschaft als zum Betriebe des Handelsgeschäfts gehörig anzusehen.

Da somit die zusätzliche Bürgschaftsverpflichtung, die ebenfalls noch einen Teil des Unternehmenskaufs bildete, ein Handelsgeschäft ist, konnte sich K als Kaufmann mündlich wirksam verbürgen (§ 350 HGB).

II. Anfechtung des Bürgschaftsvertrages

Die wirksame Bürgschaftsverpflichtung könnte jedoch infolge der gegenüber B abge- **143** gebenen **Anfechtungserklärung** nichtig sein (§§ 142 I, 143 I BGB).

1. Als Vertragspartner war B der richtige **Anfechtungsgegner** (§ 143 II BGB).

Palm, Rdn. 11a). Erteilen iSv § 766 BGB verlangt nämlich eine Entäußerung gegenüber dem Gläubiger, indem die schriftliche Erklärung diesem – und sei es nur vorübergehend – zur Verfügung gestellt wird (BGH, a.a.O., [229]). Zur Verfügung gelangt jedoch nur die Kopie der Bürgschaftserklärung, der aber die eigenhändige Unterschrift fehlt. Zweifelhaft ist jedoch, ob dieses Ergebnis vom Zweck des § 766 BGB gefordert wird. Hätte der Bürge die von ihm unterzeichnete Erklärung mit der Briefpost übermittelt, statt sie zu faxen, wäre nämlich die Schriftform erfüllt. Im Skripturakt gleichen sich beide Verfahren, und der Zweck des § 766 BGB, den Bürgen vor Übereilung zu schützen, wäre daher auch beim Abfassen einer Telefaxvorlage gewahrt (*Cordes*, NJW 1993, 2427 [2428]).

5 BGH BB 1955, 298; BGHZ 26, 142 (150); GK-HGB/*Ratz*, § 350 Anm. 6; *Palandt/Sprau* § 766 Rdn. 3; *Erman/Seiler*, § 766 Rdn. 10; MK/*Habersack*, § 766 Rdn. 13, 14; RGRK/*Mormann*, § 766 Rdn. 1.

6 Auf nichteingetragene Kleinunternehmer findet die Norm keine Anwendung (arg. §§ 383 II S. 2; 407 III S. 2, 453 III S. 2; 467 III S. 2 HGB), vgl. MKHGB/*K. Schmidt*, § 350 Rdn. 4.

7 *Schlegelberger/Hefermehl*, HGB, 5. Aufl. 1976, § 350 Rdn. 19; MKHGB/*K. Schmidt*, § 350 Rdn. 4; GK-HGB/*Ratz*, § 350 Anm. 9; *Baumbach/Hopt*, HGB, § 350 Rdn. 7. Erlangt der Bürge erst nach Abgabe der Bürgschaftserklärung die Kaufmannseigenschaft, so genügt formlose Bestätigung gemäß § 141 BGB (Wirkung ex nunc).

8 RGZ 72, 434; 92, 228. Ebenso ist die Aufnahme eines Darlehens zum Kauf eines Unternehmens Handelsgeschäft, vgl. *Schlegelberger/Hefermehl* (Fn. 7) § 343 Rdn. 16; GK-HGB/*Ratz*, § 343 Anm. 11.

2. Zweifelhaft ist aber, ob K ein **Anfechtungsgrund** zustand.

144 a) **§ 119 II BGB** scheidet als Anfechtungsgrund aus. Zwar fällt das Unternehmen ohne weiteres unter den Begriff der Sache, womit im Sinne dieser Bestimmung jeder Gegenstand des Rechtsgeschäfts gemeint ist[9]; und zu den Eigenschaften, d.h. den Beziehungen des Gegenstandes zur Umwelt[10], ließe sich auch der Umstand rechnen, dass Gläubiger die Zwangsvollstreckung gegen das Unternehmen betreiben[11]. Als Sache i.S.v. § 119 II BGB kommt aber nur das Objekt des Rechtsgeschäfts in Betracht[12], das Brauereiunternehmen war nicht Gegenstand des Bürgschaftsvertrages. Ein Irrtum über dessen finanzielle Lage berechtigt daher nicht zur Anfechtung der Bürgschaftsübernahme. Außerdem ist es gerade der Sinn der Interzession des Bürgen, dem Gläubiger das Risiko einer Zahlungsunfähigkeit des Hauptschuldners abzunehmen. Dieser Sicherungszweck schließt die Anfechtung einer Bürgschaftserklärung durch den Bürgen wegen eines Irrtums über die finanzielle Situation des Hauptschuldners aus[13].

145 b) Jedoch kann die Bürgschaftsverpflichtung gemäß **§ 123 I BGB** anfechtbar sein.

146 aa) Eine **arglistige Täuschung** könnte darin liegen, dass I bei der Vorlage des Sanierungsplanes dem K die durch Geschäftsgläubiger betriebene Zwangsvollstreckung verschwieg. Die Täuschungshandlung in § 123 BGB entspricht der Betrugshandlung nach § 263 StGB und besteht damit in der Vorspiegelung oder Unterdrückung von Tatsachen[14]. Man könnte darin, dass I dem K einen Sanierungsplan unterbreitete, dessen Erfolg davon abhing, dass die Gläubiger der Brauerei für die Dauer von zwei Jahren stillhielten, eine Täuschung des K durch positives Tun sehen, weil I damit zugleich (konkludent) zum Ausdruck brachte, dass die Gläubiger zu einem Zahlungsaufschub bereit seien. Zumindest aber ist hier eine Täuschungshandlung in der Form des Unterlassens gegeben, die einer Täuschung durch positives Tun nur bei Bestehen einer entsprechenden Offenbarungspflicht gleichgestellt werden kann[15]. Eine solche Mitteilungspflicht war hier für I gegeben. Da der Sanierungsplan in der Form, wie I ihn vorgeschlagen hatte, nur bei entsprechendem Stillhalten der Gläubiger durchführbar war, stellt das Verschweigen dieses für K offensichtlich entscheidenden Umstandes die Verletzung einer sich aus Treu und Glauben ergebenden Aufklärungspflicht dar[16]. Die Unterbreitung des Sanierungsplanes verpflichtete I zugleich auch zur Offenlegung der dem Plan zugrunde liegenden Tatsachen. Demnach stellte das Unterlassen des I eine Täuschungshandlung im Sinne des § 123 I BGB dar.

Dieses Verhalten, das bei K einen entsprechenden Irrtum hervorrief, war kausal für dessen Entscheidung, das Unternehmen zu kaufen und im Zusammenhang damit ge-

---

9 RGZ 149, 235; BGH LM § 779 BGB Nr. 2; BB 1963, 285; *Palandt/Heinrichs*, § 119 Rdn. 27; *Staudinger/Dilcher*, § 119 Rdn. 60; vgl. oben Rn. 108 ff.

10 Vgl. BGHZ 34, 41; *Palandt/Heinrichs*, § 119 Rdn. 24.

11 Vgl. RG JW 1912, 910 (Zahlungsfähigkeit des Mieters als Eigenschaft des Miethauses); abl. *Palandt/Heinrichs*, § 119 Rdn. 27 a.E.

12 *Palandt/Heinrichs*, § 119 Rdn. 27.

13 *Palandt/Sprau*, Einf. v. § 765 Rdn. 4; *Staudinger/Horn* (1997) § 765 Rdn. 152.

14 *Palandt/Heinrichs*, § 123 Rdn. 2; *Erman/Palm*, § 123 Rdn. 11; *Diederichsen*, Rdn. 400; *Staudinger/Dilcher*, § 123 Rdn. 3; *Larenz/Wolf*, BGB AT, § 37 Rdn. 5; *Giesen*, Rdn. 284.

15 RGZ 62, 149; BGH MDR 1955, 26; *Palandt/Heinrichs*, § 123 Rdn. 5; *Erman/Palm*, § 123 Rdn. 13; *Schack*, Rdn. 271.

16 Vgl. BGH NJW 1980, 2460 (2461); *Soergel/Hefermehl*, § 123 Rdn. 9.

genüber der B die Bürgschaftsverpflichtung einzugehen. Hätte nämlich K die wahre Lage gekannt, wäre der Unternehmenskauf nicht zu Stande gekommen, und K hätte die als Teil der Gegenleistung vereinbarte Bürgschaft nicht übernommen[17].

Die von I begangene Täuschung erfolgte bewusst und damit arglistig im Sinne des § 123 I BGB[18].

bb) Da die Täuschungshandlung aber nicht von dem Bürgschaftsgläubiger B, sondern **147** von I verübt wurde, muss weiter geprüft werden, ob eine Anfechtung des Bürgschaftsvertrages nur unter den erschwerten Voraussetzungen des § 123 II S. 1 BGB zulässig ist. Ist nämlich I als „**Dritter**" im Sinne dieser Vorschrift anzusehen, so ist die Anfechtung ausgeschlossen, wenn B die von I begangene Täuschung weder kannte noch kennen musste. Wann jemand Dritter gemäß § 123 II S. 1 BGB ist, wird nicht einheitlich beurteilt.

Man ist sich mit Rücksicht darauf, dass das Verschulden des **Abschlussgehilfen** in die eigene Risikosphäre fallen muss, insoweit einig, dass der gesetzliche oder rechtsgeschäftlich bestellte Vertreter nicht „Dritter" ist, eine von ihm verübte Täuschung die Anfechtung also nicht ausschließt[19]. Im Übrigen steht die Auslegung des Begriffs „Dritter" jedoch nicht fest. Auszugehen ist von dem Grundsatz, dass Dritter nur ein am Geschäft Unbeteiligter sein kann; Beteiligte hingegen sind „Nichtdritte"[20].

Das Reichsgericht behandelte grundsätzlich nur den Vertreter nicht als Dritten[21]. Es **148** ließ jedoch Ausnahmen zu; so wenn jemand als „freiwilliger Geschäftsführer" handelte und der Geschäftsherr anschließend das in seinem Namen geschlossene Rechtsgeschäft genehmigte[22]; ferner bezeichnete es den Verhandlungsbeauftragten nicht als Dritten, wenn er den Vertrag vollständig vorbereitet hatte und der so entworfene Vertrag vom Auftraggeber – wenn auch ohne Mitwirkung des Beauftragten – genehmigt wurde[23].

Der BGH hat die Rechtsprechung auf dieser Linie weiterentwickelt. In einem Fall der **149** vorliegenden Art stellte er entscheidend darauf ab, ob die Beziehungen des Täuschenden zum Anfechtungsgegner so eng seien, dass dieser die Täuschung wie eine eigene zu vertreten habe[24]. Damit ist nicht gemeint, dass für den Getäuschten diese Beziehungen auch erkennbar sein müssen. In einer anderen Entscheidung sagte der BGH vielmehr ausdrücklich, dass von dem Begriff des Dritten nicht nur der sog. „Scheinvertreter" oder die „Vertrauensperson" des Anfechtungsgegners ausgenommen seien,

---

17 Zum ursächlichen Zusammenhang zwischen Täuschung und Willenserklärung, vgl. *Staudinger/Dilcher*, § 123 Rdn. 20 f.; *Soergel/Hefermehl*, § 123 Rdn. 20 ff.

18 Unter Arglist im Sinne des § 123 BGB ist Vorsatz – auch dolus eventualis – zu verstehen, vgl. BGH NJW 1980, 2460 (2461); *Staudinger/Dilcher*, § 123 Rdn. 22 m.w.N.; *Giesen*, Rdn. 290. Im Gegensatz zum Betrugstatbestand ist kein Schädigungsvorsatz erforderlich; vgl. BGH NJW 1974, 1505 (1506); *Flume*, § 29, 2; *Larenz/Wolf*, BGB AT, § 37 Rdn. 11; *Enneccerus/Nipperdey*, § 174 I 2; *Diederichsen*, Rdn. 400.

19 Allg. M., vgl. BGHZ 20, 39; BGH LM § 123 Nr. 29, 30; BGH NJW 1989, 2879 (2880); *Flume*, § 29, 3; *Enneccerus/Nipperdey*, § 174 II, Fn. 18; *Staudinger/Dilcher*, § 123 Rdn. 30 f.; *Larenz/Wolf*, BGB AT, § 37 Rdn. 15; *Diederichsen*, Rdn. 402; *Brehm*, Rdn. 24 g; *Löwisch*, Rdn. 255; *Leipold*, Rdn. 683; *Schack*, Rdn. 272.

20 *Staudinger/Dilcher*, § 123 Rdn. 31; vgl. auch Mot. I S. 206.

21 RGZ 101, 97 (98).

22 RGZ 76, 107 (108).

23 RGZ 72, 133 (136); RG SeuffArch, Bd. 91, 40.

24 In LM Nr. 30 zu § 123 BGB; vgl. auch OLG Köln OLGZ 1968, 130 ff.

sondern dass die Abgrenzung nach der Interessenlage und nach Billigkeitsgesichtspunkten zu erfolgen habe[25]. Bei der Beantwortung dieser Frage wurde nicht darauf abgestellt, ob dem Getäuschten die Stellung des Täuschenden zum Anfechtungsgegner erkennbar war.

150   Demgegenüber hat der BGH in Fällen des finanzierten Abzahlungskaufes den Verkäufer, der den Käufer beim Abschluss des Darlehensvertrages täuscht, im Verhältnis zum Kreditinstitut zunächst dann nicht als Dritten bezeichnet, wenn auf Grund einer auf Dauer angelegten Geschäftsverbindung zwischen dem Verkäufer und der Bank bei dem Käufer der Eindruck entstehen müsse, der Verkäufer sei wie ein Bevollmächtigter Vertrauensperson der Bank[26]. Allerdings hat der BGH später das Erfordernis einer auf Dauer angelegten Geschäftsverbindung fallengelassen und es für ausreichend erachtet, dass der Verkäufer im Auftrage des Kreditgebers, wenn auch nur im Einzelfall, beim Zustandekommen des Darlehensvertrages mitgewirkt hat oder auch ohne besonderen Auftrag bei Kreditabschluss aus der Sicht des Käufers als Vertrauensperson des Kreditgebers erschien[27].

151   Dritter ist nach der Rechtsprechung des BGH auch nicht der sog. „**Verhandlungsgehilfe**", der vom Anfechtungsgegner mit der Führung von Vertragsverhandlungen beauftragt ist und sie für diesen führt. In diesen Fällen entsteht durch den Eintritt in die Vertragsverhandlungen gemäß § 311 II Nr. 1 BGB ein Schuldverhältnis im Sinne des § 241 II BGB zwischen den späteren Vertragspartnern, das für sie gewisse Sorgfalts und (bei Verletzung) Schadensersatzpflichten aus culpa in contrahendo begründet. Der Grundsatz, dass der Geschäftsgegner im Rahmen der c.i.c. für ein schuldhaftes Verhalten des Verhandlungsgehilfen gemäß § 278 BGB einzustehen habe, müsse – so meint der BGH – auf das Anfechtungsrecht ausgedehnt werden. § 123 II BGB sei deshalb nicht gegeben[28].

152   Auch in der Literatur wird überwiegend betont, dass neben dem Erklärenden und dessen Vertreter auch solche Personen nicht „Dritte" im Sinne von § 123 II S. 1 BGB sind, die aufseiten des Erklärungsempfängers stehen und am Zustandekommen des Geschäfts mitgewirkt haben[29], wobei allerdings teilweise die Einschränkung gemacht wird, die Mitwirkung müsse eine maßgebliche sein[30].

153   Sowohl nach der Rechtsprechung des BGH als auch nach der Literatur kommt es demnach darauf an, ob I Verhandlungsgehilfe der B war. I müsste dann die Verhandlungen mit K für die Bank B geführt haben.

Hierfür mag die Tatsache sprechen, dass Vertragspartner des K die Bank B werden sollte und I sich um das Zustandekommen dieses Vertrages bemühte. Aber I hätte in je

---

25 LM Nr. 29 zu § 123 BGB; vgl. auch BGH WM 1983, 1156.

26 BGHZ 20, 36 (41); 33, 302 (309 f.).

27 BGH NJW 1978, 2144; NJW-RR 1992, 1005 (1006); vgl. auch *Staudinger/Dilcher*, § 123 Rdn. 35.

28 BGH LM § 123 BGB Nr. 30; MK/*Kramer*, § 123 Rdn. 22; hierzu mit eingehender dogmatischer Begründung: *Schubert*, AcP 168 (1968), 466 f; freilich noch zur Rechtslage vor In-Kraft-Treten des Schuldrechtsmodernisierungsgesetzes.

29 *Enneccerus/Nipperdey*, § 174 II Fn. 18; *Larenz/Wolf*, BGB AT, § 37 Rdn. 15; *Soergel/Hefermehl*, § 123 Rdn. 32 f.; *Flume*, § 29, 3; MK/*Kramer*, § 123 Rdn. 22; *Brox*, Rdn. 457; *Brehm*, Rdn. 249; *Eisenhardt*, Rdn. 349.

30 *Soergel/Hefermehl*, § 123 Rdn. 32; *Giesen*, Rdn. 293.

dem Fall mit K zur Klärung des der Bürgschaft zugrundeliegenden Innenverhältnisses K-I verhandeln müssen. Allein aus der Tatsache, dass I und nicht B sich an K wendet, kann daher nicht geschlossen werden, I sei von B mit den Verhandlungen beauftragt worden. Ebensowenig ergibt sich dies aus dem eigenen wirtschaftlichen Interesse der Bank B an dem Zustandekommen der Bürgschaft, da dieses Interesse immer besteht, wenn der Schuldner in Zahlungsschwierigkeiten gerät. Insofern kann schließlich auch aus der Verwendung eines Bürgschaftsformulars der Bank keine Folgerung gezogen werden[31].

Aber auch daraus, dass B ihren Schuldner zur Beibringung eines Bürgen veranlasst hat **154** und I sich nunmehr im Einverständnis mit B an K wegen der Bürgschaftsübernahme wandte, kann nicht ohne weiteres ein Verhandlungsauftrag an I angenommen werden. Ein derartiger Verhandlungsauftrag hätte nämlich für B zur Folge, dass sie I Dritten gegenüber gerade zu ihrer Vertrauensperson erklärt; tatsächlich verlangt aber B eine Sicherheit gerade deshalb, weil sie I auf Grund seiner schlechten wirtschaftlichen Lage für einen unzuverlässigen Schuldner hält. Im Übrigen konnte I Verhandlungen mit K über den Inhalt des Bürgschaftsvertrages schon deshalb nicht führen, weil die Vertragsbedingungen von B in dem Urkundenentwurf bereits festgelegt waren und die Aufgabe von I nur darin bestand, K zur Unterschrift zu bewegen. Verhandeln konnte I demnach nur über die Modalitäten des Innenverhältnisses. Von der Gestaltung dieses Verhältnisses soll aber nach dem Gesetz der Bestand der Bürgschaft grundsätzlich unabhängig sein. K konnte deshalb auch nicht aus dem Umstand, dass I ihm eine von B entworfene Urkunde vorlegte, entnehmen, dass I im Auftrage der Bank B handelte[32]. Demnach war I kein Verhandlungsgehilfe der B und daher Dritter i.S.d. § 123 II BGB.

cc) Die Wirksamkeit der Anfechtung hängt somit davon ab, ob B die von I verübte **155** **Täuschung kennen musste, d.h. infolge von Fahrlässigkeit nicht kannte** (§§ 123 II 1, 122 II BGB). Der Vorwurf eines Verschuldens der B (vgl. §§ 276, 278 BGB) könnte allenfalls daraus hergeleitet werden, dass B trotz Kenntnis der schwierigen wirtschaftlichen Lage von I nicht den Verdacht schöpfte, dass I die Unterschrift durch eine Täuschung erlangte. Den Gläubiger trifft aber gegenüber dem Bürgen grundsätzlich keine Aufklärungspflicht über den Umfang des Geschäftsrisikos. Dies wäre nur anders, wenn sich der Gläubiger infolge der aussichtslosen wirtschaftlichen Lage des Schuldners sagen musste, dass vernünftigerweise niemand bei Kenntnis der Lage eine Bürgschaft übernommen hätte. Ein derartiger Fall liegt hier jedoch nicht vor.

Ferner kann fahrlässige Unkenntnis zu bejahen sein, wenn Umstände des einzelnen Falles den Gläubiger veranlassen mussten, sich danach zu erkundigen, ob die ihm übermittelte Willenserklärung auf einer Täuschung beruht oder nicht[33]. Solche Verdachtsmomente können sich dann ergeben, wenn dem Gläubiger aus anderen Bürgschaftsgeschäften für den Schuldner bekannt ist, dass dieser sich mit unlauteren Mitteln Bürgschaftserklärungen verschafft[34]. Es liegt dann der Verdacht nahe, dass der

31 BGH NJW-RR 1992, 1005 (1006).
32 BGH LM § 123 Nr. 31; WM 1966, 92 (94); im Ergebnis ebenso, Fn. 110; *Flume*, § 29, 3; *Staudinger/ Dilcher*, § 123 Rdn. 36; *Erman/Palm*, § 123 Rdn. 38.
33 BGH NJW-RR 1992, 1005 (1006) m.w.N.
34 BGH (Fn. 33).

Schuldner in concreto entsprechend verfahren ist. Zu einer solchen Annahme gibt der vorliegende Sachverhalt jedoch keinen Anlass.

III. Ergebnis

156 Da demnach die Voraussetzungen von § 123 II S. 1 BGB nicht erfüllt sind und damit K ein Anfechtungsgrund nicht zusteht, ist das Zahlungsbegehren der B gemäß § 765 I BGB gerechtfertigt.

Fall 7

Der Begriff des Verbrauchers nach § 13 BGB – Verbrauchereigenschaft einer GbR – Der Begriff des Unternehmers nach § 14 BGB – Bürgschaftsvertrag als Haustürgeschäft – Widerruf nach §§ 312, 355, 357 BGB – Richtlinienkonforme Auslegung des BGB – Die Textform nach § 126 b BGB – Rechtsgeschäftsähnliche Handlungen – Analoge Anwendung des § 130 I S. 1 BGB – Fristberechnung nach §§ 187 ff. BGB

Ausgangsfälle

EuGH, Urt. v. 17. 3. 1998 – Rs. C-45/96 (Bayerische Hypotheken- und Wechselbank AG/Edgar Dietzinger) – NJW 1998, 1295 = JZ 1998, 1071 = EuZW 1998, 252 mit Anm. Micklitz.

EuGH, Urt. v. 13. 12. 2001 – Rs. C-481/99 (Georg und Helga Heininger/Bayerische Hypo- und Vereinsbank AG) – NJW 2002, 281 ff. = EuZW 2002, 84 mit Anm. Reich/Rörig.

BGH, Urt. v. 14. 5. 1998 – IX ZR 56/95 – BGHZ 139, 21 = NJW 1998, 2356 = DB 1998, 1553 = WM 1998, 1388 = JZ 1998, 1072.

BGH, Urt. v. 29. 1. 2001 – II ZR 331/00 = BGHZ 146, 341.

BGH, Urt. v. 23. 10. 2001 – XI ZR 63/01 – BGHZ 149, 80 = BB 2001, 2551 = JZ 2002, 455 mit Anm. Artz.

BGH, Urt. v. 9. 4. 2002 – XI ZR 91/99 – NJW 2002, 1881.

Sachverhalt

Die befreundeten Rechtsanwälte Müller (M) und Küpper (K) haben sich zum Zwecke **157** der Börsenspekulation zu einer Gesellschaft bürgerlichen Rechts („M und K GbR") zusammengeschlossen. Um mit ausreichendem Startkapital einsteigen zu können, nahm die „M und K GbR" am 19. 9. 2002 in den Geschäftsräumen der B-Bank eG wirksam ein Darlehen in Höhe von 50 000 € auf. Zur Sicherung des Darlehens schlugen K und M vor, die Bank solle sich mit dem Notar Neulich (N) in Verbindung setzen. Dieser sei mit ihnen befreundet und werde sicherlich eine Bürgschaft als „Freundschaftsdienst" übernehmen. Am 30. 9. 2002 suchte daraufhin ein Mitarbeiter der B-Bank eG diesen zu Hause auf und legte ihm einen unterschriftsreifen Bürgschaftsvertrag vor. N, der seinen beiden Freunden helfen wollte und von ihrem Erfolg überzeugt war, unterschrieb die Bürgschaftsurkunde. Kurze Zeit später stellte sich heraus, dass die gekauften Aktien völlig überbewertet waren. Der Kurs brach ein, die „M und K GbR" geriet in finanzielle Schwierigkeiten und stellte jegliche Zahlung auf das Darlehen ein. Die B-Bank eG kündigte daher am 10. 3. 2003 in rechtmäßiger Weise den Darlehensvertrag und stellte ihn fällig. Bei Durchsicht der Akten stellte ein Mitarbeiter der B-Bank eG am 15. 4. 2003 fest, dass eine Belehrung des N über Widerrufsrechte unterblieben war. Noch am gleichen Tag warf ein Mitarbeiter der B-Bank eG eine diesbezügliche Belehrung in N's Briefkasten ein. Da N jedoch bis einschließlich 10. 5. 2003 im Urlaub war, nahm er die Belehrung erst am 11. 5. 2003 zur Kenntnis. Einen Tag später wurde er von der B-Bank eG als Bürge in Anspruch genommen. Erst dadurch erfuhr N, dass die „M und K GbR" die Zahlungen auf das Darlehen eingestellt hatte. Er schrieb noch am selben Tag folgende E-Mail an die Bank: „Sehr geehrte Damen und

Herren. Im Hinblick auf den von mir am 30. 9. 2002 geschlossenen Bürgschaftsvertrag zur Sicherung des Darlehens der „M und K GbR" mache ich von meinem Widerrufsrecht Gebrauch. Mit freundlichen Grüßen Norbert Neulich". Diese E-Mail erschien kurze Zeit später auf dem Bildschirm des zuständigen Sachbearbeiters, der sie auch las. Die Bank ist der Auffassung, der Widerruf sei verspätet. N habe als Notar von dem ihm zustehenden Widerrufsrecht Kenntnis haben müssen. Darüber hinaus verwende sie zwar auf ihren Schreiben stets auch ihre E-Mail-Adresse, doch genüge eine solche elektronische Übermittlung wohl kaum den Anforderungen an einen formgerechten Widerruf. Sie reicht daher beim örtlich zuständigen Landgericht form- und fristgerecht Klage gegen N auf Zahlung von 50 000 € ein.

Frage:
Wie ist über die Klage zu entscheiden?

Gliederung 158

Lösung

I. Bürgschaftsvertrag

Der Erfolg der Klage hängt davon ab, ob der B-Bank eG auf Grund eines wirksamen **159** Bürgschaftsvertrages nach §§ 765, 767 BGB ein Anspruch auf Zahlung von 50 000 € zusteht. Dazu müsste zum einen ein **wirksamer Bürgschaftsvertrag** zwischen N und der B-Bank eG geschlossen worden sein. Zum anderen müsste die durch die Bürgschaft gesicherte Forderung der B-Bank gegen die „M und K GbR" in Höhe von 50 000 € bestehen. Hinsichtlich der zweiten Voraussetzung bestehen keine Bedenken. Nach dem Sachverhalt hat die B-Bank den Gesamtbetrag von 50 000 € am 10. 3. 2003 in rechtmäßiger Weise fällig gestellt[1]. Damit bestand eine zu sichernde, einredefreie Forderung.

II. Widerruf

Fraglich ist jedoch, ob der am 30. 9. 2002 zwischen N und der B-Bank eG, vertreten **160** durch ihren Mitarbeiter, formgerecht (vgl. § 766 BGB) geschlossene Bürgschaftsvertrag (§§ 765, 164 III BGB) noch wirksam ist. N könnte ihn nämlich durch seine E-Mail vom 12. 5. 2003 gemäß §§ 312 I, 355, 357 BGB **wirksam widerrufen haben**[2]. Voraussetzung für einen wirksamen Widerruf ist das Vorliegen eines Widerrufsgrundes sowie die form- und fristgerechte Geltendmachung des Widerrufrechts.

---

1 Auf die Voraussetzungen der §§ 491 ff. BGB ist im vorliegenden Fall nicht einzugehen, da nach dem Sachverhalt vom Bestehen eines fälligen und einredefreien Anspruchs der B-Bank gegen die GbR ausgegangen werden kann. Die Anwendbarkeit des VerbrKrG a.F (jetzt §§ 491 ff. BGB) auf Kreditverträge einer GbR bejaht BGH BB 2001, 2551 ff., m. zust. Anm. *Artz*, JZ 2002, 457 ff.; bejahend auch *Palandt/Heinrichs*, § 13 Rdn. 2; abl. *Fehrenbacher/Herr*, BB 2002, 1006 ff.; *Krebs*, DB 2002, 517 ff. Siehe zur Anwendbarkeit des Verbraucherschutzrechts auf Gesellschaften bürgerlichen Rechts genauer unten.

2 *Leipold*, Rdn. 450; *Mankowski*, WM 2001, 793 ff.; sprechen hinsichtlich der Willenserklärung im Anwendungsbereich des § 355 I BGB von schwebender Wirksamkeit. Diese Formulierung erscheint fremdartig. Der Widerruf stellt ein Gestaltungsrecht dar. In anderen Fällen von Gestaltungsrechten (bspw. Anfechtung, Rücktritt) spricht man jedoch auch nicht von schwebender Wirksamkeit. Vor dem Hintergrund, dass durch diese Formulierung deutlich gemacht werden soll, dass nach neuer Rechtslage nicht mehr von einer schwebenden Unwirksamkeit der Willenserklärung bis zum Ablauf der Widerrufsfrist auszugehen ist, erscheint sie jedoch durchaus sinnvoll.

161   1. Als **Widerrufsgrund** könnte § 312 I S. 1 BGB in Betracht kommen. Es müsste sich also bei der Bürgschaft um einen zwischen einem Verbraucher und einem Unternehmer abgeschlossenen Vertrag über eine entgeltliche Leistung handeln.

162   a) **Verbraucher** ist gemäß § 13 BGB jede natürliche Person, die ein Rechtsgeschäft zu einem Zweck abschließt, der weder ihrer gewerblichen noch ihrer selbstständigen beruflichen Tätigkeit zugerechnet werden kann. N hatte die Bürgschaftserklärung abgegeben, weil er seinen Freunden helfen wollte. Eine Verbindung zu seiner selbstständigen beruflichen Tätigkeit als Notar lag nicht vor. N handelte somit beim Abschluss des Bürgschaftsvertrages als Verbraucher.

163   b) **Unternehmer** im Sinne des § 14 I BGB ist unter anderem jede juristische Person, die bei Abschluss eines Rechtsgeschäfts in Ausübung ihrer gewerblichen oder selbstständigen beruflichen Tätigkeit handelt. Bei der in der Rechtsform einer eingetragenen Genossenschaft[3] betriebene B-Bank handelt es sich gemäß § 17 I GenG um eine juristische Person, die gemäß § 17 II GenG als Kaufmann im Sinne des HGB gilt (sog. „Formkaufmann"). Die von der B-Bank eG abgeschlossenen Bankgeschäfte sind daher Handelsgeschäfte im Sinne des § 343 HGB, und die B-Bank eG ist Unternehmer im Sinne des § 14 BGB[4].

164   c) Problematisch erscheint indes, ob es sich bei der zwischen N und der B-Bank eG abgeschlossenen Bürgschaft um eine Vertrag über eine **entgeltliche Leistung** handelt. Die Frage, ob eine Bürgschaft einen entgeltlichen Vertrag im Sinne des Verbraucherschutzrechts darstellt, war lebhaft bereits nach alter Rechtslage umstritten und stellt sich bei der Auslegung des § 312 BGB erneut[5].

165   aa) Der **IX. Zivilsenat** des BGH lehnte es zunächst ab, in einer Bürgschaft einen Vertrag über eine entgeltliche Leistung zu sehen. Bereits die Tatsache, dass es sich bei der Bürgschaft um einen einseitig verpflichtenden Vertrag handelt, schließe ihre Einordnung als entgeltlichen Vertrag aus. Der Bürge erhalte vom Vertragspartner keine Gegenleistung[6], das dem Hauptschuldner gewährte Darlehen stelle kein Entgelt für die Bürgschaftsverpflichtung dar.

166   bb) Demgegenüber ergab nach Ansicht des **XI. Zivilsenats** eine richtlinienkonforme Auslegung der Vorschrift[7], dass auch die Bürgschaft eine entgeltliche Leistung sei. Schließlich wolle der Bürge im Ergebnis für die entgeltliche Hauptverbindlichkeit einstehen. Das Abstellen auf den nur einseitig verpflichtenden Charakter der Bürgschaft

---

3   Zur eingetragenen Genossenschaft vgl. ausführlich *K. Schmidt*, Gesellschaftsrecht, 4. Aufl., 2002, § 41, m. zahlreichen weiteren Nachweisen.

4   Vgl. dazu *Soergel/Pfeiffer*, § 14 Rdn. 10.

5   § 312 BGB ist durch das Gesetz zur Modernisierung des Schuldrechts vom 26. 11. 2001 in das Bürgerliche Gesetzbuch eingefügt worden und entspricht sachlich dem bisherigen § 1 HausTWG, vgl. *Palandt/Heinrichs*, § 312 Rdn. 1.

6   BGHZ 113, 287 ff.

7   § 312 BGB dient, ebenso wie bislang § 1 HausTWG, der Umsetzung der Richtlinie 85/577/EWG vom 20. 12. 1985, ABl. EG Nr. L 372 vom 31. 12. 1985, S. 31 ff. Aus diesem Grund ist die Regelung richtlinienkonform auszulegen, vgl. dazu *Leipold*, Rdn. 448; *Palandt/Heinrichs*, § 312 Rdn. 2; zur richtlinienkonformen Auslegung des HausTWG vgl. BGH NJW 1994, 2759; ZIP 1996, 375 (378); *Roth*, ZIP 1996, 1285; *Pawlowski*, Methodenlehre für Juristen, 3. Aufl 1999, Rdn. 1067 ff. Zur richtlinienkonformen Auslegung von Rechtsnormen allgemein vgl. *ders.*, a.a.O., Rdn. 363 f.

führe nicht weiter, da die der deutschen Regelung zugrunde liegende Richtlinie 85/577/EWG zweifellos auch einseitige Verpflichtungsgeschäfte erfasse[8].

cc) Zur Klärung der Frage, ob ein Bürgschaftsvertrag nach deutschem Recht zu den **167** Verträgen im Sinne von Art. 1 I der Richtlinie 85/577/EWG[9] zählt, hat der IX. Zivilsenat daraufhin nach Art. 177 EGV[10] den **EuGH** angerufen[11]. Dieser hat die Anwendbarkeit der Regelung auf Bürgschaften grundsätzlich bejaht[12]. Der Bürgschaftsvertrag müsse vor allem auf Grund des „engen Zusammenhangs" mit der Hauptschuld in den Anwendungsbereich der Richtlinie einbezogen werden[13]. Eine Bürgschaft unterfalle daher dem Anwendungsbereich des Art. 1 der Richtlinie 85/577/EWG, wenn sie eine Verbindlichkeit sichere, die ein Verbraucher im Rahmen eines Haustürgeschäfts gegenüber einem Gewerbetreibenden als Gegenleistung für Dienstleistungen oder Waren eingegangen sei.

dd) Diese vom EuGH in seiner sog. „**Dietzinger-Entscheidung**" dargelegten Grund- **168** sätze hat der BGH übernommen. Er ist allerdings der Ansicht, der Bürge sei nur geschützt, wenn es sich sowohl bei der Bürgschaft als auch bei der Hauptschuld um ein Haustürgeschäft im Sinne des § 312 BGB handele[14]. Nach der Rechtsprechung des BGH fiele die Bürgschaft im vorliegenden Fall daher nur dann in den Anwendungsbereich des § 312 BGB, wenn das zu sichernde Darlehen der GbR ebenfalls als Haustürgeschäft gemäß § 312 BGB abgeschlossen worden wäre. Da der Kreditvertrag am 19. 9. 2002 in den Geschäftsräumen der B-Bank abgeschlossen wurde, lag bezüglich der gesicherten Forderung aber zweifelsfrei keine solche Haustürsituation vor. Nach Ansicht der Rechtsprechung scheidet damit schon aus diesem Grund eine Anwendung des § 312 BGB aus.

Darüber hinaus wäre fraglich, ob es sich bei der **GbR** um einen **Verbraucher im Sinne** **169** **des § 13 BGB** handelt. Der Wortlaut des § 13 BGB umfasst nur natürliche Personen. Vor dem Hintergrund der neueren Rechtsprechung zur Rechtsnatur der BGB-Gesellschaft stellt sich die Frage, ob auch der Zusammenschluss mehrerer natürlicher Personen zu einer solchen Gesellschaft selbst als natürliche Person im Sinne des Gesetzes aufgefasst werden kann. Dies hat der XI. Zivilsenat des BGH grundsätzlich bejaht[15].

---

8 BGH NJW 1993, 1594 ff.
9 Diese Richtlinie gilt für Verträge, die zwischen einem Gewerbetreibenden, der Waren liefert oder Dienstleistungen erbringt, und einem Verbraucher geschlossen werden: während eines vom Gewerbetreibenden außerhalb von dessen Geschäftsräumen organisierten Ausflugs, oder anlässlich eines Besuchs des Gewerbetreibenden i) beim Verbraucher in seiner oder in der Wohnung eines anderen Verbrauchers, ii) beim Verbraucher an seinem Arbeitsplatz, sofern der Besuch nicht auf ausdrücklichen Wunsch des Verbrauchers erfolgt.
10 Jetzt Art. 234 EGV.
11 BGH ZIP 1996, 375 ff. = NJW 1996, 930 ff.; zum Vorlagebeschluss vgl. *Pfeiffer*, NJW 1996, 3297 ff.; *Roth*, ZIP 1996, 1285 ff.
12 EuGH NJW 1998, 1295 f. – *Dietzinger*.
13 EuGH NJW 1998, 1295 (1296); dazu krit. *Drexl*, JZ 1998, 1046 (1055 f.); *Pfeiffer*, ZIP 1998, 1129 (1131 ff.); *Lorenz*, NJW 1998, 2937 (2938); *Medicus*, JuS 1999, 833 (837).
14 Der IX. Zivilsenat hat in BGHZ 139, 21 f. somit das Erfordernis eines zweifachen Haustürgeschäfts eingeführt, zustimmend *Eckert*, EWiR 1998, 845 f.; *Feick*, BB 1998, 1761 f.; *Jauernig/Berger* § 312 Rdn. 7; krit. *Reinicke/Tiedtke*, DB 1998, 2001 ff.; *Lorenz*, NJW 1998, 2937 (2939); *Pfeiffer*, ZIP 1998, 1129 (1137); *Auer*, ZBB 1999, 161 (165, 168).
15 BGHZ 149, 80 = NJW 2002, 368 = JZ 2002, 456 (*Artz*).

Das Urteil des II. Zivilsenats aus dem Jahre 2001[16], in dem die GbR als **teilrechtsfähig** anerkannt wird, stehe dem nicht entgegen. Die bloße Anerkennung der beschränkten Rechtsfähigkeit der GbR hindere nicht, die Verbraucherschutzvorschriften anzuwenden. Hintergrund dieser Regelungen sei nämlich der Gedanke, dass Personen, die Rechtsgeschäfte zu Zwecken abschließen, die weder ihrer gewerblichen noch ihrer selbstständigen beruflichen Tätigkeit zugerechnet werden können, bei diesen Rechtsgeschäften – typischerweise auf Grund geschäftlicher Unerfahrenheit oder unterlegener Marktstellung – schutzbedürftig seien. Diese Schutzbedürftigkeit werde nicht dadurch geringer, dass sich mehrere Personen zu einer Gesellschaft zusammenschlössen, die ebenfalls weder gewerbliche noch selbstständige berufliche Zwecke verfolge[17]. Im vorliegenden Fall hatten sich M und K zur „M und K GbR" zusammengeschlossen, um an der Börse zu spekulieren. Dies stellt private Vermögensverwaltung und damit keine gewerbliche oder selbstständige berufliche Tätigkeit dar[18]. Nach dieser Ansicht handelte es sich bei der GbR mithin um einen Verbraucher.

170 Diese Ansicht ist freilich **nicht unumstritten**. Zum einen werden gegen sie gemeinschaftsrechtliche Bedenken geltend gemacht. Die Verbraucherschutzrichtlinien zielten begrifflich bei der Bestimmung des Verbrauchers allein auf den Menschen ab, Gesellschaften würden nicht erfasst[19]. Zum anderen spreche sowohl der Wortlaut als auch die dogmatische Einordnung gegen die Gleichstellung der GbR mit einer natürlichen Person im Sinne des § 13 BGB[20]. Die Anerkennung der Teilrechtsrechtsfähigkeit und die damit verbundene analoge Anwendung der akzessorischen Haftung nach § 128 HGB auf die GbR verböten es, § 13 BGB anzuwenden. Die Gesellschafter der GbR hafteten schließlich nicht für eigene Schulden, d.h. solche Schulden, die sie als natürliche Person begründet haben, sondern für fremde Schulden, nämlich die der Gesellschaft. Damit erscheine eine Subsumtion unter den Begriff der natürlichen Person jedoch nicht mehr möglich[21].

171 Zuzustimmen ist der Auffassung, wonach es sich auch bei der GbR um einen Verbraucher im Sinne des § 13 BGB handeln kann. Die vorgebrachten europarechtlichen Bedenken sind unergiebig, da es den Mitgliedstaaten unbenommen ist, zum Schutz der Verbraucher weitergehende Regelungen zu erlassen[22]. Der nationale Gesetzgeber kann dementsprechend auch den Begriff des Verbrauchers ausdehnen. Darüber hinaus schließt der Wortlaut des § 13 BGB nicht unbedingt Gesellschaften bürgerlichen Rechts als Verbraucher aus. Schließlich handelt es sich bei der GbR um einen Zusammenschluss natürlicher Personen. Auch die Teilrechtsfähigkeit der Gesellschaft sowie die analoge Anwendung des § 128 HGB ändern daran nichts. Die GbR, die private Zwecke verfolgt, ist in erster Linie ein Zusammenschluss von natürlichen Personen

---

16 BGHZ 146, 341 ff.; zur Teilrechtsfähigkeit der GbR vgl. auch *Timm*, NJW 1995, 3209; *Staudinger/Kessal-Wulf*, § 1 VerbrKrG Rdn. 26.

17 BGHZ 149, 80 (84); zust. *Artz*, JZ 2002, 457 (458).

18 BGHZ 133, 71 (78); *Soergel/Pfeiffer*, § 13 Rdn. 32 m.w.N.

19 *Fehrenbacher/Herr*, BB 2002, 1006 (1009); MK/*Basedow*, § 24a AGBG Rdn. 28, wonach die Richtlinie von einem Konzept der juristischen Person ausgeht, das sämtliche Personengesellschaften erfasst; so auch *Krebs*, DB 2002, 817 (818).

20 *Krebs*, DB 2002, 517; *Staudinger/Kessal-Wulf*, § 1 VerbrKrG Rdn. 26.

21 *Fehrenbacher/Herr*, BB 2002, 1006 (1010).

22 Das räumen auch *Fehrenbacher/Herr*, BB 2002, 1006 (1010) sowie *Krebs*, DB 2002, 817 (818) ein.

und daher aus verbraucherschutzrechtlicher Sicht nicht weniger schutzwürdig als die jeweiligen Einzelpersonen. Die „M und K GbR" handelte somit als Verbraucher.

ee) Die **herrschende Lehre** stimmt der Rechtsprechung zwar darin zu, dass es sich bei **172** einer Bürgschaft um einen entgeltlichen Vertrag im Sinne des § 312 BGB handelt[23]. Dies ergebe sich klar aus der Teleologie des § 312 BGB. Ratio legis sei schließlich der Schutz des Verbrauchers vor einer Überrumpelung im Rahmen eines Haustürgeschäfts. Diese Gefahr sei bei einer Bürgschaft als einseitig verpflichtendem Geschäft sogar noch höher einzuschätzen als bei einem gegenseitig verpflichtendem Vertrag[24]. Bei einem solchem Vertrag erhalte der Verbraucher vom Vertragspartner zumindest eine Gegenleistung. Aus diesen Gründen sei die Einbeziehung von Bürgschaften in den Anwendungsbereich des § 312 BGB sachlich richtig.

Nicht zutreffend sei demgegenüber das von der Rechtsprechung eingeführte Erfordernis eines doppelten Haustürgeschäfts[25]. Zum einen beruhe die diesbezügliche Argumentation von EuGH und BGH auf einem unzutreffenden Verständnis des Prinzips der Akzessorietät im deutschen Bürgschaftsrecht[26]. Zum anderen lasse sich eine solche Einschränkung des Anwendungsbereichs der Vorschrift auch teleologisch nicht begründen. Sinn und Zweck der Regelungen über den Vertragsschluss in Haustürsituationen sei, dass der Verbraucher oftmals die Situation und die Folgen des Vertrages nicht sofort überblicken könne, er also gleichsam „überrumpelt" werde. Diese Gefahr bestehe jedoch auch, wenn lediglich die Bürgschaft in einer solchen Haustürsituation geschlossen wurde[27].

Diese Argumentation überzeugt. Es ist in der Tat nicht einzusehen, warum der Schutz **173** des Bürgen davon abhängen soll, ob der zu sichernde Kredit ebenfalls von einem Verbraucher in einer Haustürsituation übernommen worden ist. Die Gefahr der Überrumpelung im Rahmen von Haustürgeschäften besteht für den Verbraucher unabhängig davon, unter welchen Umständen die zu sichernde Forderung zustande gekommen ist. Insbesondere bei der Übernahme einer Bürgschaft für eine gewerblichen oder selbstständige berufliche Forderung sind die Gefahren für den Verbraucher groß. In solchen Fällen kann er meistens noch viel weniger die Risiken abschätzen, die mit der Bürgschaft verbunden sind. Regelmäßig werden die zu sichernden Forderungen auch höher sein als im Falle privater Bürgschaften. Mithin kommt es im vorliegenden Fall – entgegen der Auffassung der Rechtsprechung – nur darauf an, dass N die Bürgschaft in einer Haustürsituation abgeschlossen hat.

2. Danach stand N das Widerrufsrecht des § 312 BGB zu. Er müsste es jedoch nach § 355 I BGB **form- und fristgerecht** ausgeübt haben. Die Widerrufsfrist des § 355 BGB richtet sich danach, ob eine ordnungsgemäße Belehrung über das Widerrufsrecht

---

23 MK/*Ulmer*, § 312 Rdn. 22; *Erman/Saenger*, HWG § 1 Rdn. 12; *Palandt/Heinrichs*, § 312 Rdn. 8; *Bülow/Artz*, S. 55; *Auer*, ZBB 1999, 161 (165 ff.); *Canaris*, AcP 200 (2000), 273 (354); *Drexl*, JZ 1998, 1046 (1052 ff.); *Riehm*, JuS 2000, 138; *Lorenz*, NJW 1998, 2937 (2939 f.); *Pfeiffer*, ZIP 1998, 1129 (1135 f.); *Reinicke/Tiedtke*, DB 1998, 2001 (2003 f.); a.A. *Vowinckel*, DB 2002, 1362 (1363 f.).
24 *Bülow/Artz*, S. 55.
25 *Palandt/Heinrichs*, § 312 Rdn. 8; *Drexl*, JZ 1998, 1046 (1052 ff.); *Auer*, ZBB 1999, 161 (168).
26 *Pfeiffer*, ZIP 1998, 1129 (1131 f.).
27 *Bülow/Artz*, S. 55; *Drexl*, JZ 1998, 1046 (1055); *Medicus*, JuS 1999, 833 (837) *Reinicke/Tiedtke*, DB 1998, 2001 (2003 f.).

gemäß § 355 II BGB erteilt worden ist oder nicht. Wurde der Verbraucher ordnungsgemäß belehrt, so gilt nach § 355 I S. 2 BGB eine Frist von 2 Wochen, innerhalb derer er den Widerruf in Textform oder durch Rücksendung der Sache gegenüber dem Unternehmer erklären muss. Diese Frist ist im vorliegenden Fall bereits lange abgelaufen. Wenn eine ordnungsgemäße Widerrufsbelehrung fehlt, erlischt das Widerrufsrecht gemäß § 355 III S. 3 BGB jedoch nicht[28]. Beim Abschluss des Bürgschaftsvertrages war N nicht belehrt worden. Entgegen der Auffassung der B-Bank eG war diese Widerrufsbelehrung auch nicht entbehrlich. Zwar musste N als Notar über die rechtlichen Folgen einer Bürgschaftserklärung sowie die Möglichkeiten des Widerrufs von Haustürgeschäften Bescheid wissen, gleichwohl entbindet auch die Kenntnis des Verbrauchers aus Gründen der Rechtssicherheit nicht von der Pflicht zur Belehrung.

174 Somit steht N gemäß § 355 III S. 3 BGB grundsätzlich ein unbefristetes Widerrufsrecht zu. Fraglich ist jedoch, wie es sich auswirkt, dass die Bank mit Schreiben vom 15. 4. 2003 dem N eine ordnungsgemäße Widerrufsbelehrung zuschickte, die N auch einen Tag später zur Kenntnis genommen hat. In diesem Zusammenhang ist nämlich § 355 II S. 2 BGB zu beachten. Danach genügt neuerdings eine dem Verbraucher nach Vertragsschluss einseitig in **Textform** nach § 126 b BGB mitgeteilte Widerrufsbelehrung. Eine gesonderte Unterschrift der Widerrufsbelehrung durch den Verbraucher, die nach § 2 I S. 2 HausTWG erforderlich war, ist nicht mehr notwendig[29].

175 Bei der Mitteilung handelt es sich um eine **rechtsgeschäftsähnliche Handlung**. Rechtsgeschäftsähnliche Handlungen sind Willensäußerungen oder Mitteilungen, an die das Gesetz bestimmte Rechtsfolgen knüpft, ohne dass diese – anders als bei Willenserklärungen – vom Äußernden gewollt sein müssen[30]. Stets ist zu prüfen, ob die Vorschriften über Willenserklärungen analog anzuwenden sind[31]. Für rechtsgeschäftsähnliche Handlungen, die einer anderen Person zur Kenntnis gebracht werden müssen (wie etwa Mahnung, Fristsetzung oder Rüge), ist seit langem anerkannt, dass die Vorschriften über den Zugang von Willenserklärungen analog angewendet werden können[32]. Dies gilt auch für die Mitteilung nach § 355 II S. 2 BGB. Als rechtsgeschäftsähnliche Handlung unter Abwesenden wird sie analog § 130 I S. 1 BGB mit dem Zugang wirksam. Die Mitteilung ist demnach zugegangen, wenn sie so in den Bereich des Empfängers gelangt ist, dass dieser unter normalen Umständen die Möglichkeit hat, von ihrem Inhalt Kenntnis zu nehmen[33]. Danach ist die Mitteilung dem N am

---

28 Die durch das OLG-VertrÄndG vom 23. 7. 2002 (BGBl. I S. 2850) geänderte Regelung des § 355 III BGB geht auf die sog. „Heininger-Entscheidung" des EuGH NJW 2002, 281 ff. zurück. Danach greift das Widerrufsrecht gemäß der Haustürgeschäfterichtlinie bei fehlender Belehrung des Verbrauchers ohne zeitliche Begrenzung; so auch BGH NJW 2002, 1881 ff., vgl. dazu *Artz*, BKR 2002, 603 f.; *Bülow/Artz*, S. 62; *Lindner*, ZIP 2003, 67 ff. Die gesetzgeberische Änderung ist redaktionell jedoch nicht gelungen. Anders als es Wortlaut und Systematik erkennen lassen, enthält § 355 III S. 3 BGB die Kernaussage der Norm, während für S. 1 nur noch ein sehr eng begrenzter Anwendungsbereich verbleibt. Dazu vgl. auch *Artz*, BKR 2002, 603 (605).

29 Sie bleibt jedoch aus Gründen der Beweislast für den Unternehmer weiterhin ratsam, vgl. *Palandt/Heinrichs*, § 355 Rdn. 14.

30 *Medicus*, BGB AT, Rdn. 197; *Brox*, Rdn. 95.

31 So schon Enneccerus/*Nipperdey*, § 207 II; aus neuerer Zeit vgl. *Brox*, Rdn. 95; *Medicus*, BGB AT Rdn. 198; *Rüthers/Stadler*, § 16 Rdn. 29. *Hübner*, Rdn. 696; *Bork*, Rdn. 416 ff.

32 Enneccerus/*Nipperdey*, § 207 II 2; *Larenz/Wolf*, BGB AT § 22 Rdn. 29.

33 Vgl. dazu etwa BGHZ 67, 271 (275); BGH NJW 1965, 965 (966); *Erman/Palm*, § 130 Rdn. 6 f.; *Larenz/Wolf*, BGB AT, § 26 Rdn. 17 ff.; *Soergel/Hefermehl*, § 130 Rdn. 8.

16. 4. 2003 zugegangen. Die Tatsache, dass N sich zu dieser Zeit im Urlaub befand, hindert den Zugang nicht[34]. Auf die tatsächliche Kenntnisnahme am 11. 5. 2003 kommt es somit nicht an[35]. § 355 II S. 2 BGB findet mithin Anwendung. Es läuft daher gemäß § 187 I BGB seit dem 17. 4. 2003 die Monatsfrist. N hatte somit nach § 188 II BGB bis einschließlich 16.5. Zeit, den Widerruf formgerecht auszuüben.

Nach § 355 I S. 2 BGB bedarf der Widerruf der **Textform**. Gemäß § 126b BGB muss **176** die Widerrufserklärung daher in einer Urkunde oder auf andere zur dauerhaften Wiedergabe in Schriftzeichen geeignete Weise abgegeben, die Person des Erklärenden genannt und der Abschluss der Erklärung durch Nachbildung der Namensunterschrift oder anders erkennbar gemacht werden. N hatte am 12.5., also noch innerhalb der Widerrufsfrist, eine E-Mail an die B-Bank geschickt. Fraglich ist, ob eine E-Mail den Anforderungen des § 126b BGB gerecht wird. Um eine Urkunde im Sinne der Vorschrift handelt es sich zweifelsohne nicht. Allerdings reicht auch die Abgabe auf andere zur dauerhaften Wiedergabe in Schriftzeichen geeigneten Weise. Dafür genügt es, wenn der Empfänger die Erklärung auf seinem Bildschirm lesen und sie in irgendeiner Weise – sei es durch Ausdruck auf Papier oder durch Speicherung auf Datenträgern – dauerhaft vorhalten kann[36]. Diesen Anforderungen genügte die von N verschickte E-Mail. Daneben erfüllte sie auch die weiteren Voraussetzungen des § 126b BGB. Zum einen ließ sie den Erklärenden erkennen, zum anderen war durch das Hinzufügen der Grußformel auch der Erklärungsabschluss hinreichend deutlich[37]. Da die B-Bank eG auf ihren Schreiben ihre E-Mail Adresse angegeben hat, muss sie sich auch die auf diesem Weg empfangenen Erklärungen zurechnen lassen.

Folglich war der **Widerruf form- und fristgerecht**. Die Rechtsfolgen des Widerrufs **177** ergeben sich aus § 357 BGB. § 357 I S. 1 BGB erklärt die Vorschriften über den gesetzlichen Rücktritt für entsprechend anwendbar. Der zunächst wirksame Vertrag wandelt sich somit ex nunc in ein Rückgewährschuldverhältnis um. Bei dem nicht erfüllten Bürgschaftsvertrag entfällt somit die Leistungspflicht des N.

III. Ergebnis

Ein Zahlungsanspruch der B-Bank besteht somit nicht, das Landgericht wird die Klage daher abweisen.

(Nach Ansicht der Rechtsprechung, wonach auch die zu sichernde Forderung im Rah- **178** *men eines Haustürgeschäftes begründet worden sein muss, stünde der B-Bank eG dem-gegenüber mangels Widerrufsrechts des N der geltend gemachte Anspruch zu.)*

---

34 BAG NJW 1993, 1093 f.; *Soergel/Hefermehl*, § 130 Rdn. 11; *Erman/Palm*, § 130 Rdn. 7, jeweils m.w.N.
35 *Palandt/Heinrichs*, § 355 Rdn. 19; *Artz*, BKR 2002, 603 (607) hält ebenfalls die tatsächliche Kenntnisnahme für nicht erforderlich, stellt allerdings nicht auf den Zugang, sondern die Übergabe ab.
36 BT-Drucks. 14/4987, S. 19; vgl. *Soergel/Marly*, § 126b Rdn. 4; *Palandt/Heinrichs*, § 126b Rdn. 3; MK/ *Einsele*, § 126b Rdn. 4, 9.
37 MK/*Einsele*, § 126b Rdn. 6; *Palandt/Heinrichs*, § 126b Rdn. 5.

Fall 8

Wirksamwerden von Willenserklärungen unter Anwesenden – offener und versteckter Dissens – Teilanfechtung von Verträgen – Einfluss der Teilnichtigkeit eines Vertrages auf den Vertrag im Ganzen

Ausgangsfall
RG, Urt. v. 16. 2. 1906 – II 291/1905 = RG Gruchot Bd. 50, 893.

Sachverhalt

179 Die Firma Maier & Co., eine Textilfabrik, benötigte größere Mengen unverarbeiteter Baumwolle. Sie beauftragte daher ihren Vertreter Schmitz, günstige Angebote einzuholen. Dieser setzte sich mit mehreren Firmen in Verbindung, u.a. auch mit der Firma Textilimport-GmbH, Hamburg. In mehreren telefonischen Vorverhandlungen stand zunächst eine Lieferung von 100 Baumwollballen zur Debatte. Der dafür angebotene Stückpreis erschien Schmitz äußerst günstig. Er erörterte mit seinem Firmenchef die Sachlage, worauf dieser anordnete, Schmitz möge gleich 200 Ballen bestellen, da die Auftragslage eine erhöhte Bestellung gebot. Schmitz setzte sich umgehend mit der Firma Textilimport in Verbindung und bestellte telefonisch 200 Ballen Baumwolle, wobei er ausdrücklich erwähnte, wegen zusätzlich eingegangener Aufträge benötige man die doppelte der ursprünglich vorgesehenen Menge. Der Geschäftsführer der GmbH, der während des Telefongesprächs von einem Mitarbeiter gestört worden war und deshalb nicht mitbekommen hatte, dass die Firma Maier & Co. die doppelte Menge Baumwollballen benötigte, nahm die Bestellung mit den Worten „schön, gut" an. Die Firma Textilimport lieferte nur 100 Ballen. Da sie mehr nicht auf Lager hatte und zu dem ursprünglichen günstigen Preis auch nicht beschaffen konnte, berief sie sich gegenüber der Forderung der Firma Maier & Co. auf Lieferung weiterer 100 Ballen darauf, ihr Geschäftsführer habe den telefonischen Auftrag so verstanden, dass die Firma Maier nur 100 Ballen bestelle, wovon ja auch in den Vorverhandlungen immer die Rede gewesen sei.

Frage:
Kann die Firma Maier & Co. Lieferung weiterer 100 Ballen Baumwolle verlangen?

Gliederung 180

I. Anspruch aus § 433 I BGB
1. Angebot
2. Annahme
   a) Dissens?
   b) Auslegung der Willenserklärungen
   c) Ergebnis

II. Wirksame Anfechtung?
1. Anfechtungsgrund
   a) Inhalts- oder Erklärungsirrtum
   b) Auslegung
2. Teilanfechtung?
   a) Zulässigkeit
   b) Teilbarkeit des Rechtsgeschäfts
3. Teilanfechtungserklärung
4. Teilnichtigkeit

III. Ergebnis

Lösung

I. Anspruch aus § 433 I BGB

Die Firma Maier & Co. (M) kann Lieferung weiterer 100 Ballen Baumwolle verlan- **181** gen, wenn ein **Kaufvertrag** über 200 Ballen **zu Stande gekommen** ist (§ 433 I BGB). Dabei wirken die von Schmitz (Sch) als Vertreter von M abgegebenen bzw. empfange- nen Erklärungen unmittelbar gegenüber M (§ 164 I und III BGB), umgekehrt die des Geschäftsführers der Textilimport-GmbH (T) für diese (§ 35 I GmbHG).

1. Ein Vertrag kommt durch **Angebot** und **Annahme** zu Stande. Eine Vertragsofferte **182** liegt in der Erklärung des Sch gegenüber dem Geschäftsführer der T, 200 Ballen Baumwolle kaufen zu wollen. Fraglich ist, ob sie wirksam geworden ist. Das Vertrags- angebot ist eine **empfangsbedürftige Willenserklärung**. Es wird, wenn es gegenüber einem abwesenden Empfänger abgegeben wird, mit dem Zugang wirksam (§ 130 I S. 1 BGB)[1]. Telefonisch abgegebene Willenserklärungen gelten jedoch als Erklärungen un- ter Anwesenden (vgl. § 147 I S. 2 BGB)[2]. Dies gilt jedenfalls dann, wenn die Erklärung

---

1 Nicht entscheidend ist also der Zeitpunkt, zu dem die Willenserklärung *abgegeben*, d.h. in die äußere Er- scheinung getreten ist (Äußerungstheorie) oder in welchem Zeitpunkt sie abgesandt wurde (Übermitt- lungstheorie) (z.B. durch Post oder Boten). Es kommt auch nicht darauf an, zu welchem Zeitpunkt der Empfänger von der Willenserklärung Kenntnis erlangt hat (Vernehmungstheorie). Gemäß § 130 BGB gilt die Empfangstheorie; vgl. *Hübner*, Rdn. 731; RGRK/*Krüger-Nieland*, § 130 Rdn. 1; *Soergel/Hefermehl*, § 130 Rdn. 2; zu Abgabe und Zugang empfangsbedürftiger Willenserklärungen näher *Diederichsen*, JuS 1968, 29; vgl. auch *Werner*, S. 39 ff.

2 *Brinkmann*, Der Zugang von Willenserklärungen, 1984, S. 83; *Hübner*, Rdn. 735 a.E.; *Diederichsen*, Rdn. 254; *Soergel/Hefermehl*, § 130 Rdn. 22; *Palandt/Heinrichs*, § 130 Rdn. 14; *Staudinger/Dilcher*, § 130 Rdn. 9; *Rüthers/Stadler*, § 54 Rdn. 54; ebenso *John*, AcP 184 (1984), 385 (390 ff.), der aber auf die

dem Empfänger selbst oder dessen Bevollmächtigten übermittelt wird[3]. Da der Geschäftsführer der GmbH deren vertretungsberechtigtes Organ ist, handelt es sich um Erklärungen unter Anwesenden.

183 Das BGB enthält keine ausdrückliche Regelung darüber, wann Willenserklärungen unter Anwesenden wirksam werden. Daher ist auf den Grundgedanken des § 130 I S. 1 BGB zurückzugreifen[4]. Die Vorschrift bezweckt, das Risiko, dass die Erklärung dem abwesenden Empfänger nicht oder verspätet zur Kenntnis gelangt, unter den Beteiligten sachgerecht zu verteilen[5]. Darum stellt sie nicht auf den – vom Erklärenden regelmäßig nicht beeinflussbaren – Zeitpunkt der tatsächlichen Kenntniserlangung durch den Empfänger, sondern darauf ab, wann die Erklärung so in seinen Machtbereich gelangt ist, dass er normalerweise von ihr Kenntnis erlangen konnte und die Kenntnisnahme von ihm auch erwartet werden durfte[6]. Der darin zum Ausdruck kommende Gedanke, dass jede Seite das Erklärungs- und Vernehmungsrisiko zu tragen hat, soweit sie es beherrscht[7], lässt sich auf Erklärungen unter Anwesenden übertragen, wobei freilich deren Besonderheiten zu beachten sind.

184 Hiernach ist zunächst zwischen **verkörperten** und **nicht verkörperten** Erklärungen zu unterscheiden[8]. Bei ersteren, etwa bei der Übergabe eines Schriftstücks an den anwesenden Empfänger, kommt es in Analogie zu § 130 I S. 1 BGB auf den Zugang an: regelmäßig wird die Erklärung mit der Aushändigung der Urkunde an den Empfänger wirksam, gleichgültig ob er zu diesem Zeitpunkt schon Kenntnis vom Inhalt hat[9]. Nicht so eindeutig ist die Rechtslage bei unverkörperten Erklärungen unter Anwesenden. Das Zugangskriterium kann hier jedenfalls nicht unmittelbar herangezogen werden. Denn die darin angelegte (zeitliche) Unterscheidung von Wahrnehmungsmöglichkeit und tatsächlicher Kenntnisnahme ist typischerweise auf verkörperte und daher dauernd wahrnehmbare Erklärungen zugeschnitten. Das gesprochene Wort dagegen ist flüchtig, kann also in der Regel nur im Zeitpunkt des Ausspruchs zur Kenntnis genommen werden, sodass ein späterer Zugang nicht möglich ist[10], es sei denn, es handelt sich um das gesprochene Wort auf dem Anrufbeantworter. Denn hier hat der Empfänger jederzeit die Möglichkeit, die Erklärung erneut zu vernehmen[11]. Übereinstimmung herrscht darüber, dass die nicht verkörperte Willenserklärung unter Anwesenden je-

---

Sachkriterien des direkten (beiderseitigen) Übermittlungskontakts und des Fehlens der Speicherung abstellt, zust. *Medicus*, BGB AT, Rdn. 288.

3 *Enneccerus/Nipperdey* § 158, S. 979; RGRK/*Krüger-Nieland*, § 130 Rdn. 31; MK/*Einsele*, § 130 Rdn. 28; RGZ 90, 166.

4 So zutreffend *Brox*, Rdn. 155; *Brinkmann* (Fn. 2), S. 83.

5 *Larenz/Wolf*, BGB AT, § 26 Rdn. 17; auch Mot. I, 156 f. = *Mugdan* I, 438 f.

6 So die heute im Wesentlichen vertretene übereinstimmend vertretene Zugangsdefinition; vgl. statt vieler nur: BGH NJW 1980, 990; *Larenz/Wolf*, BGB AT, § 26 Rdn. 17; *Staudinger/Dilcher*, § 130 Rdn. 21 m.w.N. Zu einzelnen Nuancierungen vgl. die ausf. Nachw. bei *Werner*, S. 40 ff.

7 Dazu näher: *Müller-Erzbach*, AcP 106 (1910), 309 (431 f.); *Dilcher*, AcP 154 (1954), 123 (125); *Marburger*, AcP 173 (1973), 137 (141 f.).

8 *Brox*, Rdn. 155 f.; *Enneccerus/Nipperdey*, § 158; *Diederichsen*, Rdn. 254 ff.; *Hübner*, Rdn. 734 ff.; *Rüthers/Stadler*, § 17 Rdn. 54 ff.; *Schack*, Rdn. 184 ff.

9 Im Erg. unstreitig; für analoge Anwendung des § 130 I S. 1 BGB: *Hübner*, Rdn. 734; *Soergel/Hefermehl*, § 130 Rdn. 20; wohl auch *Erman/Palm*, § 130 Rdn. 17; für unmittelbare Anwendung: *Staudinger/Dilcher*, § 130 Rdn. 9, 10.

10 *Medicus*, BGB AT, Rdn. 289; *Larenz/Wolf*, BGB AT, § 26 Rdn. 30.

11 *Coester-Waltjen*, Jura 1992, 272 (273).

denfalls dann wirksam wird, wenn der Empfänger sie akustisch oder – bei Erklärungen durch Gesten – optisch richtig wahrgenommen hat, mag er auch ihren Sinn missverstanden haben[12]. Das Risiko einer inhaltlichen Fehldeutung der richtig aufgenommenen Erklärungszeichen trägt stets, weil vom Erklärenden nicht beherrschbar, der Empfänger. Streitig ist aber, ob es zur Wirksamkeit der nicht verkörperten Erklärung unter Anwesenden in jedem Falle erforderlich ist, dass der Empfänger sie akustisch (oder optisch) richtig vernommen hat. Die wohl herrschende Meinung bejaht dies, vertritt also die sog. **Vernehmungstheorie**[13]. Danach wird eine mündliche Erklärung, obwohl deutlich artikuliert, nicht wirksam, wenn der Empfänger sie etwa wegen Taubheit, Schwerhörigkeit, mangelnder Sprachkenntnis oder Unaufmerksamkeit, nicht oder nicht richtig verstanden hat. Das ist wegen der Vergänglichkeit nicht verkörperter Erklärungen im Grundsatz zutreffend, stößt aber dann auf Bedenken, wenn ein derartiges Wahrnehmungshindernis aufseiten des Empfängers dem Erklärenden nicht erkennbar war, für ihn also kein Zweifel daran bestehen konnte, dass der Empfänger die Erklärung vollständig und richtig verstanden habe. Es wäre mit dem Gedanken einer sachgerechten Risikoverteilung, der § 130 BGB zugrunde liegt, nicht vereinbar, wenn man die Erklärung auch in diesem Fall als unwirksam ansähe. Denn damit würde dem Erklärenden ein von ihm nicht beherrschbares Vernehmungsrisiko aufgebürdet. **Die „Vernehmungstheorie" muss also eingeschränkt werden**: Zwar ist die (akustisch oder optisch) richtige Wahrnehmung durch den Empfänger grundsätzlich Voraussetzung für die Wirksamkeit einer nicht verkörperten Willenserklärung unter Anwesenden. Ein Wahrnehmungsmangel hindert die Wirksamkeit jedoch nicht, wenn der Erklärende nach den ihm erkennbaren Umständen davon ausgehen durfte, der Empfänger habe die Erklärung richtig und vollständig verstanden[14].

Aus dem Sachverhalt geht nicht eindeutig hervor, ob der Geschäftsführer der Textilimport-GmbH die von Sch telefonisch durchgegebene Bestellung von 200 Baumwollballen infolge der Störung durch einen Mitarbeiter lautlich nicht zutreffend vernommen oder nur inhaltlich missverstanden hat, etwa weil er gedanklich noch auf die Vorverhandlungen fixiert und durch das Erscheinen des Mitarbeiters abgelenkt war. Im letzteren Falle bestünde an der Wirksamkeit der Erklärung überhaupt kein Zweifel, weil ein derartiges inhaltliches Missverständnis immer zulasten des Erklärungsempfängers geht. Aber auch im ersten Falle wäre nach der hier vertretenen Auffassung die telefonische Erklärung wirksam geworden. Sch hatte eindeutig und unmissverständlich 200 Ballen bestellt. Da er zudem ausdrücklich darauf hingewiesen hatte, man benötige wegen zusätzlicher Auftragseingänge die doppelte Menge als ursprünglich vorgesehen, bestand für ihn auch keinerlei Anlass zu bezweifeln, dass sein Gesprächspartner die Erklärung richtig verstanden habe.

185

---

12 *Flume*, § 14, 3 f.; *Staudinger/Dilcher*, § 130 Rdn. 14; *Brehm*, Rdn. 172.
13 *Soergel/Hefermehl*, § 130 Rdn. 21; *Enneccerus/Nipperdey*, § 158; *Staudinger/Dilcher*, § 130 Rdn. 14; *Jauernig*, § 130 Rdn. 12; *Hübner*, Rdn. 734; *Flume*, § 14, 3 f.; *Neuner*, NJW 2000, 1822 (1825) unter besonderer Berücksichtigung der Bedeutung für Körperbehinderte; zur sog. Empfangstheorie siehe *Brinkmann* (Fn. 2), S. 86 ff. mit zutr. Kritik.
14 *Brinkmann* (Fn. 2), S. 97 f.; *Giesen*, Rdn. 48; *Brehm*, Rdn. 172; *Larenz/Wolf*, BGB AT, § 26 Rdn. 31 f.; *Palandt/Heinrichs*, § 130 Rdn. 14; *Erman/Palm*, § 130 Rdn. 18; RGRK/*Krüger-Nieland*, § 130 Rdn. 30; MK/*Einsele*, § 130 Rdn. 28; *Rüthers/Stadler*, § 17 Rdn. 56; *Duffner/Witter*, JuS 1978, 690 f.; *Diederichsen*, Rdn. 254; *Pawlowski*, Rdn. 375; *Medicus*, BGB AT, Rdn. 289; *John*, AcP 184 (1984), 385 (394); RG Gruchot 50, 893 ff.

Nach alledem ist das Angebot auf Abschluss eines Kaufvertrages über 200 Ballen wirksam geworden[15].

186   2. Durch die Erklärungen „schön, gut" hat der Geschäftsführer der Import-GmbH das Angebot des Sch **angenommen**. Dennoch ist nicht sicher, ob dadurch der Kaufvertrag zu Stande kam. Möglicherweise ist die beabsichtigte Vereinbarung wegen **Dissenses** nichtig.

a) Der Geschäftsführer der T hat die auf 200 Ballen lautende Offerte falsch im Sinne von 100 Ballen verstanden; seine Erklärung „schön, gut" ist von seiner Vorstellung her nicht im Sinne eines Einverständnisses mit der Lieferung von 200 Ballen zu verstehen. Die Firma M wollte 200 Ballen kaufen; die T nur 100 Ballen verkaufen.

187   Das Gesetz behandelt in den §§ 154, 155 BGB nur den offenen und den versteckten **Einigungsmangel**, gibt aber keine Antwort auf die Frage, wann ein solcher Einigungsmangel vorliegt. Dem Gegensatz zum Konsens entsprechend ist ein Dissens vor allem in zwei Fällen anzunehmen: wenn die Erklärungen aneinander vorbeigehen (der eine erklärt x, der andere y) oder objektiv mehrdeutig sind und jede Partei mit ihrer Erklärung einen anderen Sinn verbindet (beide reden von Kauf, aber jeder will verkaufen)[16]. Sind sich die Parteien der Nichtübereinstimmung oder nicht vollständigen Übereinstimmung ihrer Erklärungen bewusst, handelt es sich um einen offenen Dissens (vgl. § 154 BGB), andernfalls ist der Dissens ein versteckter (§ 155 BGB)[17].

188   b) Fraglich ist, ob ein (versteckter) Dissens auch dann vorliegt, wenn – wie im vorliegenden Falle – die Erklärung eines Vertragspartners zwar abgegeben, aber von dem anderen Teil nicht richtig verstanden wird. „Eine versteckte Willensunstimmigkeit i.S.d. § 155 BGB liegt vor, wenn die sich zwar äußerlich deckenden Erklärungen der Vertragspartner im Rechtsverkehr einen mehrdeutigen Sinn haben und jeder Partner, ohne dass der andere das erkennt, mit dieser Erklärung einen anderen Sinn verbindet. Ob die Inhalte der beiderseitigen Erklärungen mehrdeutig sind oder voneinander abweichen, richtet sich nach objektiven Gesichtspunkten. Jeder Erklärungsinhalt ist deshalb für sich nach Treu und Glauben mit Rücksicht auf die Verkehrssitte danach auszulegen, in welcher Sinnbedeutung er von der Allgemeinheit verstanden wird und verstanden werden muss. Ergibt die Auslegung, dass die Erklärungen beider Partner objektiv in einem bestimmten Sinn verstanden werden müssen, so liegt ein eindeutiger Sinn und damit eine Einigung vor[18]". Mit anderen Worten: Immer sind die von den Parteien abgegebenen **Erklärungen zunächst auszulegen**. Ob ein Dissens vorliegt, vermag erst ein Vergleich der vorher durch die Auslegung in einem bestimmten Sinne fixierten Erklärungen zu zeigen[19].

---

15 Im Ausgangsfall hat das RG allerdings das Zugangsproblem nicht gesehen. In den Entscheidungsgründen finden sich nur Ausführungen zur Frage des Dissenses und des Irrtums. Dazu sogleich im Text.

16 Hierzu anschaulich *Rüthers/Stadler*, § 19 Rdn. 37 ff.

17 Weitere Dissensfälle untersucht *Diederichsen*, FS zum 125-jährigen Bestehen der Juristischen Gesellschaft zu Berlin, 1984, S. 81 (91 ff.). Kritisch aber *Leenen*, AcP 188 (1988), 381 (382 f., 404). Er ist der Ansicht, dass beim Vertragsschluss durch Angebot und Annahme die §§ 154 f. nicht anwendbar seien. Nur soweit der Vertrag durch gemeinsame Zustimmung zum Vertragsentwurf zustandekomme, seien die §§ 154 f. anwendbar (404 f.).

18 So die lehrreiche Entscheidung des BGH in LM § 155 BGB Nr. 1.

19 Vgl. *Diederichsen*, JuS 1968, 465 (468) unter 7 b a.E.; *ders.*, Rdn. 259; *Staudinger/Bork* (2003) § 155 Rdn. 5; *Köhler*, § 8 Rdn. 37; *Medicus*, BGB AT, Rdn. 437; *Hübner*, Rdn. 1019; *Larenz/Wolf*, BGB AT, § 29 Rdn. 69 ff.; *Leipold*, Rdn. 487; *Giesen*, Rdn. 85; *Leenen*, AcP 188 (1988), 381 (382 f.).

Eindeutig ist die Erklärung des Sch, er wolle 200 Ballen Baumwolle kaufen. Für eine   **189**
Auslegung ist hier kein Raum. Die Erklärung des Geschäftsführers „schön, gut" ist für
sich gesehen neutral. Sie gewinnt Bedeutung erst im Hinblick auf die telefonischen
Vertragsverhandlungen. Sicherlich wollte der Geschäftsführer keine „Blanko-Annah-
me" in dem Sinne erklären, dass er jede Offerte – wie immer sie lauten mochte – annahm. Seine Annahmeerklärung ist orientiert an dem von Sch abgegebenen Angebot.
Zwar bestrafen die dem Telefonat vorangegangenen Vertragsverhandlungen die Lieferung von 100 Ballen Baumwolle. Die diesbezügliche Vorstellung des Geschäftsführers, er nehme eine ausschließlich an der in den Vorverhandlungen genannten Menge
orientierte Offerte zu 100 Ballen an, ist jedoch beim Vertragsschluss selbst innerer,
nicht nach außen hin erkennbar gewordener Wille geblieben. Ein Angebot über
100 Ballen Baumwolle anzunehmen, mag die ihn bewegende Motivation gewesen
sein, und er kann sich insoweit bei Abgabe seiner Erklärung im Irrtum befunden haben.
Objektiver Inhalt seiner Erklärung war jedoch, dass er das Angebot so annehme, wie
Sch es ausgesprochen habe. Die Worte „schön, gut" bedeuten im Rechtsverkehr nichts
anderes als: „Ich nehme Ihr Angebot an, ich bin einverstanden mit dem, was Sie sagen". Einschränkungen oder Begrenzungen irgendwelcher Art sind in einer derartigen
Formulierung nicht erkennbar.

c) Demnach ist auch die Erklärung des Geschäftsführers der T eindeutig. Es liegen
zwei einander korrespondierende Willenserklärungen über die Lieferung von 200 Ballen Baumwolle vor; für die Annahme eines Dissenses besteht kein Raum[20].

II. Wirksame Anfechtung?

Möglicherweise hat sich die T-GmbH von ihrer Verpflichtung, weitere 100 Ballen   **190**
Baumwolle liefern zu müssen, durch **Anfechtung** befreit (§ 142 I BGB)[21]. Voraussetzungen der Nichtigkeit sind ein **Anfechtungsgrund** und eine **Anfechtungserklärung**.

1. Als **Anfechtungsgrundlage** kommt § 119 I BGB in Betracht.

a) Hiernach kann eine Willenserklärung angefochten werden, wenn der Erklärende   **191**
über ihren Inhalt im Irrtum war (**Inhaltsirrtum**) oder eine Erklärung dieses Inhalts
überhaupt nicht abgeben wollte (**Erklärungsirrtum**) und anzunehmen ist, dass er sie
bei Kenntnis der Sachlage und bei verständiger Würdigung des Falles nicht abgegeben
haben würde.

Hier kommt ein Inhaltsirrtum in Frage. Um einen Inhaltsirrtum feststellen zu können,
ist in erster Linie erforderlich, die objektive Bedeutung der abgegebenen Erklärung zu
ermitteln und mit dem zu vergleichen, was der Erklärende erklärt zu haben glaubt[22].

---

20 Anders aber *Flume*, § 34, 4 in Fn. 13 im Anschluss an RG Gruchot 50, 893 (898); *Diederichsen*, FS Juris-
    tische Gesellschaft (Fn. 17), S. 94.
21 Solange eine Anfechtungserklärung (§ 143 BGB) fehlt, ist klausurtechnisch nicht von der Einwendung
    des § 142 I BGB, sondern von der Einrede der Anfechtbarkeit auszugehen.
22 RGZ 85, 312; *Staudinger/Dilcher*, § 119 Rdn. 16. Hier zeigt sich daher die Abhängigkeit des Anfech-
    tungsrechts von der Auslegung. Kann die Auffassung des Erklärenden im Rahmen der Auslegung seiner
    Erklärung berücksichtigt werden, so entfällt die Möglichkeit der Anfechtung; erst wenn dies nicht der
    Fall ist, ist für die Anfechtung Raum (*Flume*, § 26, 4; besonders deutlich *Larenz/Wolf*, BGB AT, § 36
    Rdn. 38; *Diederichsen*, Rdn. 384; vgl. auch Rdn. 105 f.).

192 b) Es wurde schon dargetan, dass der objektive Erklärungswert der Worte des Geschäftsführers eine Annahmeerklärung über 200 Ballen enthielt. Sein wirklicher Wille zielte aber darauf ab, eine Annahmeerklärung nur über 100 Ballen abzugeben. Die tatsächlich abgegebene Erklärung und der hierauf bezogene rechtsgeschäftliche Wille fallen auseinander. Erklärt wurde 200, gewollt war 100. Damit ist grundsätzlich ein Anfechtungsrecht der GmbH zu bejahen, da mit Rücksicht auf ihren begrenzten Warenvorrat anzunehmen ist, dass sie bei Kenntnis der Sachlage und bei verständiger Würdigung des Falles einen Vertrag über die Lieferung von 200 Ballen nicht abgeschlossen haben würde (§ 119 I BGB)[23].

193 2. Zu bedenken ist aber, dass dem Geschäftsführer daran gelegen ist, den Kaufvertrag über 100 Ballen aufrechtzuerhalten. Die Frage ist daher, ob er den Kaufvertrag nur insoweit anfechten kann, als er daraus zur Lieferung weiterer 100 Ballen verpflichtet ist. Die **Teilanfechtung** eines Rechtsgeschäfts ist – wie allgemein anerkannt ist – grundsätzlich möglich[24]. Sie führt dazu, dass jedenfalls der betreffende Teil des Rechtsgeschäfts nichtig ist und sich das Schicksal des Restes nach § 139 BGB richtet[25].

194 a) Die teilweise Anfechtung eines Vertrages mit der Folge, dass der Vertrag im Übrigen bestehen bleibt, ist nur dann möglich, wenn Gegenstand der Anfechtung ein Vertragsbestandteil ist, der von den anderen Vertragsbestandteilen unabhängig für sich bestehen kann. Ein einheitliches Rechtsgeschäft, das sich in Teile zerlegt nicht denken lässt, kann deshalb nicht bezüglich des einen Teils angefochten werden. Der Anfechtungsberechtigte hat in diesen Fällen nur die Wahl, es entweder ganz anzufechten oder dabei stehen zu bleiben[26].

195 b) Die Frage ist daher, ob der über 200 Ballen abgeschlossene Kaufvertrag ein einheitliches Rechtsgeschäft oder als solches teilbar ist. Die **Teilbarkeit** eines Rechtsgeschäfts **bestimmt sich nach seinem Inhalt**. Abzustellen ist darauf, ob der Teil eines Rechtsgeschäfts auch ohne den anderen oder beide für sich selbstständig bestehen können[27]. Daher ist Teilbarkeit stets gegeben, wenn mehrere rechtlich selbstständige Geschäfte ihrem Inhalt und Zweck nach eine wirtschaftliche Einheit bilden[28]. Zweifelhaft ist die Teilbarkeit dann, wenn es sich – wie im vorliegenden Fall – um ein einheitliches Geschäft handelt. Bei der ursprünglichen Nichtigkeit wird in einem derartigen Falle darauf abgestellt, ob der Vertragsgegenstand (z.B. Leistungsgegenstand) teilbar ist[29]. Beim gegenseitigen Vertrag ist jedoch weiterhin erforderlich, dass auch die Gegenleistung teilbar ist und dass sich die Gegenleistung für die einzelnen Leistungsteile auf-

---

23 Vgl. RGZ 62, 206, wo die „verständige Würdigung des Falles" übersetzt wird mit „frei von Eigensinn, subjektiven Launen und törichten Anschauungen".

24 RGZ 146, 234 (236 ff.); BGH NJW 1973, 1278; *Larenz/Wolf*, BGB AT, § 44 Rdn. 40; *Flume*, § 31, 4; *Enneccerus/Nipperdey*, § 202 IV d; *Diederichsen*, Rdn. 377; *Staudinger/Roth* (2003) § 142 Rdn. 26; *Soergel/Hefermehl*, § 142 Rdn. 6; *RGRK/Krüger-Nieland/Zöller*, § 142 Rdn. 10.

25 RGZ 146, 234 (239); *Flume*, § 31, 4; *Larenz/Wolf*, BGB AT, § 44 Rdn. 40; *Hübner*, Rdn. 934; *Palandt/Heinrichs*, § 139 Rdn. 2; vgl. auch BGH LM Nr. 43 zu § 139 BGB = NJW 1969, 1759.

26 RG JW 1938, 1891 Nr. 31; RGZ 146, 236; 76, 306; 62, 186; BGH NJW 1973, 1278; *Soergel/Hefermehl*, § 142 Rdn. 6.

27 RGZ 93, 338; RG JW 1936, 2532; Recht 1922 Nr. 10; 1929 Nr. 7; 1930 Nr. 548; *Soergel/Hefermehl*, § 139 Rdn. 23; *Staudinger/Roth* (2003) § 139 Rdn. 60, 64.

28 BGH BB 1957, 164.

29 BGH BB 1957, 164; *Hübner*, Rdn. 936; *Larenz/Wolf*, BGB AT, § 45 Rdn. 13 ff.; *Medicus*, BGB AT, Rdn. 506.

schlüsseln lässt[30]. Ein Grund, weshalb der Begriff der Teilbarkeit des Rechtsgeschäfts für die Frage der Teilanfechtbarkeit anders zu bestimmen sein könnte, ist nicht ersichtlich. Da der Irrtum im vorliegenden Fall einen Teil des Leistungsgegenstandes betrifft und die Gegenleistung für diesen Teil, da ja ein Stückpreis vereinbart war, sich ohne Schwierigkeiten berechnen lässt, betrifft er somit einen rechtlich selbsständigen Teil des Kaufvertrages. Demnach ist die Möglichkeit einer Teilanfechtung zu bejahen. Für dieses Ergebnis spricht noch folgende Überlegung:

Würde man die Möglichkeit einer Teilanfechtung hier verneinen, so würde die **196** T-GmbH nur die Wahl haben, entweder auch noch die weiteren 100 Ballen zu liefern – was sie im vorliegenden Fall offensichtlich vermeiden möchte – oder aber den gesamten Vertrag durch Anfechtung zu vernichten und sich damit auch das Geschäft bezüglich der ersten 100 Ballen entgehen zu lassen. Dagegen würde M auch bei einer durch Anfechtung ausgelösten Nichtigkeit des gesamten Kaufvertrages verlangen können, dass die T-GmbH wenigstens 100 Ballen liefert: Denn nach zutreffender Ansicht muss sich der Irrende an dem festhalten lassen, was er wirklich gewollt hat[31]. Somit würde nicht der Anfechtende, sondern nur der Anfechtungsgegner die Beschränkung der Anfechtung herbeiführen können. Dieses wenig sinnvolle Ergebnis spricht dafür, die Teilbarkeit des Rechtsgeschäfts bei der Teilanfechtung genauso zu bestimmen, wie bei der ursprünglichen Teilnichtigkeit.

3. In der Weigerung, weitere 100 Ballen Baumwolle zu liefern, ist eine **konkludent er- 197 klärte Teilanfechtung** zu erblicken[32]. Die T-GmbH hat dadurch unmissverständlich zum Ausdruck gebracht, dass sie den Kaufvertrag nur über 100 Ballen aufrechterhalten wollte (§§ 143 I, 133 BGB). Da sie der Anfechtungsgegnerin von dem Irrtum ihres Geschäftsführers Mitteilung gemacht hat, kommt es auf die umstrittene Frage, ob die Angabe des Anfechtungsgrundes erforderlich ist[33], hier nicht an. Der Vertrag ist in Bezug auf die Verpflichtung zur Lieferung der zweiten 100 Ballen nichtig.

4. Die **Teilnichtigkeit** ergreift aber gemäß § 139 BGB den gesamten Kaufvertrag, **198** wenn nicht anzunehmen ist, dass er auch ohne den angefochtenen Teil vorgenommen worden wäre.

„Bei Anwendung dieser Vorschrift hat sich der Richter in die Seele der Parteien zu ver- **199** setzen und zu erwägen, was sie bestimmt hätten, wenn ihnen bewusst gewesen wäre, dass der nichtige Teil nicht zur Geltung kommen werde. Das ist nicht Auslegung des Parteiwillens; denn das Rechtsgeschäft ist tatsächlich in seinem Umfang einschließlich des nichtigen Stückes gewollt; sondern eine Hypothese, die der Richter darüber aufzustellen hat, wie sich der Parteiwille unter gewissen Umständen gestaltet hätte. Auszu-

---

30 *Flume*, § 32, 2 d; *Staudinger/Roth* (2003) § 139 Rdn. 64.
31 *Flume*, § 21, 6; *Larenz/Wolf*, BGB AT, § 36 Rdn. 126; *Medicus*, BürgR, Rdn. 144; *v. Tuhr*, II 1, S. 591; *Hübner*, Rdn. 813; *Enneccerus/Nipperdey*, § 170 IV; *Staudinger/Roth* (2003) § 142 Rdn. 38; MK/ *Kramer*, § 119 Rdn. 145; *Pawlowski*, Rdn. 554; *Brox*, Rdn. 411; *Rüthers/Stadler*, § 25 Rdn. 13. A.A. *Spieß*, JZ 1985, 593 ff.; *Planck/Flad*, § 119 Anm. I 1; *Oertmann*, § 119 Anm 10 c; *Soergel/Hefermehl*, § 142 Rdn. 9.
32 Vgl. *Flume*, § 31, 2; *Hübner*, Rdn. 947; *Rüthers/Stadler*, § 25 Rdn. 18; RGRK/*Krüger-Nieland/Zöller*, § 143 Rdn. 2; RGZ 65, 88; 105, 207; BGH MDR 1955, 420.
33 Vgl. RGZ 65, 86; *Staudinger/Roth* (2003) § 143 Rdn. 10 ff.; *Palandt/Heinrichs*, § 143 Rdn. 3; *Soergel/ Hefermehl*, § 143 Rdn. 2.

gehen ist daher von der Voraussetzung, dass die Parteien ihre Interessen in vernünftiger Weise abgewogen und geregelt hätten[34]."

Da die Auftragslage der Firma M es erforderlich machte, den Kundennachfragen mindestens in einem gewissen Umfange gerecht zu werden, hätte diese sich auch sicherlich mit einem Vertragsabschluss über 100 Ballen einverstanden erklärt. Dies ist hier schon deshalb anzunehmen, weil das Angebot der T im Vergleich zu deren Konkurrenten äußerst günstig ausgefallen war.

III. Ergebnis

200   Es ist ein Kaufvertrag über 100 Ballen Baumwolle gegeben. Dieser Kaufvertrag ist erfüllt. Ein Anspruch auf Lieferung weiterer 100 Ballen Baumwolle besteht nicht[35].

---

34 *v. Tuhr*, II 1, S. 284.

35 Eine etwaige Schadensersatzverpflichtung der T-GmbH (§ 122 I BGB) bleibt außer Betracht; danach ist im Sachverhalt nicht gefragt.

Fall 9

Allgemeine Geschäftsbedingungen – Geltung – Auslegung – Wirksamkeitshindernisse – Abgrenzung zwischen pauschaliertem Schadensersatz und Vertragsstrafe

Ausgangsfälle
BGH, Urt. v. 22. 6. 1966 – VIII ZR 159/65 = NJW 1966, 2008 = MDR 1966, 837.
BGH, Urt. v. 4. 6. 1962 – VIII ZR 228/61 = LM Nr. 9 zu § 652 BGB = NJW 1962, 2099 = MR 1962, 981.
BGH, Urt. v. 8. 10. 1969 – VIII ZR 20/68 = NJW 1970, 29 = MDR 1970, 227.
BGH, Urt. v. 30. 6. 1976 – VIII ZR 267/75 = NJW 1976, 1886.

Sachverhalt

B will seinen Bauernhof für 2 500 000 € verkaufen. Deswegen hat er bereits mit mehre **201** ren Interessenten, u.a. mit dem K, Verbindung aufgenommen. Gleichzeitig bittet er den Makler M, ihm einen Käufer zu vermitteln. M weist zu Beginn des Gesprächs den B unter Aushändigung eines Exemplars des Klauselwerks darauf hin, dass er nur zu den Regelungen seiner Allgemeinen Geschäftsbedingungen (AGB) tätig werde und wegen der Besonderheiten des Objekts außergewöhnlichen Arbeitsaufwand benötige. Er sei deshalb auf die Einhaltung seiner AGB angewiesen und verweise insbesondere auf seine in Ziff. 8 AGB festgelegte „Schadensersatzregelung" im Falle eines Verstoßes gegen die AGB. Als Provision vereinbaren M und B 3% der Verkaufssumme.

In seinen Geschäftsbedingungen hatte M u.a. festgelegt:

1. Der Vertragspartner ist verpflichtet, bei Nachweis eines Interessenten sofort dem Makler mitzuteilen, ob dieser Interessent bereits bekannt ist. Eine vom Makler mitgeteilte Gelegenheit zum Vertragsabschluss wird, wenn nicht unverzüglich Widerspruch erfolgt, als bisher unbekannt anerkannt.
6. Der Vertragsschluss mit einem Dritten ist dem Makler unverzüglich mitzuteilen.
8. Der Auftraggeber hat ohne Nachweis eines Schadens die Gesamtprovision zu zahlen, wenn er gegen den Vertrag oder die vorgenannten allgemeinen Geschäftsbedingungen verstößt.

Auf eine Zeitungsannonce des M meldet sich K. M übersendet B die Anschrift des K mit dem Vermerk, er werde sich auch weiterhin um andere Interessenten bemühen. Da B den K bereits kennt, unterlässt er es, auf das Schreiben des M einzugehen, verhandelt mit K weiter und wird mit ihm nach einer Woche einig. Als M dem B nach einem weiteren Monat einen zweiten Interessenten benennt, teilt ihm B mit, dass er sein Anwesen bereits an K verkauft habe.

Daraufhin verlangt M von B Zahlung einer Provision in Höhe von 75 000 €.

B verweigert die Zahlung, da ihm K bereits vor der Benennung durch M als Kaufinteressent bekannt gewesen sei. Zumindest aber sei die Forderung des M für einen ohne sein Zutun erfolgten Vertragsabschluss unverhältnismäßig hoch.

M bestreitet nicht, dass zwischen B und K bereits vor seiner Anzeige Kontakt bestanden habe, dies sei aber wegen der Ziff. 1 und 8 seiner AGB unerheblich.

Frage:
Ist das Zahlungsbegehren des M berechtigt?

Gliederung

Lösung[1]

I. Anspruch aus § 652 I S. 1 BGB

I. M könnte sein Zahlungsbegehren auf § 652 I S. 1 BGB stützen.

1. Erste Voraussetzung für den Provisionsanspruch ist das Bestehen eines **Maklervertrages** zwischen M und B.

Inhalt eines Immobilienmaklervertrages ist die Verpflichtung des Auftraggebers, dem **204** Makler für den Nachweis der Gelegenheit zum Abschluss oder für die Vermittlung eines Vertrages über den An- oder Verkauf, die Belastung, Vermietung oder Verpachtung von Wohn-, gewerblichen oder landwirtschaftlichen Grundstücken den Maklerlohn (Provision) zu zahlen[2]. Da B als Auftraggeber von M nicht verlangt, mit der anderen Partei, dem Käufer des landwirtschaftlichen Grundstücks, den Vertragsabschluss (Kaufvertrag) herbeizuführen, sondern ihm lediglich Kenntnis von der Vertragsmöglichkeit mit dem Dritten zu verschaffen, also nur einen möglichen Vertragspartner zu benennen, liegt ein sog. **Nachweismaklervertrag**[3] vor. Im Gegensatz zum sog. **Vermittlungsmaklervertrag**[4] ist der Nachweismakler nicht vertraglich verpflichtet, beim Abschluss des Vertrages zwischen Auftraggeber und Dritten mitzuwirken[5].

---

1 Die diesem Fall zu Grunde liegenden Entscheidungen des BGH sowie die zitierte Literatur beziehen sich größtenteils auf die Rechtslage vor In-Kraft-Treten des Gesetzes zur Modernisierung des Schuldrechts vom 26. 11. 2001. Durch dieses Gesetz sind die materiell-rechtlichen Vorschriften des „Gesetzes zur Regelung der Allgemeinen Geschäftsbedingungen (AGB-Gesetz)" vom 9. 12. 1976, in das Schuldrecht des BGB übernommen wurden; vgl. dazu *Palandt/Heinrichs*, Überbl. v. § 305 Rdn. 1; *Wolf/Pfeiffer*, ZRP 2001, 303 ff. Daher konnte der vorliegende Fall in der Fallsammlung belassen werden. Zum AGB-Gesetz vgl. die Vorauflage.
2 *Larenz*, SchuldR II, 1, § 54; *Werner*, JurA 1970, 353 (355).
3 BGH MDR 1969, 645; BGB DB 1987, 783; 1987, 888; *Mormann*, WM 1968, 954; *Werner*, JurA 1970, 358; *Schwerdtner*, Maklerrecht, 4. Aufl. 1999, Rdn. 236.
4 Vgl. hierzu BGH BB 1968, 148; *Werner*, JurA 1970, 356.
5 OLG Köln MDR 1956, 294.

Makler pflegen zumeist schon aus Beweisgründen ihre Verträge schriftlich auf Formularen mit ihren AGB abzuschließen. Der Maklervertrag selbst bedarf jedoch keiner besonderen Form, selbst wenn der angestrebte Vertrag ein Grundstücksverkauf ist, denn den Grundstückseigentümer trifft keine Verpflichtung, an den vom Makler benannten Interessenten zu verkaufen[6].

Die Verhandlungen zwischen M und B haben zum Abschluss eines Maklervertrages geführt.

205 2. Weitere Voraussetzung für die Entstehung des Provisionsanspruchs ist aber ein **Vertragsabschluss** zwischen dem Auftraggeber B und dem vom Makler nachgewiesenen Dritten K, wobei die Tätigkeit des Maklers für diesen Vertragsschluss **ursächlich** gewesen sein muss (vgl. § 652 BGB: „infolge des Nachweises").

206 Der Vertrag des Dritten mit dem Auftraggeber muss rechtsgültig zustande gekommen sein und seine vollen Rechtswirkungen entfalten[7]. Nach dem Sachverhalt kann von dieser Voraussetzung hinsichtlich des Grundstückskaufvertrages zwischen B und K ausgegangen werden.

207 3. Der Makler braucht nicht die alleinige oder hauptsächliche Ursache für den Vertragsschluss gesetzt zu haben; **Mitursächlichkeit genügt**[8]. Die Tätigkeit des Nachweismaklers ist ursächlich für den Vertragsschluss, wenn der Auftraggeber durch den Makler Kenntnis von der Vertragsmöglichkeit erhalten hat[9]. Eine solche Kenntnisverschaffung kann grundsätzlich aber nur dann Ursache für den späteren Vertragsschluss sein, wenn dem Auftraggeber die nachgewiesene Gelegenheit zum Vertragsschluss, d.h. der nachgewiesene Interessent, noch nicht bekannt war. Maßgeblich ist daher die erstmalige Kenntnis[10]. Der Auftraggeber soll nach dem typischen und vom Gesetz gewollten Arbeitsbereich des Maklers erst durch den Makler von einem bestimmten Vertragspartner Kenntnis erlangen. Bei bereits bekannten Vertragsmöglichkeiten, der sog. „**Vorkenntnis**" des Auftraggebers, entfaltet der Makler keine provisionspflichtige Tätigkeit[11].

Da K dem B bereits als Kaufinteressent bekannt war, hat M dem B nur eine bereits bekannte Vertragsmöglichkeit mitgeteilt und somit keine ursächliche Nachweistätigkeit entfaltet.

208 Fraglich ist jedoch, ob das Erfordernis der Kausalität als Provisionsanspruchsvoraussetzung durch Ziff. 1 der AGB des M, der sog. „**Vorkenntnisklausel**", abbedungen worden ist, sodass dem M auch ohne ursächliches Verhalten hinsichtlich des Vertrags-

---

6 *Palandt/Sprau*, § 652 Rdn. 6; MK/*Roth*, § 652 Rdn. 53; wird der Kunde aber durch die Vereinbarung eines Maklerbemühungsentgelts, das auch bei Nichtzustandekommen des Hauptvertrages zu zahlen ist, so in seiner Entschlussfreiheit beeinträchtigt, dass er bei dem Verkauf oder Erwerb von Immobilien unter Zwang steht, muss die Vereinbarung gem. § 311b I BGB notariell beurkundet werden, so zuletzt BGH NJW 1987, 54 m.w.N. Eine echte Ausnahme bildet aber § 655a BGB (Darlehensvermittlungsvertrag). Dort ist gesetzliche Schriftform nach § 126 BGB vorgeschrieben (§ 655b BGB).
7 *Palandt/Sprau*, § 652 Rdn. 28 ff.; *Soergel/Lorentz*, § 652 Rdn. 27; MK/*Roth*, § 652 Rdn. 101 ff.; *Staudinger/Reuter* (2003) §§ 652, 653 Rdn. 86 ff.
8 BGH Warn. 1969, 249; WM 1985, 359 (360); OLG Karlsruhe NJW 1959, 1638; *Soergel/Lorentz*, § 652 Rdn. 45 ff.; *Erman/Werner*, § 652 Rdn. 48; *Palandt/Sprau* § 652 Rdn. 47.
9 BGH MDR 1969, 645; Warn. 1969, 249; *Werner*, JurA 1970, 376.
10 OLG Köln NJW 1966, 1412; *Werner*, NJW 1971, 1924.
11 *Werner*, JurA 1970, 358 f.; MK/*Roth*, § 652 Rdn. 158.

abschlusses zwischen B und K ein Provisionsanspruch zusteht. Dann müsste diese Klausel, also die AGB des M, für das Rechtsverhältnis zwischen M und B Geltung haben.

Im Bürgerlichen Recht herrscht der Grundsatz der Vertragsfreiheit. Soweit keine ausdrücklichen gesetzlichen Beschränkungen vorliegen, können die Parteien ihre Beziehungen nach ihrem Belieben gestalten[12]. Auch die §§ 652 ff. BGB stellen dispositives Recht dar[13], sodass die Parteien durch anderweitige Vereinbarungen, insbesondere durch AGB, von den §§ 652 ff. BGB abweichende Regelungen treffen können. Auf das Erfordernis der Kausalität kann daher durch Vereinbarung verzichtet werden.

209

a) Die **Vorkenntnisklausel** wurde nicht durch eine Individualvereinbarung zum Vertragsinhalt, über die Geltung der Vorkenntnisklausel wurden auch keine speziellen Vertragsverhandlungen i.S.v. § 305 I S. 3 BGB zwischen M und B geführt[14]. Die Klausel kann nur als Teil der AGB des M Geltung für das Vertragsverhältnis erlangt haben. Nach der Legaldefinition des § 305 I S. 1 BGB sind „Allgemeine Geschäftsbedingungen alle für eine Vielzahl von Verträgen vorformulierten Vertragsbedingungen, die eine Vertragspartei (Verwender) der anderen Vertragspartei bei Abschluss eines Vertrages stellt". Sie entfalten nach § 305 II BGB nur dann Rechtswirksamkeit, wenn sie rechtsgeschäftlich Bestandteile des Vertrages werden, der Kunde also mit ihrer Geltung einverstanden ist[15].

210

M hat den B darauf hingewiesen, er wolle den Maklervertrag seinen AGB unterstellen. Indem B dem M ohne Widerspruch hiergegen den Auftrag auf Nachweistätigkeit erteilt hat, könnte grundsätzlich hierin die für die **Geltungsvereinbarung** nötige Zustimmung liegen. Bedenken bestehen jedoch deswegen, weil B pauschal der Anwendung der AGB zugestimmt hat, ohne ihren genauen Inhalt zu kennen. Er wurde nur auf eine Schadensersatzregelung bei Verstoß gegen die AGB hingewiesen. Die Vorkenntnisklausel selbst wurde mit keinem Wort erwähnt.

Im Ergebnis greifen diese Bedenken jedoch nicht durch. Nach § 305 II BGB erfordert die wirksame Einbeziehung der AGB in den Vertrag nur, dass der Verwender den Kunden hinreichend deutlich auf sie hinweist und ihm die Möglichkeit verschafft, in zumutbarer Weise von ihrem Inhalt Kenntnis zu nehmen. Beides ist hier geschehen, indem M dem B unter Aushändigung eines Exemplars seiner AGB ausdrücklich erklärt hat, dass er nur zu diesen Bedingungen abschließen wolle[16]. Das nach § 305 II BGB erforderliche **Einverständnis des Kunden** mit der Geltung der AGB (**Unterwerfung**)

211

---

12 *Diederichsen*, Rdn. 216, 218.

13 OLG Nürnberg OLGZ 1967, 266 (267); OLG Karlsruhe OLGZ 1969, 327 (329); *Erman/Werner*, vor § 652 Rdn. 28.

14 Gegen die Wirksamkeit einer individuellen Vereinbarung bestehen keine Bedenken (OLG München NJW-RR 1995, 1524). Nach ständiger Rechtsprechung des BGH liegt eine Individualvereinbarung vor, wenn der Verwender den gesetzesfremden Kerngehalt seiner AGB inhaltlich ernsthaft zur Disposition stellt und dem Kunden die reale Möglichkeit einräumt, seine Interessen zu wahren und die Vertragsbedingungen zu beeinflussen (vgl. nur BGHZ 104, 233 (236) m.w.N.).

15 *Palandt/Heinrichs*, § 305 Rdn. 25 ff.; *Schlosser/Coester-Waltjen/Graba*, § 2 Rdn. 63 ff.; *Ulmer/Brandner/Hensen*, § 2 Rdn. 2; *Staudinger/Dilcher*, Vorbem. 60 zu §§ 116–144; *Wolf/Horn/Lindacher*, § 2 Rdn. 2, 6.

16 Zum Erfordernis der Kenntnisverschaffung vgl. im Einzelnen *Staudinger/Schlosser*, § 2 AGBG Rdn. 26 ff. m.w.N.

ist als eine zum Vertragsschluss führende Willenserklärung nach §§ 133, 157 BGB auszulegen[17]. Es braucht weder schriftlich noch ausdrücklich erklärt zu werden. Vielmehr genügt es, wenn das Verhalten des Kunden den Umständen nach als Einverständniserklärung zu deuten ist[18]. Auch dafür ist nicht erforderlich, dass er den Inhalt der einzelnen Klauseln kennt. AGB werden auch dann Vertragsbestandteil, wenn der Kunde die **Möglichkeit zur Kenntnisnahme** nicht nutzt und ohne Kenntnis des Inhalts sich mit ihrer Geltung einverstanden erklärt[19]. Wer AGB pauschal akzeptiert, ohne sie vorher zu lesen, übernimmt damit – vorbehaltlich der noch zu erörternden Geltungsschranken aus § 305c und §§ 307 ff. BGB – das Risiko, dass auch im Einzelnen nicht vorhergesehene, benachteiligende Klauseln Vertragsinhalt werden. Da B, nachdem er von M auf die AGB hingewiesen worden war und ein Exemplar der Bedingungen erhalten hatte, dem M ohne jeden Vorbehalt den Vermittlungsauftrag erteilt hat, durfte M diese Erklärung so verstehen, dass seine AGB insgesamt, also auch die Vorkenntnisklausel, Vertragsbestandteil sein sollten.

212 Eine Anfechtung der Einverständniserklärung durch B (§§ 142 I, 119 I BGB) kommt nicht in Betracht, es fehlt am Anfechtungsgrund (§ 119 I BGB). Die unrichtige Vorstellung vom Inhalt einzelner Klauseln gewährt schon deshalb kein Anfechtungsrecht, weil sich die Einverständniserklärung nur auf die Geltung der Klauseln, nicht aber auf deren genauen Inhalt bezieht. Im Übrigen wäre die Regelung des § 305 II BGB, wonach es zur wirksamen Einbeziehung von AGB ausreicht, dass der Kunde die Möglichkeit zur Kenntnisnahme hatte, weitgehend illusorisch, wenn ihm die Anfechtung mit der Begründung, er habe sich den Inhalt einzelner Klauseln anders vorgestellt, gestattet wäre.

213 Der wirksamen Einbeziehung der Vorkenntnisklausel in den Maklervertrag könnte jedoch § 305c I BGB entgegenstehen. Danach werden nicht Vertragsbestandteil solche Bestimmungen, die nach den Umständen, insbesondere nach dem äußeren Erscheinungsbild des Vertrages, so ungewöhnlich sind, dass der Vertragspartner des Verwenders mit ihnen nicht zu rechnen braucht. § 305c I BGB betrifft nur die Restriktion der Einbeziehung einer Klausel in den Vertrag, nicht ihre etwaige inhaltliche Unangemessenheit, die erst im Rahmen der Inhaltskontrolle (§§ 307 ff. BGB) zu prüfen ist. Allerdings ist die von § 305c I BGB bezweckte Abgrenzung der Kontrollbereiche[20] nicht immer exakt durchführbar, weil die Prüfung der sachlichen Angemessenheit einer Regelung am Maßstab der Klauselverbote gem. §§ 307–309 BGB (Inhaltskontrolle) und die Ungewöhnlichkeitskontrolle (§ 305c I BGB) sich überschneiden können[21].

214 § 305c I BGB schließt nur **überraschende Klauseln** von der Einbeziehung in den Vertrag aus. Unüblichkeit genügt dafür nicht; vielmehr muss der Klausel ein „Überrumpelungs- oder Übertölpelungseffekt" innewohnen[22]. Dieses Überraschungsmoment fehlt, wenn eine Klausel häufig verwandt wird, im drucktechnischen Erscheinungsbild der

---

17 *Grunsky*, JurA 1969, 88; *Staudinger/Schlosser* (1998) § 2 AGBG Rdn. 36 f.
18 MK/*Basedow*, § 305 Rdn. 83.
19 *Staudinger/Schlosser* (1998) § 2 AGBG Rdn. 37 m.w.N.
20 Vgl. dazu *Palandt/Heinrichs*, § 305c Rdn. 2; *Löwe/Graf v. Westphalen/Trinkner*, § 3 Rdn. 10 f. und 7 m.w.N. zur früheren Rechtsprechung des BGH.
21 Eingehend dazu *Staudinger/Schlosser* (1998) § 3 AGBG Rdn. 2.
22 MK/*Basedow*, § 305 c Rdn. 3; *Palandt/Heinrichs*, § 305c Rdn. 4.

fraglichen AGB nicht ungewöhnlich verdeckt ist und der Vertragsschluss nicht unter unüblichen Begleitumständen stattgefunden hat. Sie kann sich dann zwar noch im Rahmen der Inhaltskontrolle nach §§ 307 ff. BGB als inhaltlich unangemessen und daher unwirksam erweisen. Die Einbeziehungsrestriktion greift in solchem Falle aber auch dann nicht ein, wenn ein vielleicht geschäftsunerfahrener Vertragspartner mit einer solchen Klausel tatsächlich nicht gerechnet hatte[23].

Vorkenntnisklauseln sind in Maklerverträgen weithin **üblich**. Mit ihrer Hilfe sucht sich der Makler davor zu schützen, dass sich der Auftraggeber mit der Behauptung, ihm sei die vom Makler nachgewiesene Abschlussmöglichkeit schon vorher bekannt gewesen, der Provisionszahlungspflicht entzieht. Ungeachtet ihrer etwaigen inhaltlichen Unwirksamkeit (§§ 307 ff. BGB) scheitert die Einbeziehung der Vorkenntnisklausel in den von B und M geschlossenen Maklervertrag somit auch nicht an § 305c I BGB. Die Klausel ist demnach Vertragsinhalt geworden.

b) Nachdem die Einbeziehung der Klausel in den Vertrag feststeht, ist die Klausel im Wege der **Inhaltskontrolle** nach §§ 307–309 BGB auf ihre Wirksamkeit zu prüfen. Dabei ist mit der Prüfung von § 309 BGB zu beginnen, weil diese Vorschrift einen Katalog von Klauseln enthält, die, ohne dass es auf die Abwägung im Einzelfall ankommt, unwirksam sind[24]. Bevor allerdings eine inhaltliche Kontrolle stattfindet, muss im Wege der Auslegung der Inhalt der Klausel festgestellt werden, denn nur die durch Auslegung gefundene Sinndeutung kann inhaltlich kontrolliert werden, sodass die **Auslegung logisch Vorrang vor der Inhaltskontrolle** hat[25]. **215**

Die Vorkenntnisklausel in der vorliegenden Fassung lässt aus ihrer Formulierung nicht erkennen, ob im Falle nicht rechtzeitiger Mitteilung der Auftraggeber die Vorkenntnis nicht mehr geltend machen darf, was zu einer Abbedingung des Kausalitätserfordernisses führt, oder ob durch die Klausel lediglich eine widerlegbare Beweisvermutung aufgestellt werden soll, dahingehend, dass die Tätigkeit des Maklers ursächlich für den Vertragsabschluss war. Diese Unklarheit hätte durch eine genauere Formulierung der Vorkenntnisklausel vermieden werden können.

Ist der Wortlaut einer AGB-Klausel nicht eindeutig, so muss ihr Inhalt durch Auslegung ermittelt werden. „Bei der Auslegung von AGB ist zu beachten, dass sie nicht für einen bestimmten Einzelfall aufgestellt worden sind, sondern die Vertragsgrundlage für eine unbestimmte, große Zahl von Einzelgeschäften in Vergangenheit, Gegenwart und Zukunft bilden. Für ihre Auslegung sind daher nicht der Wille und die Absicht der Parteien des Einzelgeschäfts zu erforschen, vielmehr sind sie unabhängig von der Gestaltung des Einzelfalles aus ihrem Inhalt auszulegen. Es kommt also darauf an, wie die Erklärungen als der Ausdruck des Willens verständiger und redlicher Vertragspartner zu werten sind, die ihrem Geschäftsverkehr eine allgemeine Vertragsgrundlage geben wollen"[26]. Erst wenn eine derartige Auslegung zu keiner Klarheit über den Inhalt der **216**

---

23 *Staudinger/Schlosser* (1998) § 3 AGBG Rdn. 7; *Ulmer/Brandner/Hensen*, § 3 Rdn. 22; a.A. *Löwe/Graf v. Westphalen/Trinkner*, § 3 Rdn. 12.

24 Wenn feststeht, dass § 309 BGB nicht einschlägig ist, ist auf die Beispiele des § 308 BGB zurückzugreifen und dann erst anhand der Generalklausel (§ 307 BGB) der Fall zu prüfen. Vgl. *Löwe/Graf v. Westphalen/Trinkner*, Vorb. §§ 8–11 Rdn. 18; OLG Hamburg WM 1978, 1360; *Schack*, Rdn. 356.

25 *Staudinger/Schlosser* (1998) § 5 AGBG Rdn. 5; *Ulmer/Brandner/Hensen*, § 9 Rdn. 28.

26 BGHZ 17, 3; 22, 113; 26, 188; 33, 218; 47, 316; *Larenz/Wolf*, BGB AT, § 43 Rdn. 40; *Brehm*, Rdn. 561.

Klausel führt, muss berücksichtigt werden, dass die AGB nicht in Verhandlungen, sondern einseitig von einem Vertragspartner aufgestellt worden sind. Ihm ist es daher anzulasten, wenn sich auch durch Auslegung keine Klarheit über den Inhalt der Klausel gewinnen lässt. Deshalb ist gem. § 305c II BGB nach Scheitern der objektiven, aber engen Auslegung eine Inhaltsbestimmung zulasten dessen vorzunehmen, der die AGB abgefasst hat, und den sie begünstigen sollen (sog. **Unklarheitsregel**)[27].

217 Zunächst ist daher der Inhalt der Vorkenntnisklausel durch objektive Auslegung festzustellen. Die überwiegende Ansicht legt Vorkenntnisklauseln dahin aus, dass im Fall nicht rechtzeitiger Mitteilung der Auftraggeber die Vorkenntnis und damit die Nichtursächlichkeit der Tätigkeit des Maklers für den Vertragsabschluss nicht mehr geltend machen dürfe[28].

218 Um jedoch unbillige Ergebnisse zu verhindern, wird teilweise angenommen, dass die grundsätzlich **unwiderlegliche Vermutung** dann nicht durchgreife, wenn die Vorkenntnis des Auftraggebers unstreitig ist[29]. Dies widerspricht jedoch dem Begriff der unwiderlegbaren Vermutung[30].

219 Nach anderer Auffassung begründet die Vorkenntnisklausel für den Fall der nicht fristgerechten Mitteilung eine **widerlegbare Vermutung** dafür, dass das Objekt dem Auftraggeber vor dem Angebot des Maklers noch nicht bekannt gewesen sei[31]. Dies vermag jedoch deshalb nicht zu überzeugen, weil die Klausel danach nur deklaratorische Bedeutung hätte und der Makler daher keine günstigere Rechtsstellung erlangen würde, als er sie ohnehin nach der Gesetzeslage hat[32]. Zwar ist der Makler, da die Kausalität nach der gesetzlichen Wertung des § 652 BGB zu den anspruchsbegründenden Merkmalen gehört, an sich hierfür beweispflichtig. Wenn jedoch der Makler die Information und den Abschluss des Geschäfts mit dem von ihm benannten Partner beweist, besteht eine Vermutung für die Ursächlichkeit, sodass nunmehr der Auftraggeber nachzuweisen hat, dass ihm das Objekt bereits bekannt war[33]. Die Vorkenntnisklausel

---

27 BGH NJW 1962, 388 (389); *Larenz/Wolf*, BGB AT, § 43 Rdn. 42 f.; MK/*Basedow*, § 305 Rdn. 29 ff.; *Palandt/Heinrichs*, § 305 c Rdn. 18: „Voraussetzung ist aber, dass nach Ausschöpfung der in Betracht kommenden Auslegungsmethoden ein nicht behebbarer Zweifel bleibt und mindestens zwei Auslegungen rechtlich vertretbar sind".

28 *Soergel/Mormann*, § 652 Rdn. 4; BGH NJW 1976, 2345; teilweise wird das Ergebnis damit begründet, durch die Vorkenntnisklausel werde eine unwiderlegbare Beweisvermutung begründet, dass dem Vertragspartner das Objekt nicht bekannt gewesen sei, woraus sich ohne weiteres die Ursächlichkeit der Tätigkeit des Maklers ergibt (OLG Koblenz AIZ 1961, 168; OLG Köln NJW 1968, 2011; MK/*Schwerdtner*, 2. Aufl. 1986, § 652 Rdn. 254 a); zum Teil wird auch das Kausalitätserfordernis zwischen dem Vertragsabschluss und dem Nachweis durch den Makler als durch die Vorkenntnisklausel fingiert angesehen (OLG Karlsruhe NJW 1959, 1638; OLG Celle AIZ 1969, 94); in mehreren Entscheidungen wird, ohne dass auf diese Differenzierung eingegangen wird, nur darauf abgestellt, dass der Auftraggeber nur bei fristgerechter Mitteilung die Vorkenntnis und damit die Nichtursächlichkeit geltend machen könne (BGH LM Nr. 9 zu § 652 BGB; LG Köln DB 1967, 1259); all diesen Auslegungen ist gemein, dass sie bei nicht rechtzeitiger Mitteilung der Vorkenntnis für den Auftraggeber die Verpflichtung zur Provisionszahlung begründen, auch wenn die Tätigkeit des Maklers für ihn wertlos war (zum Streitgegenstand eingehend vgl. *Staudinger/Reuter* (2003) §§ 652, 653 Rdn. 251 ff.).

29 OLG Köln NJW 1968, 2011 (2012); *Schwerdtner* (Fn. 3), Rdn. 925.

30 So zutr. BGH NJW 1971, 1133 (1135).

31 LG Frankfurt NJW 1970, 431; *Knieper*, NJW 1970, 1293 (1297); *Werner*, JurA 1970, 362; *ders.*, NJW 1971, 1926; *Erman/Werner*, § 652 Rdn. 14; wohl auch *Palandt/Thomas*, § 652 Rdn. 51.

32 BGH NJW 1971, 1133 (1135).

33 BGH WM 1984, 62 (63).

kann daher nicht als widerlegliche Beweisvermutung verstanden werden. Sie ist vielmehr dahin auszulegen, dass im Fall nicht rechtzeitiger Mitteilung die Vorkenntnis des Auftraggebers und damit die Nichtursächlichkeit der Tätigkeit des Maklers für den Vertragsabschluss nicht mehr geltend gemacht werden kann.

Mit diesem Inhalt könnte die Klausel jedoch gegen **§ 309 Nr. 12 BGB** verstoßen und **220** deshalb ohne Abwägungsmöglichkeit im Einzelfall ipso iure unwirksam sein[34]. Nach § 309 Nr. 12 BGB ist eine Bestimmung in AGB unwirksam, durch die der Verwender die Beweislast zum Nachteil des anderen Vertragsteils ändert, insbesondere indem er die Beweislast für Umstände aus seinem Verantwortungsbereich dem Vertragspartner aufbürdet (Buchst. a) oder den Vertragspartner bestimmte vom Verwender nachzuweisende Tatsachen bestätigen lässt (Buchst. b), um damit den Nachweis für das Vorliegen dieser Tatsachen zu erbringen. Tatsachenbestätigungen sind auch sog. Wissenserklärungen über eigene Kenntnisse, soweit diese beweisrelevant sind[35]. Tatsachenbestätigungen mit Beweismittelcharakter sind widerlegbar[36]. Es kann aber für die Anwendung des § 309 Nr. 12 BGB keine Rolle spielen, ob es sich um eine vom Kunden widerlegbare Tatsachenbestätigung handelt oder ob der Gegenbeweis völlig abgeschnitten wird. Die Bestätigung, die den Beweis eines anderen Geschehensablaufs schlechterdings ausschließt, belastet nämlich den Vertragspartner des Verwenders wesentlich stärker als die bloße Erschwerung einer Beweissituation durch die Vermutung eines bestimmten Geschehensablaufs, sodass wegen des weitergehenden Effekts derartige Klauseln erst recht als unwirksam anzusehen sind[37]. Da M nach der in Ziff. 1 seiner AGB enthaltenen Vorkenntnisklausel nicht mehr den Nachweis für die Ursächlichkeit seiner Tätigkeit erbringen muss, um sein Honorar zu erhalten, wenn B nicht unverzüglich die Vorkenntnis anzeigt, dem B in diesem Fall sogar der spätere Beweis des Gegenteils abgeschnitten ist, ist die Klausel wegen Verstoßes gegen § 309 Nr. 12 BGB unwirksam[38].

4. Die Vorkenntnisklausel ist somit zwischen M und B nicht wirksam vereinbart worden, sodass M auf diese Klausel seinen Provisionsanspruch nicht stützen kann.

Zum gleichen Ergebnis gelangt man, wenn man die Vorkenntnisklausel als widergliche Beweisvermutung für die fehlende Vorkenntnis des Auftraggebers B auslegt[39]. **221**

---

34 LG Berlin BB 1979, 711; *Löwe/Graf v. Westphalen/Trinkner*, Bd. III, Maklerverträge, Rdn. 27 f.; bereits vor In-Kraft-Treten des AGBG wurden diese Klauseln von der Rechtsprechung als nichtig angesehen, vgl. BGH NJW 1971, 1133 (1135); NJW 1976, 2345 (2346).

35 *Löwe/Graf v. Westphalen/Trinkner*, § 11 Nr. 15 Rdn. 29; MK/*Basedow* § 309 Nr. 12 Rdn. 15; *Wolf/Horn/ Lindacher*, § 11 Nr. 15 Rdn. 19; *Ulmer/Brandner/Hensen*, § 11 Nr. 15 Rdn. 19.

36 *Wolf/Horn/Lindacher*, § 11 Nr. 15 Rdn. 18.

37 *Ulmer/Brandner/Hensen*, § 11 Nr. 15 Rdn. 17; *Palandt/Heinrichs*, § 309 Rdn. 99 f.; *Stübing*, NJW 1978, 1610; *Wolf/Horn/Lindacher*, § 11 Nr. 15 Rdn. 23; a.M. *Staudinger/Coester-Waltjen*, § 11 Nr. 15 AGBG Rdn 2, 4, nach deren Ansicht nur solche Klauseln unter § 11 Nr. 15 (jetzt § 309 Nr. 12 BGB) fallen, die für eine den Vertragspartner treffende Beweislast noch Raum lassen. Interessenverschiebungen, die durch einen Gegenbeweis inhaltlich nicht mehr tangierbar sind, sollen danach nicht von dieser Vorschrift erfasst werden. Folgt man dieser Auffassung, muss man der Vorkenntnisklausel nach § 307 BGB die Wirksamkeit versagen, weil sie den Vertragspartner des Maklers in unangemessener Weise benachteiligt; so folgerichtig *Staudinger/Coester-Waltjen*, § 10 Nr. 5 AGBG Rdn. 12; ebenso BGHZ 102, 41 (46).

38 Als Individualvereinbarung kann die Vorkenntnisklausel wirksam vereinbart werden; BGH NJW 1971, 1133; NJW 1976, 2345; *Palandt/Sprau*, § 652 Rdn. 67; *Soergel/Lorenz*, § 652 Rdn. 90.

39 Siehe die in Fn. 31 zitierte Rechtsprechung und Literatur.

Zwar dürfte bei einer derartigen Auslegung die Klausel nicht gegen § 309 Nr. 12 BGB verstoßen, da B als Auftraggeber ohnehin die Umstände seiner Vorkenntnis nachweisen muss und weil deshalb eine Änderung der Beweislast zum Nachteil des Kunden durch sie nicht eintritt[40]. Da K aber unstreitig nicht erst durch M mit B in Verbindung getreten ist, steht dem M auch bei dieser Auslegung der Vorkenntnisklausel kein Provisionsanspruch aus § 652 BGB i.V.m. Ziff. 1 der AGB zu.

II. Anspruch aus Ziff. 8 i.V.m. Ziff. 6 der AGB

222 Seinen Zahlungsanspruch kann M möglicherweise auf **Ziff. 8 i.V.m. Ziff. 6** seiner **AGB** stützen.

1. Auch hier stellt sich zunächst die Frage, ob die Ziff. 6 u. 8 der AGB **Inhalt des Vertrags** zwischen B und M geworden sind.

223 a) Nach den oben dargelegten Grundsätzen sind diese Klauseln der AGB nur dann Vertragsbestandteil, wenn sie entweder ausdrücklich vereinbart worden sind und dem B bekannt waren oder wenn er zumindest mit ihnen rechnen konnte, ihr Inhalt für ihn mithin nicht überraschend war.

224 Da M den B ausdrücklich auf seine Schadensersatzpflicht in **Ziff. 8 der AGB** hingewiesen hat, ergeben sich hinsichtlich der Einbeziehung dieser Klausel in die Vertragsvereinbarung keine Bedenken. Dieser ausdrückliche Hinweis des M auf Ziff. 8 der AGB macht die Klausel nicht zu einer Individualabrede, ein Aushandeln i.S.v. § 305 I S. 3 BGB liegt hiermit noch nicht vor[41].

225 b) **Ziff. 6 AGB** verlangt nichts, was nicht unter anständigen Geschäftspartnern ohnehin zu erwarten wäre. B wusste, dass M Kosten und Mühe bei der Suche eines Kaufinteressenten hatte und diese Mühe nur dann eine Belohnung bringen würde, wenn die Arbeit des M noch zu einem Vertragsabschluss mit einem von M gefundenen Interessenten führen konnte. Die Klausel in Ziff. 6 der AGB, die dem B eine Informationspflicht zur Vermeidung überflüssiger Maklertätigkeit auferlegt, enthält daher keine für B überraschende Regelung (vgl. § 305c I BGB). Sie ist somit Vertragsbestandteil geworden.

226 2. Zu untersuchen ist nunmehr, ob die **Klauseln wirksam sind** (§§ 307–309 BGB). Die Überprüfung der Klauseln hängt von ihrer rechtlichen Einordnung ab. Wie eine Vereinbarung auszulegen ist, nach der der Auftraggeber zur vollen Provisionszahlung verpflichtet sein soll, sofern er gegen Bestimmungen der AGB verstößt, wird unterschiedlich behandelt. Denkbar wäre die Qualifikation als erweitertes Provisionsversprechen, pauschalierter Schadensersatzanspruch oder Vertragsstrafe[42]. Ein erweitertes Provisionsversprechen enthält eine zusätzliche Provisionspflicht, die damit über den Rahmen des § 652 BGB hinausgeht[43]. Daher müsste ein Entgeltsversprechen für eine weitere Leistung des Maklers gegeben werden. Soweit das Provisionsversprechen für den Fall von Pflichtverletzungen abgegeben wird, ist damit aber keine Erweiterung

---

[40] Zu § 11 Nr. 15 AGBG *Erman/Werner*, § 652 Rdn. 14.
[41] Vgl. *Ulmer/Brandner/Hensen*, § 1 Rdn. 49; *Wolf/Horn/Lindacher*, § 1 Rdn. 31; vgl. auch BGH JZ 1987, 159.
[42] *Staudinger/Reuter* (1998) §§ 652, 653 Rdn. 259; MK/*Schwerdtner*, § 652 Rdn. 223 ff.
[43] BGH WM 1987, 632 (633).

der vertraglichen Verpflichtungen bezweckt. Ferner kann es nicht im Sinne eines vernünftigen Auftraggebers liegen, dem Makler für den Fall einer geringsten Pflichtverletzung einen Provisionsanspruch zu geben[44]. Man kann daher diese Klausel nur als **pauschalierten Schadensersatzanspruch** oder **Vertragsstrafe** qualifizieren[45].

Die Auslegung hat sich daran zu orientieren, dass eine Vertragsstrafe „in erster Linie **227** die Erfüllung des Hauptvertrages sichern und auf den Vertragsgegner einen möglichst wirkungsvollen Druck ausüben soll, alle vertraglich übernommenen Verpflichtungen einzuhalten. Eine Schadenspauschalabrede liegt dagegen vor, wenn sie der vereinfachenden Durchsetzung eines als bestehend vorausgesetzten Vertragsanspruchs dienen soll"[46]. Der Wortlaut der Ziff. 8 AGB spricht von Zahlung der Gesamtprovision ohne Nachweis eines Schadens. Diese Fassung deutet darauf hin, dass eine Zahlung auch geschuldet sein soll, wenn ein Schaden und damit eine Schadensersatzverpflichtung überhaupt nicht entstanden ist. „Auch die ungewöhnliche Höhe . . . lässt nach Treu und Glauben nicht die Deutung zu, dass ein verständiger Auftraggeber sich von vornherein einer solch drückenden pauschalierten Schadensersatzpflicht unterwerfen will. Eine vernünftige, den Grundsätzen von Treu und Glauben entsprechende Betrachtungsweise schließt diese Annahme auch deshalb aus, weil sich eine andere Deutung anbietet, die den Interessen beider Vertragsteile besser gerecht wird, nämlich die des unter dem Schutz des Richterspruchs (§ 343 BGB) stehenden Vertragsstrafeversprechens. In Rechtsprechung und Schrifttum wird demgemäß ein pauschalierter Schadensersatzanspruch nur angenommen, wenn die zur Beurteilung stehende Vertragsklausel erkennen lässt, dass die Parteien wirklich einen Schadensersatzanspruch regeln wollen"[47].

Legt man diese Auslegungskriterien zu Grunde, so ist im vorliegenden Fall von einer **228** **Vertragsstrafe** auszugehen, die als Druckmittel die Erfüllung der vertraglichen Verbindlichkeiten sichern soll. Dieser Sinn ergibt sich bei Ziff. 8 der AGB daraus, dass der Zahlungsanspruch bei einem Verstoß gegen die Vertragsverpflichtung entstehen soll, unabhängig von der Entstehung oder dem Nachweis eines Schadens.

Ist mithin festgestellt, dass es sich bei dieser Bestimmung um eine Vertragsstrafe handelt, so ist ihre Wirksamkeit zunächst anhand von § 309 Nr. 6 BGB zu überprüfen. Hiernach ist die Vereinbarung einer Vertragsstrafe in AGB in vier enumerativ aufgeführten Fällen unwirksam, nämlich dann, wenn sie für den Fall der Nichtabnahme oder der verspäteten Abnahme der Leistung, des Zahlungsverzugs oder der Lösung vom Vertrag seitens des Vertragspartners des Verwenders vereinbart wird; hier liegt keiner dieser Fälle vor. Im Übrigen ist die Vereinbarung von Vertragsstrafen auch in AGB grundsätzlich zulässig[48].

Eine Grenze bildet jedoch auch hier der allgemeine **Auffangtatbestand des § 307** **229** **BGB**. Hiernach sind Bestimmungen in AGB unwirksam, wenn sie den Vertragspartner

---

44 BGHZ 49, 84 (88).
45 BGHZ 49, 84 (88 f.); *Staudinger/Reuter* (1998) §§ 652, 653 Rdn. 259.
46 BGH NJW 1970, 29 (32); vgl. auch BGH NJW 1976, 1886; *Schmidt-Salzer*, AGB, 2. Aufl. 1977, NJW-Schriftenreihe, Bd. 11, Rdn. F.216; *Schlosser/Coester-Waltjen/Graba*, § 11 Nr. 5 Rdn. 16; *Ulmer/Brandner/Hensen*, § 11 Nr. 5 Rdn. 6, 7; *Wolf/Horn/Lindacher*, § 11 Nr. 5 Rdn. 7 ff.
47 BGHZ 49, 84 (89).
48 *Löwe/Graf v Westphalen/Trinkner*, § 11 Nr. 6 Rdn. 1; *Palandt/Heinrichs*, Vorb. v. § 339 Rdn. 3; *Wolf/Horn/Lindacher*, § 11 Nr.6 Rdn. 1 f., 22 f.

des Verwenders entgegen Treu und Glauben unangemessen benachteiligen. Dies ist gem. § 307 II BGB insbesondere der Fall, wenn die AGB mit den Grundgedanken der gesetzlichen Regelung nicht mehr vereinbar sind bzw. wesentliche Rechte und Pflichten des zu Grunde liegenden Vertrags so eingeschränkt werden, dass die Erreichung des Vertragszwecks gefährdet ist.

230 Zwar stellt die Vereinbarung einer Vertragsstrafe einen Nachteil für den Vertragspartner dar, jedoch muss die Benachteiligung von erheblichem Gewicht sein, und es ist auf die Interessen beider Parteien im Einzelfall abzustellen[49]. Hier ist Sinn und Zweck der fraglichen Bestimmungen in den AGB, den Auftraggeber des Maklers zur Erfüllung seiner vertraglichen Verpflichtungen anzuhalten. Insbesondere soll er den Makler unverzüglich davon in Kenntnis setzen, wenn er mit einem Dritten einen Vertrag abgeschlossen hat. Denn hiermit wird das weitere Bemühen des Maklers sinnlos; seine Provision kann er nicht mehr erlangen, sodass seine Arbeit unnütz wird und zu überflüssigen Kosten führt. Deshalb bedeutet die Vereinbarung einer Vertragsstrafe dem Grunde nach noch keine unangemessene Benachteiligung des Kunden. Sie enthält auch kein mit den Grundgedanken des Maklerrechts unvereinbares Abweichen von der gesetzlichen Regelung oder eine Einschränkung von Rechten und Pflichten, die sich aus der Natur des Maklervertrages ergeben und ohne die die Erreichung des Vertragszwecks gefährdet wäre (vgl. § 307 II BGB).

231 Dennoch hält die vorliegende Bestimmung auf Grund ihrer **unangemessenen Höhe** einer Inhaltskontrolle gem. § 307 BGB letztlich nicht stand. Auch die Höhe der Vertragsstrafe ist bei der Inhaltskontrolle nach § 307 BGB zu berücksichtigen[50]. Dem steht die **Herabsetzungsmöglichkeit** nach § 343 BGB nicht entgegen. Nach § 343 BGB kann der Richter auf Antrag des Schuldners eine unverhältnismäßig hohe verwirkte Strafe herabsetzen. Diese Regelung stellt aber keine abschließende Spezialregelung für unangemessen hohe Vertragsstrafen dar[51]. Die Möglichkeit der richterlichen Herabsetzung der Höhe der Vertragsstrafe gem. § 343 BGB ist auf Individualvereinbarungen zugeschnitten. Sie stellt die Wirksamkeit der Vereinbarung nicht in Frage, setzt vielmehr eine verwirkte Strafe voraus. Demgegenüber knüpft die Inhaltskontrolle der AGB gem. § 307 BGB bereits an die Vereinbarung der Strafe an. Der Verwender der AGB nimmt einseitig das Vertragsgestaltungsrecht für sich in Anspruch. Die richterliche Inhaltskontrolle der AGB verfolgt den Zweck, den Missbrauch dieses Rechts zu verhindern[52], sie muss deshalb zur **Unwirksamkeit überzogener Vertragsstrafeklauseln** führen, ebenso wie unangemessene Geschäftsbedingungen allgemein als nichtig angesehen werden[53]. Es ist nicht gerechtfertigt, dem Schuldner das Prozessrisiko des § 343 BGB aufzubürden[54]. Es ist auch nicht möglich, eine auf Grund der unangemessenen Höhe der Vertragsstrafe unwirksame Vertragsstrafenklausel auf den mit

---

49 *Löwe/Graf v. Westphalen/Trinkner*, § 9 Rdn. 13 f.

50 BGHZ 85, 305 (312 f.); BGH NJW 1981, 1509 (1510); 2000, 2106; NJW-RR 2002, 806; *Belke*, DB 1969, 559 (605); *Lindacher*, Phänomenologie der Vertragsstrafe, S. 208 f.; MK/*Basedow*, § 309 Nr. 6 Rdn. 6 f.; *Palandt/Heinrichs*, § 343 Rdn. 3; *Staudinger/Coester-Waltjen* (1998) § 11 Nr. 6 AGBG Rdn. 24; *Wolf/Horn/Lindacher*, § 11 Nr. 6 Rdn. 27; a.A.: *Schmidt-Salzer* (Fn. 46), Rdn. f.219.

51 So aber *Staudinger/Schlosser* (1998) § 11 Nr. 6 AGBG Rdn. 24.

52 Vgl. nur *Ulmer/Brandner/Hensen*, Einl. Rdn. 28 f.

53 BGHZ 85, 305 (314 f.); *Belke*, DB 1969, 559 (606).

54 *Wolf/Horn/Lindacher*, § 11 Nr. 6 Rdn. 26.

§ 307 BGB zu vereinbarenden Umfang zu reduzieren. Mit den §§ 305 ff. BGB nicht zu vereinbarende Vertragsklauseln sind unwirksam, sie können nicht im Wege einer „geltungserhaltenden Reduktion" auf den angemessenen Inhalt zurückgeführt werden[55]. Der Verwender unangemessener AGB-Klauseln darf nicht davon ausgehen, dass seine Klauseln zumindest mit dem angemessenen Inhalt für das Vertragsverhältnis Geltung behalten.

Als Vertragsstrafe hat der Makler hier die volle Provision, also 3% des Kaufpreises **232** (= 75 000 €) angesetzt, dieser Betrag ist auch bei Berücksichtigung der Interessen des M als unverhältnismäßig und damit unangemessen hoch anzusehen. Die Vertragsstrafe soll den Schuldner zur ordnungsgemäßen Erbringung der versprochenen Leistung anhalten, sie soll zum anderen aber auch dem Gläubiger im Verletzungsfall die Möglichkeit einer erleichterten Schadloshaltung ohne Einzelnachweis eröffnen[56]. Eine Vertragsstrafe darf „fühlbar" sein, es fehlt hier aber jedes vernünftige Verhältnis zum möglichen Schaden des M. Als Druckmittel wäre auch eine erheblich geringere Vertragsstrafe ausreichend gewesen[57].

3. Die Klausel Ziff. 8 i.V.m. Ziff. 6 der AGB des M benachteiligt den B unangemessen, **233** sie hält somit der Inhaltskontrolle gem. § 307 BGB nicht stand und ist deshalb unwirksam. B ist nicht verpflichtet, eine Vertragsstrafe an M zu zahlen.

---

55 BGHZ 84, 109 (115 f.) m.w.N.; 96, 18 (25 f.) m.w.N.; *Lindacher*, BB 1983, 154 ff.; *Staudinger/Schlosser* (1998) § 6 AGBG Rdn. 15a; *Palandt/Heinrichs*, Vorb. v. § 307 Rdn. 8; *Ulmer/Brandner/Hensen*, § 6 Rdn. 14 ff.; a.A. MK/*Basedow*, § 306 Rdn. 12 ff.; für die Möglichkeit einer restriktiven auslegungsfähigen Klausel auch *Wolf/Horn/Lindacher*, § 9 Rdn. 31.

56 BGHZ 63, 256 (259 f.); 72, 222 (228); BGH NJW 1983, 941 (942 f.); *Belke*, DB 1969, 559 (606).

57 *Löwe/Graf v. Westphalen/Trinkner*, Bd. III, Maklerverträge, Rdn. 31, 36, lassen lediglich einen pauschalen Aufwendungsersatz in Höhe von maximal 10–15% der Provision zu. Vgl. auch BGH ZIP 1987, 448 (451 f.) = WM 1987, 471 (473): ein erfolgsunabhängiger Aufwendungsersatzanspruch kann zwar grundsätzlich auch in AGB vereinbart werden, diese Klausel ist aber mit § 9 AGBG (§ 307 BGB) nur dann vereinbar, wenn sie sich wirklich und ausschließlich auf den Ersatz von konkretem Aufwand bezieht und nicht in Wahrheit eine erfolgsunabhängige Provision vereinbart wird.

Fall 10

Vertragsannahme unter Abweichungen – vertragliche Einbeziehung allgemeiner Geschäftsbedingungen – kollidierende AGB – Zulässigkeit eines nachträglichen Eigentumsvorbehalts – Herausgabeanspruch des Vorbehaltsverkäufers bei Zahlungsverzug des Käufers – Abgrenzung des Bestätigungsschreibens von der Auftragsbestätigung

Ausgangsfälle
BGH, Urt. v. 29. 9. 1955 – II ZR 210/54 = BGHZ 18, 212 = LM Nr. 4 zu § 150 BGB = NJW 1955, 1794 = MDR 1956, 214 = JZ 1956, 175 = BB 1955, 1008.
BGH, Urt. v. 2. 10. 1952 – IV ZR 2/52 = LM Nr. 2 zu § 930 BGB = NJW 1953, 217 = JZ 1953, 122.
BGH, Urt. v. 26. 9. 1973 – VIII 2 ZR 106/72 = BGHZ 61, 282 = BGH NJW 1973, 2106 = WM 1974, 842.
BGH, Urt. v. 9. 2. 1977 – VIII ZR 249/75 = JZ 1977, 602 mit Anm. Lindacher.
BGH, Urt. v. 9. 7. 1986 – VIII ZR 232/85 = NJW 1986, 1738 = DB 1986, 2070 = MDR 1986, 926 = ZIP 1986, 1059 = JZ 1987, 355 mit Anm. Henckel.
BGH, Urt. v. 22. 3. 1995 – VIII ZR 20/94 = NJW 1995, 1671

Sachverhalt

234 Der Unternehmer K benötigte zur Herstellung von Kraftwagen zwei Stahlpressen. Die Maschinenfirma M bot ihm zwei Pressen zum Preis von 100 000 € an. In ihrem Angebotsschreiben nahm M auf ihre beigefügten Lieferungsbedingungen Bezug, in denen sie sich u.a. das Eigentum an den gelieferten Waren bis zur vollständigen Bezahlung des Kaufpreises vorbehielt.

K bestätigte das Angebot in einem Antwortschreiben, das die Überschrift „Bestätigung" trug und nahm seinerseits klar erkennbar auf die eigenen, dem Schreiben beigefügten Geschäftsbedingungen Bezug, nach denen u.a. ein Eigentumsvorbehalt nur auf Grund von Einzelabsprachen wirksam vereinbart werden kann.

Über die Frage, wessen Geschäftsbedingungen dem Vertragsverhältnis zugrunde gelegt werden sollten, kam es, nachdem zunächst zwei Monate lang kein weiterer Kontakt bestanden hatte, auf einen Anruf des M hin zwischen K und M zu einer telefonischen Auseinandersetzung. Im Anschluss an das Gespräch schrieb K an M, dass er nur auf der Grundlage seiner Geschäftsbedingungen zum Vertragsabschluss bereit sei; falls M hiermit nicht einverstanden sei, werde er sich an ein Konkurrenzunternehmen wenden. M beantwortete das Schreiben nicht, sondern lieferte einen Monat später ohne Hinweis auf einen Eigentumsvorbehalt die beiden Pressen.

Sechs Monate danach geriet K in Zahlungsschwierigkeiten. Als M auf Zahlung drängte, erklärte K: „Meiner Erinnerung nach haben wir bei Vertragsschluss zwar keinen Eigentumsvorbehalt vereinbart, jedoch räume ich Ihnen diesen hiermit ein". Daraufhin gewährte M ihm einen dreimonatigen Zahlungsaufschub.

Da K auch nach Ablauf dieser Frist nicht zahlte, forderte M ihn „letztmalig auf, innerhalb von 7 Tagen zu zahlen, ansonsten werde er die Maschinen wieder abholen". Nachdem auch diese Frist verstrichen war, verlangte M Herausgabe der Pressen zum Zwecke der Sicherstellung.

Frage:
Wie ist dieser Anspruch zu beurteilen?

235 # Gliederung

Lösung

I. Herausgabeanspruch nach §§ 346 I, 323 I, 433 BGB

236 M könnte einen Anspruch auf Herausgabe der Stahlpressen haben, wenn er gem. §§ 346 I, 323 I, 433 BGB wirksam den **Rücktritt vom Kaufvertrag** erklärt hätte.

1. Dazu müsste zunächst ein **wirksamer gegenseitiger Vertrag** zwischen M und K vorliegen.

237 Durch das Angebot des M, zu seinen Geschäftsbedingungen – also unter Eigentumsvorbehalt – zu liefern, und das Antwortschreiben des K als Annahme könnte ein Kaufvertrag zustande gekommen sein. Als Vertragsannahme kann das Antwortschreiben jedoch nur dann gelten, wenn K das Geschäft so, wie es ihm von M angeboten worden ist, auch angenommen hat. K's Annahmeerklärung ist aber dahin aufzufassen, dass er die Geltung anderer als seiner eigenen Geschäftsbedingungen für das in Aussicht genommene Geschäft grundsätzlich ablehne. Die in dem Antwortschreiben enthaltene Bezugnahme auf die eigenen Geschäftsbedingungen stände allenfalls dann der Geltung der M'schen Bedingungen nicht entgegen, wenn sie sich an unübersichtlicher Stelle befunden hätte und M auf Grund des übrigen Inhalts mit einer Abweichung von seinem Angebot nicht zu rechnen brauchte[1]. Im vorliegenden Fall musste M jedoch aus der klar erkennbaren Bezugnahme in dem Schreiben des K und aus dessen eindeutigen Geschäftsbedingungen entnehmen, dass K mit den Lieferungsbedingungen des M nicht einverstanden war, sodass eine vorbehaltlose Vertragsannahme nicht vorliegt.

238 2. Möglicherweise ist aber ein Kaufvertrag dadurch zu Stande gekommen, dass M dem Inhalt des „Bestätigungsschreibens" des K nicht unverzüglich widersprach, sondern sich erst zwei Monate später mit K telefonisch in Verbindung setzte. Dies wäre dann der Fall, wenn es sich um ein **echtes kaufmännisches Bestätigungsschreiben** handel-

---

1 Vgl. BGH LM § 150 BGB Nr. 2.

te. Folge des Schweigens auf ein kaufmännisches Bestätigungsschreiben ist es nämlich, dass der Vertrag mit dem Inhalt als abgeschlossen gilt, den das Bestätigungsschreiben angibt[2]. Ein echtes kaufmännisches Bestätigungsschreiben erfordert jedoch neben dem Umstand, dass die Beteiligten Kaufleute sind oder zumindest wie Kaufleute in größerem Umfang am Rechtsverkehr teilnehmen[3], dass Vertragsverhandlungen stattgefunden haben, deren Ergebnis dem anderen Vertragsteil noch einmal zur Klarstellung schriftlich mitgeteilt wird. Die Bestätigung gibt somit den Inhalt bereits abgegebener rechtsgeschäftlicher Willenserklärungen schriftlich wieder, um Unklarheiten zu vermeiden, die allgemein bei mündlichen, telefonischen, telegrafischen oder fernschriftlichen Erklärungen entstehen können[4]. Hiervon zu unterscheiden ist die sog. **Auftragsbestätigung**, die rechtlich als Annahme einer Vertragsofferte anzusehen und bei inhaltlicher Abweichung von der Offerte gem. § 150 II BGB zu beurteilen ist[5]. Auf die Auftragsbestätigung sind die Grundsätze des Schweigens auf ein echtes Bestätigungsschreiben deshalb nicht anwendbar, weil der „Bestätigende" weiß, dass ein Vertrag noch nicht zustande gekommen ist, die Auftragsbestätigung vielmehr erst dem Vertragsabschluss dienen soll. Weicht er von dem Angebot des Gegners ab, kann er nicht ohne weiteres damit rechnen, dass der andere wegen fehlenden Widerspruchs hiermit einverstanden ist[6]. Das Schweigen des M auf die „Bestätigung" hat demnach nicht zur Folge, dass ein Kaufvertrag zustande kam.

3. Da M und K auf ihre jeweils eigenen Geschäftsbedingungen Bezug genommen haben, ohne ausdrücklich zu klären, wessen Allgemeine Geschäftsbedingungen (AGB) für das Vertragsverhältnis Geltung haben sollen, stellt sich die Frage, ob und ggf. mit welchem Inhalt ein Vertrag zustande gekommen ist, nachdem M die Stahlpressen geliefert hat. Das Gesetz (§§ 305–310 BGB) enthält hierzu keine Regelung[7]. **239**

a) Die **frühere Rechtsprechung** löste den Konflikt über **§ 150 II BGB**. Sie sah in der Zusendung eines Schreibens, in dem auf die eigenen AGB Bezug genommen wurde, die Ablehnung früherer Angebote der Gegenseite verbunden mit einem neuen eigenen Angebot. Der Vollzug des Vertrags wurde als konkludente Vertragsannahme und damit als stillschweigendes Einverständnis mit den Geschäftsbedingungen des anderen Ver- **240**

---

2 Zur konstitutiven Wirkung und zur dogmatischen Begründung des kaufmännischen Bestätigungsschreibens eingehend *Bülow*, Handelsrecht, 4. Aufl. 2001, S. 106 ff.; *Canaris*, Handelsrecht, 23. Aufl. 2000, § 25 Rdn. 8 ff.; *Diederichsen*, JuS 1966, 129 ff.; *Flume*, § 36; vgl. ferner *Lindacher*, WM 1981, 702 ff.; *Hopt*, AcP 183 (1983), 608 (691 ff.); *Baumbach/Hopt*, HGB, § 346 Rdn. 17 m.w.N.; krit. aber u.a. MK/ *Kramer*, § 151 Rdn. 11 ff., insbes. 19 ff.; *ders.*, Jura 1984, 235 (245 ff.).

3 BGHZ 40, 42 (43, 44).

4 BGH LM, § 150 BGB Nr. 4 (st. Rspr.); *Flume*, § 36; *Medicus*, BürgR, Rdn. 59 ff.; weitergehend BGHZ 54, 236 (239 ff.): Ein Bestätigungsschreiben könne auch noch von der Partei abgesandt werden, deren telefonische Vertragsofferte vom Vertragspartner bereits schriftlich angenommen worden ist; dagegen *Lieb*, JZ 1971, 135 ff.; *Medicus*, a.a.O., Rdn. 60.

5 *Diederichsen*, JuS 1966, 131; *K. Schmidt*, Handelsrecht, 5. Aufl. 1999, § 19 III 3d; *Eisenhardt*, Rdn. 144; *Lindacher*, Fall 10 (S. 50).

6 Im Ergebnis ebenso BGH LM, § 150 BGB Nr. 4; nur in eng begrenzten Ausnahmefällen kann das Schweigen auf eine modifizierte Auftragsbestätigung zum Vertragsschluss führen; dazu im Einzelnen: *Diederichsen*, JuS 1966, 131 Fn. 20 m.w.N.

7 Im Gesetzgebungsverfahren zum AGB-Gesetz – dessen materiell-rechtliche Vorschriften das Gesetz zur Modernisierung des Schuldrechts nunmehr als §§ 305–310 BGB in das BGB übernommen hat – wurde eine gesetzliche Regelung zwar erörtert, aber nicht in das Gesetz aufgenommen; vgl. *Ulmer/Brandner/ Hensen*, § 2 Rdn. 93a.

tragsteils angesehen. Im Ergebnis führte diese Ansicht dazu, dass die AGB derjenigen Vertragspartei Vertragsinhalt wurden, die zuletzt auf sie verwiesen hatte (sog. **Theorie „des letzten Wortes"**)[8].

241   b) Diese Ansicht wird im Schrifttum zu Recht überwiegend abgelehnt[9]. Auch der BGH hat seine ursprüngliche Ansicht modifiziert[10]. Es besteht nunmehr in Rechtsprechung und Literatur weitgehend Einigkeit, dass in der widerspruchslosen Hinnahme einer durch die Verweisung auf die eigenen Geschäftsbedingungen modifizierten Auftragsbestätigung nicht ohne weiteres eine stillschweigende Anerkennung der dort genannten AGB zu sehen ist. Beim Zusammentreffen unterschiedlicher Geschäftsbedingungen geht der Wille der Parteien nämlich in der Regel nicht dahin, unter Anwendung des § 150 II BGB das letzte Wort entscheiden zu lassen. Die Anwendung dieser Vorschrift macht die Lösung des Konflikts interessenwidrig von Zufälligkeiten der geführten Korrespondenz abhängig und zwingt dazu, jedes Schreiben der Gegenseite mit einem Hinweis auf die Einbeziehung der eigenen Geschäftsbedingungen zu beantworten. Damit sind die AGB des Verwenders, auf die er in seiner Auftragsbestätigung Bezug genommen hat, wegen fehlenden Einverständnisses des Kunden nicht Vertragsinhalt geworden. Trotz § 150 II BGB ist aber der Vertrag im Übrigen zustandegekommen. Für diese Lösung bedarf es eines Rückgriffs auf den Grundsatz von Treu und Glauben nicht[11]. Vielmehr lässt sie sich überzeugender auf die §§ 154 I, 155 BGB stützen. Hinsichtlich der kollidierenden AGB liegt ein **„partieller" Dissens** vor. Der Vertragsschluss scheitert hieran jedoch nicht, da sich aus der Vertragsdurchführung der Wille der Parteien erkennen lässt, den Bestand des Vertrages nicht von der Geltung der Geschäftsbedingungen abhängig zu machen[12]. Haben die Parteien den Dissens bemerkt, ergibt sich dies aus § 154 I BGB, andernfalls aus § 155 BGB. Folge der unvollständigen Einigung ist die Anwendung dispositiven Rechts an Stelle der sich widersprechenden AGB[13].

---

8 BGHZ 18, 315; BGH BB 1951, 456; 1971, 2106; NJW 1963, 1248; DB 1973, 2135; siehe auch *Ebel*, NJW 1978, 1034.

9 *Ulmer/Brandner/Hensen*, § 2 Rdn. 98; *Schlechtriem*, FS Wahl, S. 67 (76); *Larenz/Wolf*, BGB AT, § 43 Rdn. 32; *Palandt/Heinrichs*, § 305 Rdn. 55 f.; MK/*Basedow*, § 305 Rdn. 98 f.; MK/*Kramer*, § 150 Rdn. 6 f.; *Graf v. Westphalen*, DB 1976, 1317 (1319); *Locher*, Das Recht der allgemeinen Geschäftsbedingungen, 1980, § 7 Nr. 10; *Lindacher*, JZ 1977, 604; *Bunte*, ZIP 1982, 449 ff.; *Ulmer/Schmidt*, JuS 1984, 18 (20); *Graf Lambsdorff/Hübner*, Eigentumsvorbehalt und AGB-Gesetz, 1982, S. 51 f.; *Schack*, Rdn. 366.

10 BGHZ 61, 282 (287 f.); BGH JZ 1977, 602 f.; NJW 1985, 1838 (1839 f.) = WM 1985, 694 (695); NJW 1995, 1671 (1672); OLG Köln ZIP 1980, 270 (271 ff.).

11 So aber BGHZ 61, 282 (288 f.): Die Berufung auf ein Nichtzustandekommen des Vertrages sei den Parteien nach Treu und Glauben verwehrt, da sie durch die Abwicklung des Vertrages im Übrigen zu erkennen gegeben hätten, dass die Frage der kollidierenden AGB den Bestand des Vertrages selbst nicht berühren sollte. Auf § 154 I BGB stützt sich dagegen z.B. BGH BB 1974, 1136 (1137). Vgl. zum Vorstehenden MK/*Basedow*, § 309 Rdn. 98 f.

12 Zutreffend *Lindacher*, JZ 1977, 604: die Unwirksamkeitsvermutung des § 154 I BGB sei durch die Vertragsdurchführung ex post als widerlegt zu betrachten; vgl. auch *Lindacher*, S. 52 f.; zu weitgehend *Ulmer/Brandner/Hensen*, § 2 Rdn. 98 und *Schlechtriem* (Fn. 9), S. 76, die bei offenem Dissens über die Geltung von Geschäftsbedingungen nicht den Vertrag als durch die Erfüllungshandlung in Geltung gesetzt ansehen, sondern schon vorher eine vertragliche Bindung annehmen; zust. OLG Koblenz, GRUR 1984, 900 (902) = WM 1984, 1347 (1349).

13 Nach h.M. gilt das dispositive Recht aber nur, soweit sich die AGB unmittelbar widersprechen. Soweit sie inhaltlich übereinstimmen, gelten die AGB (Prinzip der Kongruenzgeltung): BGH NJW 1985, 1838 (1839); *Wolf/Horn/Lindacher*, § 2 Rdn. 77 f.; *Ulmer/Brandner/Hensen*, § 2 Rdn. 101 ff.; jeweils m.w.N.

c) **Ausnahmsweise** ist ein **Vertragsschluss über § 150 II BGB** anzunehmen, wenn   **242**
ein Vertragspartner ausdrücklich und unmissverständlich die Wirksamkeit des Vertrages von der Geltung seiner AGB abhängig macht und der andere daraufhin seinen anfänglichen Widerspruch nicht aufrecht erhält[14].

K hat, nachdem es zu Auseinandersetzungen über die Frage gekommen war, wessen
Geschäftsbedingungen dem Vertragsverhältnis zugrunde gelegt werden sollen, dem M
ausdrücklich erklärt, dass er nur auf der Grundlage seiner Geschäftsbedingungen zum
Vertragsabschluss bereit sei. Indem M daraufhin die Stahlpressen einen Monat später
widerspruchslos lieferte, hat er das in dieser Erklärung liegende Vertragsangebot des K
(§ 150 II BGB) stillschweigend angenommen und damit die AGB des K gebilligt. Aus
den Gesamtumständen und der Verkehrssitte ist nämlich vorliegend das Verhalten des
M ausnahmsweise dahin auszulegen, dass er mit der Geltung der AGB des K einverstanden war. Ein wirksamer Kaufvertrag lag somit vor.

4. Von diesem Kaufvertrag könnte M **wirksam zurückgetreten** sein, wodurch sich der   **243**
Vertrag gemäß § 346 I BGB in ein **Rückgewährschuldverhältnis** umgewandelt hätte.
Als Rücktrittsgrund könnte § 323 BGB in Betracht kommen[15]. K schuldete aus dem
Kaufvertrag gemäß § 433 II BGB die Zahlung von 100 000 €. Weil er auch nach Ablauf des dreimonatigen Zahlungsaufschubs nicht zahlte, hat er eine fällige Leistung
nicht erbracht. Die Aufforderung des M, binnen 7 Tagen zu zahlen, stellt eine angemessene Nachfrist im Sinne des § 323 I BGB dar. Nachdem auch diese Frist ergebnislos
verstrichen ist, stand M mithin das Rücktrittsrecht nach § 323 I BGB zu. Den Rücktritt
müsste er auch wirksam ausgeübt haben. Da M die Herausgabe nur verlangen kann,
wenn er vom Vertrag zurückgetreten ist[16], ist in dem Herausgabeverlangen die wirksame Ausübung des Rücktrittrechts zu sehen. Der Rückgewähranspruch aus §§ 346 I,
323 I, 433 BGB besteht somit.

II. Herausgabeanspruch aus § 985 BGB

Daneben könnte das **Herausgabeverlangen** des M auch nach § 985 BGB gerechtfer-   **244**
tigt sein[17]. Das setzt voraus, dass M Eigentümer der Maschinen geblieben ist. M hatte
aber, nachdem über die Frage, wessen Geschäftsbedingungen gelten sollen, Streit entstanden war, die Stahlpressen vorbehaltlos geliefert. Die vorbehaltlose Übereignungs-
offerte ist von K mit der Entgegennahme der Pressen angenommen worden, sodass zunächst K unbedingtes Eigentum erworben hat. Möglicherweise hat M aber nachträglich wieder (auflösend bedingtes) Eigentum erworben, als K dem M erklärte, er wolle

---

A.A. OLG Karlsruhe BB 1972, 1162; *Emmerich*, JuS 1972, 361 (365); *Weber*, DB 1970, 2417 (2423): an
die Stelle der AGB tritt in vollem Umfang das dispositive Gesetzesrecht.

14 *Ulmer/Brandner/Hensen*, § 2 Rdn. 99; *Schlechtriem* (Fn. 9), S. 76; *Graf v. Westphalen*, DB 1976, 1317
(1319); vgl. auch *Wolf/Horn/Lindacher*, § 2 Rdn. 73; auch BGHZ 61, 282 (287); BGH JZ 1977, 602
(603); NJW 1995, 1671 (1672); OLG Köln ZIP 1980, 270 (271 ff.).

15 Eines Eingehens auf die Vereinbarungen des Eigentumsvorbehalts bedarf es an dieser Stelle nicht. Anders
als § 455 BGB a.F. gewährt der Eigentumsvorbehalt nach neuer Rechtslage im Falle des Zahlungsverzu-
ges kein eigenständiges Rücktrittsrecht mehr (§ 449 II BGB). Zur alten Rechtslage vgl. Vorauflage.

16 Auch dies gilt unabhängig davon, ob ein Eigentumsvorbehalt eingeräumt wurde.

17 Daneben bedarf es eines schuldrechtlichen Herausgabeanspruches nicht (BGH BB 1970, 898 = NJW
1970, 1733 f.); a.A. aber *Serick*, Eigentumsvorbehalt und Sicherungsübereignung, Bd. 1, 1963, S. 138).
Denn nach dem Willen der Parteien soll der Herausgabeanspruch sachenrechtlich gesichert werden.

ihm jetzt einen Eigentumsvorbehalt einräumen. Diese Offerte hat M durch die Gewährung eines Zahlungsaufschubes konkludent angenommen. Fraglich ist aber, ob die nachträgliche Vereinbarung eines Eigentumsvorbehaltes überhaupt möglich ist und ggf. unter welchen Voraussetzungen[18].

245 1. Nach Ansicht des BGH[19] erfordert die Abrede eines **nachträglichen Eigentums-vorbehalts** die Rückübereignung der Sache an den Verkäufer nach § 930 BGB und anschließend die aufschiebend bedingte Übereignung an den Käufer nach §§ 929 S. 2 (traditio brevi manu), 158 I BGB. Nach dieser Ansicht scheitert vorliegend die Wirksamkeit der nachträglichen Vereinbarung eines Eigentumsvorbehalts an dem für die Rückübereignung nach § 930 BGB erforderlichen Besitzmittlungsverhältnis. Die Abrede, K solle in Zukunft als Vorbehaltskäufer die Stahlpressen besitzen, reicht hierzu nicht aus[20].

246 Diese Ansicht der Rechtsprechung wird in der Literatur zu Recht überwiegend abgelehnt, denn das Erfordernis der Rückübereignung „wäre eine nutzlose Formalität, der jede Publizitätswirkung fehlt"[21]. Die h.L. sieht in der nachträglichen Vereinbarung eines Eigentumsvorbehalts eine Rückübertragung des um die Anwartschaft des Käufers gekürzten und somit auflösend bedingten Eigentums (§§ 929, 930, 158 II BGB)[22]. Damit wird die von der Rechtsprechung geforderte Rückübertragung und erneute bedingte Übertragung des Eigentums überflüssig, und es tritt ex nunc eine dem anfänglichen Eigentumsvorbehalt entsprechende Rechtssituation ein[23]. Das zur Rückübertragung des um die Anwartschaft gekürzten Eigentums nach § 930 BGB erforderliche Besitzmittlungsverhältnis, auf Grund dessen der Käufer dem Verkäufer gegenüber künftig zum unmittelbaren Besitz berechtigt ist (§ 868 BGB), ist der durch Hinzufügung der Eigentumsvorbehaltsabrede nachträglich geänderte Kaufvertrag. Da dieser mangels Zahlung des vollen Kaufpreises noch nicht erfüllt ist, besteht er weiter fort. Die Parteien sind deshalb nicht gehindert, die Erfüllungswirkung der bereits erfolgten

---

18 Das Problem des nachträglich vereinbarten Eigentumsvorbehaltes ist davon zu unterscheiden, dass der Verkäufer bei der Übergabe vertragswidrig nur ein bedingtes Übereignungsangebot macht. Wird ein solches Angebot angenommen, das auch in AGB enthalten sein kann (BGH BB 1982, 636, 637), entsteht ein wirksamer Eigentumsvorbehalt von Anfang an (*Baur/Stürner*, § 59 II 2 b; *Palandt/Bassenge*, § 929 Rdn. 29).

19 BGH NJW 1953, 217 (218); auch RGZ 49, 170 (172 f.); *E. Wolf*, Lehrbuch des Sachenrechts, 2. Aufl. 1979, § 7 B II e. In einer neueren Entscheidung hat der BGH diese Frage offengelassen. Jedenfalls könnten die Parteien nachträglich einen Feststellungs- oder Bestätigungsvertrag über das Bestehen eines Eigentumsvorbehaltes abschließen, um Streit oder Ungewissheit zu beseitigen. Diesem „Anerkenntnis" komme aber lediglich streitausschließende Wirkung zwischen den Parteien zu, es verändere nicht die Eigentumslage gegenüber jedermann (BGH NJW 1986, 2948 [2949] = JZ 1987, 355 [357] mit insoweit zust. Anm. *Henckel*). Die Voraussetzungen eines solchen Feststellungsvertrages (näher dazu BGH a.a.O.; *Staudinger/Marburger* (2002) § 781 Rdn. 8 ff., 25 m.w.N.) liegen hier jedoch nicht vor. Vielmehr zielte die Erklärung des K eindeutig darauf, einen Eigentumsvorbehalt nachträglich erst zu begründen.

20 *Palandt/Bassenge*, § 930 Rdn. 7 ff.

21 *Schlegelberger/Hefermehl*, HGB, 5. Aufl. 1982, Anh. zu § 382 Rdn. 11.

22 So *Raiser*, NJW 1953, 217; *R. Schmidt*, MDR 1955, 447; *Larenz*, SchuldR II, 1, § 43 II a a.E.; *Bülow*, Rdn. 740; *Brox*, JuS 1984, 657 (658); MK/*Westermann*, § 455 Rdn. 21; *Staudinger/Honsell* (1995) § 455 Rdn. 15; *Westermann*, Sachenrecht, 7. Aufl. 1998, § 39 IV a.E.; *Soergel/Henssler*, Anh § 929 Rdn. 46; *Serick* (Fn. 17), S. 93 f.

23 Den Beteiligten bleibt es aber unbenommen, zunächst das Eigentum zurückzuübereignen und dann an den Käufer unter der aufschiebenden Bedingung der Zahlung des Kaufpreises wieder zu übereignen; *Müller*, Sachenrecht, 4. Aufl. 1997, Rdn. 2431; *Palandt/Bassenge*, § 929 Rdn. 30.

Übereignung durch eine dem § 449 BGB entsprechende Inhaltsänderung des noch fortbestehenden Kaufvertrages aufzuheben.

2. Auf Grund der zwischen M und K nachträglich vereinbarten Eigentumsvorbehalts-   **247**
abrede ist somit M das um das Anwartschaftsrecht des K gekürzte Eigentum zurück
übertragen worden. Als Vorbehaltseigentümer ist M daher berechtigt, von dem Besitzer K die Stahlpressen herauszuverlangen, wenn K kein **Recht zum Besitz** gem. § 986
BGB zusteht.

Ein solches Recht ergab sich zunächst aus dem Kaufvertrag. Solange sich der Eigen-   **248**
tumsvorbehaltskäufer vertragstreu verhält, hat er ein schuldrechtliches Recht zum Besitz, das nach § 986 I S. 1 BGB auch gegenüber dem Vindikationsanspruch aus § 985
BGB wirkt. Ob das Besitzrecht des Vorbehaltskäufers bereits entfällt, wenn er sich mit
seiner Zahlungsverpflichtung in Verzug befindet, war bislang umstritten. Während die
neuere Rechtsprechung[24] und ein Teil der Literatur[25] die Ansicht vertrat, dass der Vor-
behaltsverkäufer erst dann den Kaufgegenstand vom Käufer herausverlangen könne,
wenn er nach § 455 BGB a.F. vom Vertrag zurückgetreten oder die gem. § 326 I BGB
a.F. gesetzte Nachfrist abgelaufen sei, war nach anderer Ansicht bereits bei Zahlungsverzug eine von § 986 BGB ungehinderte Vindikation möglich[26]. Diese Streitfrage ist
nunmehr durch den Gesetzgeber geklärt worden. Nach § 449 II BGB entfällt das Recht
zum Besitz aus dem Kaufvertrag nur dann, wenn der Verkäufer von diesem zurückgetreten ist[27].

Wie unter I bereits geprüft, ist M wirksam vom Vertrag zurückgetreten, sodass dem K   **249**
kein Recht zum Besitz zusteht und der Herausgabeanspruch des M gem. § 985 BGB
gerechtfertigt ist.

III. Ergebnis

M kann somit die Pressen zum Zwecke der Sicherstellung herausverlangen.

---

24 BGHZ 54, 214 f. = NJW 1970, 1733 = JZ 1971, 184 m. zust. Anm. *J. Blomeyer*; BGH JZ 1989, 198 (200).

25 *Baur/Stürner*, § 59 III 1 c; *Erman/Grunewald*, § 455 Rdn. 12; *Bülow*, Rdn. 753; *Lange*, JuS 1971, 511
   (514); *Larenz*, SchuldR II, 1, § 43 II b; *Medicus*, BürgR, Rdn. 294; *Wieling*, Sachenrecht I, 1990, S. 777,
   784; *Raiser*, Dingliche Anwartschaften, 1961, S. 73; weitere Nachw. zum Streitstand bei *Marburger*, 20
   Probleme aus dem BGB, Schuldrecht Besonderer Teil I, 5. Aufl. 1998, 4. Problem (S. 18 ff.).

26 RGZ 105, 23; RGZ 144, 62 (65 f.); BGHZ 34, 191 (197); *Georgiades*, Die Eigentumsanwartschaft beim
   Vorbehaltskauf, 1963, S. 113 (115 f.); *Müller*, DB 1969, 1493 f.; *Rühl*, Eigentumsvorbehalt und Abzah-
   lungsgeschäft, 1930, S. 92 f.; *Serick* (Fn. 17), Bd. I, S. 131 ff. (136 f.); *Thamm*, Der Eigentumsvorbehalt
   im deutschen Recht, 4. Aufl. 1977, S. 52; *Staudinger/Honsell* (1995) § 455 Rdn. 31; so auch die Vorauflage; einschränkend: *Erman/Hefermehl*, § 986 Rdn. 7.

27 Zum Eigentumsvorbehalt nach der Schuldrechtsreform vgl. *Habersack/Schürnbrand*, JuS 2002, 833 ff.;
   Schulze/Kienle, NJW 2002, 284 ff.

Fall 11

Vertretungsmacht – Vollmacht – vollmachtsgleiche Vertretungsmacht – still-schweigende Bevollmächtigung – Duldungsvollmacht – Anscheinsvollmacht – Gewohnheitsrecht – Analogie – culpa in contrahendo

Ausgangsfälle
BGH, Urt. v. 8. 3. 1961 – VIII ZR 49/60 = LM Nr. 10 zu § 167 BGB = MDR 1961, 592 = BB 1961, 548.
BGH, Urt. v. 5. 11. 1962 – VII ZR 75/61 = LM Nr. 13 zu § 167 BGB = MDR 1963, 125 = BB 1962, 1391.

Sachverhalt

250 Der Tiefbauunternehmer A in N war im Sommer 2002 in finanziellen Schwierigkeiten und erhielt kaum noch Aufträge. Auf eine Wende konnte A nur hoffen, wenn er einen Großauftrag wie die gerade ausgeschriebene Startbahnverlängerung des Flugplatzes in N erhalten konnte. Mit einem derartigen Auftrag konnte er aber kaum rechnen, da seine finanziellen Schwierigkeiten bekannt waren.

In dieser Lage wandte er sich an seinen Vetter B in R, der ebenfalls ein Tiefbauunternehmen betrieb, das aber wesentlich größer und völlig solvent war, und schlug B, der an dem Flugplatzprojekt selber nicht interessiert war, folgendes vor: B solle selbst ein Angebot für dieses Flugplatzprojekt einreichen, versehen mit dem Hinweis, dass der Auftrag von A als Subunternehmer des B ausgeführt werden würde. Im Innenverhältnis wolle er (A) den Auftrag ganz auf seine eigene Rechnung ausführen. B, der seinem Vetter aus seinen Schwierigkeiten helfen wollte, erklärte sich dazu bereit. Er reichte ein entsprechendes Angebot beim Finanzbauamt ein und erhielt tatsächlich den Zuschlag. A begann daraufhin sogleich mit der Ausführung. Nach zwei Monaten – am 9. 11. 2002 – erfuhr B, dass A alle Verträge mit seinen Materiallieferanten in seinem (B's) Namen abschloss. B stellte den A daraufhin noch am gleichen Tage zur Rede. Er habe zwar dem Finanzbauamt gegenüber für A bürgen wollen, keinesfalls aber auch gegenüber allen Materiallieferanten des A. A hätte ihre Abmachung auch keinesfalls in diesem Sinne verstehen dürfen. A versprach daraufhin, nicht mehr im Namen des B aufzutreten und die Verträge mit seinen Materiallieferanten nur noch im eigenen Namen zu schließen. B verließ sich darauf.

A hielt sich jedoch nicht an sein Versprechen, sondern bestellte am 29. 11. 2002 im Namen des B bei der Baumaterialienhandlung L für 5000 € Zement, den die Firma L einige Tage darauf lieferte. Dem Inhaber der Firma L war bekannt, dass A das Flugplatzprojekt als Subunternehmer des B ausführte und dass A die bisherigen Materiallieferungsverträge im Namen des B abgeschlossen hatte.

Über das Vermögen des A ist am 10. 2. 2003 das Insolvenzverfahren eröffnet worden.

Frage:
Kann L von B Zahlung von 5000 € verlangen?

100

Gliederung   251

Lösung

I. Anspruch aus § 433 II BGB

L könnte gegen B einen **Anspruch auf Zahlung von 5000 € nach § 433 II BGB**   252
haben.

Das setzt voraus, dass zwischen L und B ein wirksamer Kaufvertrag zustande gekommen ist.

Die Wirkungen der von A abgegebenen Kaufofferte sind aber nur dann in der Person   253
des B eingetreten, wenn A beim Vertragsschluss im Namen des B aufgetreten ist und
innerhalb einer ihm zustehenden Vertretungsmacht gehandelt hat (§ 164 I S. 1 BGB).

Bei der Bestellung der 5000 €-Lieferung ist A ausdrücklich als Vertreter des B aufgetreten. Fraglich ist deshalb nur, ob er auch die entsprechende Vertretungsmacht besaß,
um aus dem Kaufvertrag den B zu verpflichten.

1. Eine derartige Vertretungsmacht hat B dem A jedenfalls nicht rechtsgeschäftlich   254
(also durch **Vollmacht**) erteilt (vgl. § 166 II S. 1 BGB). Die Bevollmächtigung erfolgt
entweder intern durch Erklärung gegenüber dem zu Bevollmächtigenden oder extern
gegenüber dem Dritten, dem gegenüber die Vertretung stattfinden soll (§ 167 I BGB).
Beide Formen der Vollmachtserteilung scheiden hier jedoch aus: Im Innenverhältnis
hat sich B von A gerade versprechen lassen, dass dieser nicht mehr Geschäfte im

Namen des B tätigen werde. Nach außen hin aber hatte er nur dem Finanzbauamt gegenüber die Ausführung des Flugplatzbaues übernommen und dabei A als Subunternehmer bezeichnet. Nur in dem Verhältnis zwischen B und dem Finanzbauamt könnte darin eine Bevollmächtigung des A zur Vornahme etwaiger Rechtsgeschäfte innerhalb der Herstellungsbeziehung (z.B. zum Empfang der Abnahmeerklärung des Bestellers nach §§ 164 III, 640 I BGB) liegen; keinesfalls lässt sich darin zugleich auch eine an alle Lieferanten gerichtete Bevollmächtigung des A erblicken, die ihn berechtigt hätte, die Baustofflieferungen unter Verpflichtung des B zu veranlassen.

255 Aus diesem Grunde entfällt schließlich auch eine **vollmachtsgleiche Vertretungsmacht** nach § 171 I BGB, da B weder durch besondere Mitteilung an L noch durch öffentliche Bekanntmachung kundgegeben hat, er habe den A zum Abschluss von Kaufverträgen bevollmächtigt. Selbst wenn B das Auftreten des A als seines Vertreters durch sein Nichteinschreiten „geduldet" haben sollte, so würde dieses bloße Dulden der Handlungsweise des Scheinvertreters doch keine gewollte Kundgabe darstellen, die dazu bestimmt ist, einem Dritten oder der Öffentlichkeit zur Kenntnis zu gelangen[1]. Eine unmittelbare Anwendung von § 171 I BGB scheidet deshalb aus.

256 2. Möglicherweise hat B aber dadurch, dass er nichts unternahm, um ein weiteres Auftreten des A in seinem Namen zu verhindern, einen Tatbestand realisiert, der in analoger Anwendung von § 171 I BGB zu einer **vollmachtsgleichen Vertretungsmacht** führt.

257 a) Eine **analoge Anwendung von § 171 I BGB** ist dann geboten, wenn jemand weiß, dass ein anderer unbefugt in seinem Namen auftritt, er diesen anderen nicht bevollmächtigen will, aber doch sein Auftreten duldet und damit rechnen muss, dass der Verkehr aus seiner Untätigkeit auf das Vorliegen einer Vollmacht schließen muss (sog. **Duldungsvollmacht**)[2].

258 B hatte keine Kenntnis davon, dass A nach dem 9. 11. weiter als Vertreter für ihn auftrat und hat dieses Auftreten deshalb auch gar nicht „dulden" können. Man könnte allerdings noch erwägen, ob nicht das Verhalten des B bis zum 9. 11. 2002 eine Duldungsvollmacht darstellt. Diese wäre nämlich nicht etwa schon deshalb in Fortfall gekommen, weil B vom weiteren Auftreten des A als Scheinvertreter nichts wusste und dieses deshalb auch nicht weiterhin „dulden" konnte: Die Duldungsvollmacht kann vielmehr, da sie auf einer analogen Anwendung von § 171 BGB beruht, nach § 171 II BGB analog auch nur durch Zerstörung des Rechtsscheins der Bevollmächtigung beseitigt werden[3]. Bis zum 9. 11. 2002 hat B aber ebenfalls nichts vom Auftreten des A in seinem

---

1 *Larenz/Wolf*, BGB AT, § 48 Rdn. 5; MK/*Schramm*, § 171 Rdn. 4, § 167 Rdn. 31; *Soergel/Leptien*, § 171 Rdn. 3, § 167 Rdn. 17 ff., 20; *Medicus*, BGB AT, Rdn. 930; ähnlich *Canaris*, Die Vertrauenshaftung im deutschen Privatrecht, 1971, S. 50; a.A. *Flume*, § 49, 3.
2 BGH WM 2002, 1274 (1275); NJW 2002, 2325 (2327); *Diederichsen*, Rdn. 299; *ders.*, JurA 1969, 71 (82 f.); *Giesen/Hegermann*, Jura 1991, 357 (367); *Schack*, Rdn. 504. Die rechtliche Einordnung der Duldungsvollmacht ist außerordentlich umstritten; zum Streitstand vgl. *Staudinger/Schilken* (2001) § 167 Rdn. 28 ff.; *Wieling*, JA 1991, 222 (Ü).
3 Im Ergebnis ebenso *Flume*, § 49, 3; *Soergel/Leptien*, § 167 Rdn. 22. A.A. BGH LM § 167 BGB Nr. 10 unter II 3: „Ebenso wie nämlich eine ausdrücklich oder stillschweigend erteilte Vollmacht von vornherein zeitlich beschränkt oder auch später ausdrücklich stillschweigend (sic) widerrufen werden kann, muss das entsprechend auch für eine sog. Duldungsvollmacht gelten. Von ihr kann – mindestens in der Regel – nicht mehr gesprochen werden, wenn ein weiteres – Dulden entfällt".

Namen gewusst und dieses deshalb auch nicht dulden können. Aus diesen Gründen kommt eine Duldungsvollmacht nicht in Betracht.

b) Erwägen könnte man aber, ob A nicht auf Grund einer sog. **Anscheinsvollmacht** 259 Vertretungsmacht hatte, im Namen des B Baumaterialien für das Flugplatzprojekt zu kaufen. Nach der Rechtsprechung und einem großen Teil der Lehre kann sich nämlich „der Vertretene im Interesse der Rechtssicherheit auf den Mangel der Vollmacht seines angeblichen Vertreters dann nicht berufen, wenn er dessen Verhalten zwar nicht kannte, es aber bei pflichtgemäßer Sorgfalt hätte kennen und verhindern können, und wenn ferner der Geschäftsgegner das Verhalten des Vertreters nach Treu und Glauben und mit Rücksicht auf die Verkehrssitte dahin auffassen durfte, dass es dem Vertretenen bei verkehrsgemäßer Sorgfalt nicht habe verborgen bleiben können, dass dieser es also dulde"[4].

Fraglich ist jedoch, ob diese Lehre von der Anscheinsvollmacht berechtigt ist. Sie 260 **widerspricht dem Prinzip der Privatautonomie**, das unsere Privatrechtsordnung beherrscht, indem sie an die Verletzung von Sorgfaltspflichten – nämlich an die schuldhafte Hervorrufung oder Nichtbeseitigung des Rechtsscheins einer Bevollmächtigung – die Folgen eines Rechtsgeschäfts – nämlich einer Bevollmächtigung – knüpft. Rechtsgeschäftliche Verpflichtung und Haftung aus schuldhaft sorgfaltswidrigem Verhalten sind jedoch verschiedene Kategorien: Vertragliche Primäransprüche auf Erfüllung entstehen nur durch Willenserklärung; dagegen führt die Verletzung pflichtgemäßer Sorgfalt grundsätzlich nur zur Haftung auf Schadensersatz[5].

Möglicherweise lässt sich die Lehre von der Anscheinsvollmacht aber dennoch mit 261 einer Einzel- oder Gesamtanalogie zu solchen gesetzlichen Vorschriften begründen, die ebenfalls an die Hervorrufung eines Rechtsscheins die Folgen eines Rechtsgeschäfts, nämlich die Folgen einer Bevollmächtigung, knüpfen.

aa) In Betracht kommt zunächst – wie bei der „Duldungsvollmacht" – eine **Gesetzes-** 262 **analogie zu § 171 I BGB**.

---

4 BGH LM § 164 BGB Nr. 9. Die Anerkennung der Anscheinsvollmacht als eines Tatbestandes, der eine vollmachtsgleiche Vertretungsmacht schafft, ist st. Rspr., vgl. BGHZ 5, 111 (116); 70, 247 (249); 86, 273 (275 f.); BGH LM § 167 Nr. 3, 4, 8, 10, 11, 13; § 1357 BGB Nr. 1; § 2032 BGB Nr. 2; BGH WM 1977, 1169 (1170); NJW 1981, 1727 (1728); 1991, 1225. Auch in der Literatur wird die Anscheinsvollmacht ganz überwiegend anerkannt: *Enneccerus/Nipperdey*, § 184 II 3c; *Brox*, Rdn. 566; *Köhler*, § 11 Rdn. 44 f.; *Rüthers/Stadler*, § 30 Rdn. 45 ff.; *Giesen*, Rdn. 421 f.; *Eisenhardt*, Rdn. 439 ff.; *Löwisch*, Rdn. 211; *Soergel/Leptien*, § 167 Rdn. 17; MK/*Schramm*, § 167 Rdn. 43; *Palandt/Heinrichs*, § 173 Rdn. 14; RGRK/*Steffen*, § 167 Rdn. 12; *H. Krause*, Das Schweigen im Rechtsverkehr, 1933, S. 138 ff.; *Fikentscher*, AcP 154 (1955), 1 ff.; vgl. auch *Lüderitz*, JuS 1976, 765 (769 f.); für Differenzierung nach dem Grad der Verantwortlichkeit des Vertretenen *Hübner*, Rdn. 1284 ff., 1289.
5 Aus diesem Grunde lehnen die Lehre von der Anscheinsvollmacht ab: *Brehm*, Rdn. 468; *Staudinger/Schilken* (2001) § 167 Rdn. 31; *Flume*, § 49, 4; *Diederichsen*, Rdn. 300; *Larenz/Wolf*, BGB AT, § 48 Rdn. 29; *Medicus*, BürgR, Rdn. 101; *ders.*, BGB AT, Rdn. 969 ff.; *Picker*, NJW 1973, 1800 f.; *Wieling*, JA 1991, 222 (Ü) (224 ff., 227); *Bader*, Duldungs- und Anscheinsvollmacht, 1978, S. 179 ff.; *Canaris* (Fn. 1), S. 48 ff., 191 ff.; *ders.*, JZ 1976, 132, 133 (Beschränkung der Anscheinsvollmacht auf das Handelsrecht, zust. insoweit *Larenz/Wolf*, BGB AT § 48, Fn. 33 u. *Medicus*, BürgR, Rdn. 101; *ders.*, BGB AT, Rdn. 972); *Frotz*, Verkehrsschutz im Vertretungsrecht, 1972, S. 299 f.; *Litterer*, Vertragsfolgen ohne Vertrag, 1979, S. 142 ff. Alle diese Autoren wollen, wie schon *Titze*, JW 1925, 1753, und *Lent*, JR 1931, 150 f., die Anscheinsvollmacht durch eine Haftung des Vertretenen aus culpa in contrahendo ersetzen. Eine ausführliche Darstellung dieses Problems findet sich bei *Diederichsen*, JurA 1969, 83 f.; *Werner*, S. 62 ff.

Die Übertragung einer für einen bestimmten Tatbestand geschaffenen Rechtsfolge auf einen anderen Tatbestand im Wege der Analogie setzt voraus, dass der geregelte und der nicht geregelte Tatbestand gemessen an der ratio legis der betreffenden Norm so ähnlich sind, dass der Gleichheitssatz eine Gleichbehandlung verlangt[6]; erforderlich ist also, dass die Tatbestände „gerade in den für die rechtliche Bewertung maßgebenden Hinsichten übereinstimmen"[7].

Die besondere Mitteilung oder öffentliche Bekanntmachung nach § 171 I BGB ist zwar in der Regel kein Rechtsgeschäft, sondern nur die Unterrichtung des Empfängers oder der Öffentlichkeit über eine bereits erteilte Vollmacht[8]. Das Gesetz stellt sie aber wegen des dadurch hervorgerufenen **Rechtsscheins**, auf den der Empfänger oder die Öffentlichkeit soll vertrauen dürfen, einer rechtsgeschäftlichen Vollmachterteilung gleich. Das Besondere ist dabei, dass bei der ausdrücklichen Mitteilung oder öffentlichen Bekanntmachung einer Bevollmächtigung der Geschäftsherr normalerweise wissentlich die Handlung begeht, an die sich der Rechtsschein knüpft, und dass er die Kundgabe unter den Voraussetzungen der §§ 119 ff. BGB anfechten kann[9]. Während also der Vertretene im Falle des § 171 BGB bewusst eine Handlung begeht, die den Rechtsschein einer bereits erfolgten Bevollmächtigung hervorruft, weiß er im Falle der Duldungsvollmacht, dass ein anderer als sein Vertreter auftritt, und unternimmt zurechenbarerweise nichts dagegen. Die beiden Fälle stimmen darin überein, dass der Vertretene sich der Tatsachen bewusst ist, an die sich der Rechtsschein einer Bevollmächtigung knüpft. Aus diesem Grunde ist die analoge Anwendung von § 171 BGB auf den Tatbestand der Duldungsvollmacht möglich. In den Fällen der Anscheinsvollmacht weiß der Vertretene aber gerade nicht, dass der Rechtsschein einer Vertretungsmacht besteht. Insofern fehlt es also an der nötigen Rechtsähnlichkeit für eine analoge Anwendung von § 171 I BGB auf den Tatbestand der Anscheinsvollmacht[10].

263   bb) Die Anscheinsvollmacht lässt sich auch nicht mit einer **Analogie zu § 56 HGB** begründen[11]. Nach § 56 HGB gelten Personen, die in einem Laden oder in einem offenen Warenlager angestellt sind, als ermächtigt zu Verkäufen und Empfangnahmen, die in einem derartigen Laden oder Warenlager gewöhnlich geschehen. § 56 HGB knüpft also an den Rechtsschein, der in der Anstellung in einem Laden oder offenen Warenlager liegt, die Folgen einer Vollmacht. § 56 HGB ist aber nicht anwendbar, wenn jemand ohne Wissen und Willen des Ladeninhabers mit dem Publikum verkehrt[12]. Auch § 56 HGB setzt also voraus, dass der Vertretene den Tatbestand kennt, an den sich der Rechtsschein der Bevollmächtigung knüpft. Insofern liegt wiederum ein wesentlicher

---

6 *Canaris*, Die Feststellung von Lücken im Gesetz, 2. Aufl. 1983, S. 71 f.

7 *Larenz*, Methodenlehre, S. 366; sowie *Diederichsen*, JuS 1968, 568 f. unter 3.

8 *Larenz/Wolf*, BGB AT, § 48 Rdn. 5; MK/*Schramm*, § 171 Rdn. 1; *Erman/Palm*, § 171 Rdn. 3; a.A. *Flume*, § 49, 2a, c; diff. *Staudinger/Schilken* (2001) § 171 Rdn. 2 f. s. hierzu auch Rn. 297.

9 *Larenz/Wolf*, BGB AT, § 48 Rdn. 6; *Medicus*, BürgR, Rdn. 95, 97; *ders.*, BGB AT, Rdn. 947; *Planck/Flad*, § 171 Anm. 3; *Flume*, § 49, 2c; MK/*Schramm*, § 171 Rdn. 7 m.w.N.; *Staudinger/Schilken* (2001) § 171 Rdn. 9; a.A. *Enneccerus/Nipperdey*, § 184 II 3 b Anm. 26; *Oertmann*, § 171 Anm. 2a und § 172 Anm. 1c.

10 *Canaris* (Fn. 1), S. 50; *Diederichsen*, JurA 1969, 83 f.; *Gottsmann* (Fn. 1), S. 51 mit weiteren Argumenten gegen die Analogie; *Hoffmann*, JuS 1970, 451; *Peters*, AcP 179 (1979), 214 (232); *Staudinger/Schilken* (2001) § 167 Rdn. 31.

11 Vgl. aber *Krause* (Fn. 4), S. 156.

12 *Fabricius*, JuS 1966, 551; *Baumbach/Hopt*, § 56 Rdn. 3; GK-HGB/*Joost*, § 56 Rdn. 11.

Unterschied zum Tatbestand der Anscheinsvollmacht vor, der eine Analogie ausschließt[13].

cc) Weiterhin hat *Nipperdey*[14] die Anscheinsvollmacht mit einer Rechts- oder besser **Gesamtanalogie zu** den das Vertrauen auf veranlassten Rechtsschein schützenden **§§ 171 ff., 370 BGB, 56 HGB** begründen wollen. Für eine Gesamtanalogie kommen die §§ 171 BGB und 56 HGB jedoch aus den gleichen Gründen nicht in Betracht wie für eine Einzelanalogie, und aus der vereinzelten Vorschrift des § 370 BGB lassen sich derart weitgehende Folgerungen nicht ziehen.

264

dd) Schließlich kann auch der **Rückgriff auf § 242 BGB** die Annahme einer Anscheinsvollmacht nicht zureichend erklären[15]. Wenn nach unserer Rechtsordnung die Vernachlässigung pflichtgemäßer Sorgfalt nur zur Haftung auf Schadensersatz, nicht aber zu rechtsgeschäftlichen Primäransprüchen auf Erfüllung führen kann, so lässt sich diese Grundentscheidung nicht durch Berufung auf § 242 BGB aus den Angeln heben. Auch § 242 BGB kann dann allenfalls wieder zu einer Haftung auf Schadensersatz führen.

265

Als Ergebnis bleibt festzuhalten, dass die sog. Anscheinsvollmacht dem Gesetz widerspricht, da sie die klar geschiedenen Kategorien der Verletzung pflichtgemäßer Sorgfalt und der Willenserklärung miteinander vermengt[16].

ee) Zu überlegen bleibt, ob die Lehre von der Anscheinsvollmacht nicht mittlerweile **Gewohnheitsrecht** geworden ist[17] und deshalb heute auch dann gilt, wenn sie ursprünglich dem Gesetz widersprochen haben sollte. Gewohnheitsrecht entsteht durch eine **allgemeine Rechtsüberzeugung** oder einen allgemeinen Rechtsgeltungswillen, die sich durch eine im Wesentlichen **gleichartige Übung** manifestieren[18]. Ein derartiger allgemeiner Rechtsgeltungswille lässt sich kaum durch Befragen feststellen, ist aber anzunehmen, wenn die Übung freiwillig und unangefochten ist und eine sinnhafte Beziehung auf anerkannte Rechtsgrundsätze und die Rechtsidee aufweist[19]. Dass die Lehre von der Anscheinsvollmacht auf einer freiwilligen und unangefochtenen Übung aller Rechtsgenossen beruht, wird man angesichts ihrer Gegner nicht ernsthaft behaupten können.

266

Möglicherweise ist die Anscheinsvollmacht aber deshalb Gewohnheitsrecht geworden, weil sie **von der ständigen Rechtsprechung anerkannt** wird[20]. Zwar führt nicht jede ständige Rechtsprechung zur Bildung von Gewohnheitsrecht und damit zur Bindung der Gerichte an ihre eigene Spruchpraxis, sodass man mit der Annahme, dass aus

267

---

13 *Staudinger/Schilken*, § 167 Rdn. 31.
14 *Enneccerus/Nipperdey*, § 184 II 3c.
15 So aber *Staudinger/Dilcher*, 12. Aufl. 1980, § 167 Rdn. 32 f.
16 *Medicus*, BürgR, Rdn. 101; *Diederichsen*, Rdn. 300 u. die in Fn. 5 genannten Autoren; vgl. auch *Lindacher*, Fall 14 (S. 71 ff.).
17 So *Leipold*, Rdn. 843.
18 *Enneccerus/Nipperdey*, § 39 I – II; *Larenz*, Methodenlehre, S. 356; *Röhl*, Allgemeine Rechtslehre, 2. Aufl. 2001, S. 525 ff. Die Willenstheorie und die Überzeugungstheorie haben sich heute weitgehend angenähert; vgl. *Enneccerus/Nipperdey*, § 38 III 2c.
19 *Larenz*, Methodenlehre, S. 356; *Staudinger/Coing*, Einl. zum BGB, Rdn. 239, 243.
20 Vgl. *Staudinger/Schilken* (2001) § 167 Rdn. 31 a.E.; *Flume*, § 49, 4; *Leipold*, Rdn. 843.

Gerichtsgebrauch Gewohnheitsrecht geworden sei, vorsichtig sein muss[21]. Aber anerkanntermaßen kann der Anstoß zur Bildung von Gewohnheitsrecht auch von einer konstanten Rechtsprechung ausgehen[22]. Es ist umstritten, ob für die Entstehung von Gewohnheitsrecht aus einer ständigen Rechtsprechung erleichterte Voraussetzungen bestehen. Während die h.L. annimmt, dass Gewohnheitsrecht erst dann entsteht, wenn **usus** und **opinio iuris** bei der überwiegenden Mehrheit der Rechtsgenossen vorliegen, wenn die ständige Rechtsprechung also in das allgemeine Rechtsbewusstsein übergegangen ist und von den Rechtsgenossen im Bewusstsein ihrer Normgeltung ganz überwiegend beachtet wird[23], genügt nach anderer Meinung die längere Übung durch die Gerichte selbst, sofern diese unangefochten ist, d.h. bei den Instanzgerichten, der Wissenschaft und der Bevölkerung keinen nennenswerten Widerstand findet[24].

268   Diese Streitfrage kann hier indessen offen bleiben, da auch die erleichterten Voraussetzungen hier nicht vorliegen. Zum einen fehlt es bereits an einer längeren Übung: Wie *Flume* mit Recht betont, lag in den vom RG unter dem Stichwort „Anscheinsvollmacht" behandelten Fällen in Wirklichkeit immer eine Duldungsvollmacht vor[25]. Die ständige Rechtsprechung beginnt also erst mit dem BGH. Vor allem ist aber die Lehre von der Anscheinsvollmacht auch nicht unangefochten, da sie schon frühzeitig in der Wissenschaft ernst zu nehmenden Widerstand fand[26] und heute von einer vordringenden Meinung im Schrifttum abgelehnt wird[27].

Da es somit eine Anscheinsvollmacht nicht gibt, ist kein Grund ersichtlich, der zu einer Vertretungsmacht des A für B geführt haben könnte.

3. Die Wirkungen des von A mit L im Namen des B geschlossenen Vertrages sind somit nicht in der Person des B eingetreten. Ein Anspruch des L gegen B aus § 433 II BGB besteht deshalb nicht[28].

---

21   *Röhl* (Fn. 18), S. 573; *Eisenhardt*, Rdn. 54.

22   *Larenz/Wolf*, BGB AT, § 3 Rdn. 23 ff.; *Hübner*, Rdn. 39.

23   *Larenz*, Methodenlehre, S. 356, 433; *Röhl* (Fn. 18), S. 572 f.; *Staudinger/Coing* (1995) Einl. zum BGB, Rdn. 242; *Eisenhardt*, Rdn. 54.

24   *Enneccerus/Nipperdey*, § 39 II 3 a, b; ähnlich *Rehbinder*, Einführung in die Rechtswissenschaft, 8. Aufl. 1995, S. 203 f., vom Boden seiner Einstimmungstheorie; vgl. auch MK/*Schramm*, § 167 Rdn. 45: Geltung der Grundsätze über die Anscheinsvollmacht kraft Richterrechts.

25   *Flume*, § 49, 4, S. 833; vgl. dazu auch *Gottsmann* (Fn. 5), S. 70 f.; *Diederichsen*, JurA 1969, 83; *Wieling*, JA 1991, 222 (Ü) (224 ff.).

26   So z.B. bei *v. Tuhr*, II 2, S. 394 f.

27   Die in Fn. 5 Genannten, sowie auch *Peters*, AcP 179 (1979), 214 ff., der in den Fällen der vorliegenden Art das Rechtsgeschäft als schwebend unwirksam ansieht und annimmt, den „Vertretenen" treffe unter bestimmten Voraussetzungen – ähnlich der Kontrahierungspflicht aus § 826 BGB – die Verpflichtung der Genehmigung des Vertreterhandelns.

28   Nimmt man entgegen der hier vertretenen Ansicht eine Anscheinsvollmacht an, so müsste sich B an dem von A mit L in seinem Namen geschlossenen Vertrag festhalten lassen. Eine wahlweise Inanspruchnahme des A durch L nach § 179 I BGB wäre dagegen nach h.M. ausgeschlossen, vgl. BGHZ 86, 273 (274 f.) m.w.N.; a.A. *Crezelius*, ZIP 1984, 791 (793 ff.) m.w.N.; differenzierend *Herrmann*, NJW 1984, 471 f.

II. Anspruch auf Schadensersatz gem. § 280 I, 241 II, 311 II BGB (culpa in contrahendo)

L könnte gegen B aber **Ansprüche auf Schadensersatz** haben.

Als Anspruchsgrundlage kommen die **§§ 280 I, 241 II, 311 II BGB (culpa in contra- 269 hendo)** in Betracht.

1. Dazu müsste B **schuldhaft eine Pflicht aus einem Schuldverhältnis** im Sinne des 270 §§ 311 II, 241 II BGB **verletzt haben**. Dadurch, dass L und A in Vertragsverhandlungen getreten sind, könnte gemäß §§ 311 II Nr. 1, 241 II BGB ein Schuldverhältnis zwischen L und B begründet worden sein, in dem besondere Verhaltens- und Sorgfaltspflichten gelten (Schutz-, Erhaltungs-, Aufklärungs-, Mitteilungs- oder Unterlassungspflichten). Fraglich ist, ob B eine derartige, aus dem Eintritt in Vertragsverhandlungen folgende Pflicht dem L gegenüber verletzt hat. Bedenken könnten schon deshalb bestehen, weil B selbst gar keine Vertragsverhandlungen[29] mit L geführt hat und von den durch A in seinem Namen geführten Verhandlungen gar nichts wusste. Aber auch beim Vertragsschluss durch einen falsus procurator werden die Vertragsverhandlungen auf den Vertretenen bezogen, und ihm wird das besondere Vertrauen vom Vertragspartner entgegengebracht. Auf Grund dieses ihm entgegengebrachten Vertrauens können sich für ihn gegenüber dem Vertragspartner nach Treu und Glauben genauso besondere Pflichten ergeben, als wenn nicht ein falsus procurator, sondern ein bevollmächtigter Vertreter in seinem Namen gehandelt hätte. Die Tatsache, dass A die Verhandlungen ohne Vertretungsmacht für B geführt hat, schließt also das Bestehen des gesetzlichen Schuldverhältnisses gemäß §§ 311 II, 241 II zwischen B und L nicht notwendigerweise aus[30].

Zu prüfen ist deshalb, ob B eine Pflicht verletzt hat, die sich für ihn aus dem Beginn der 271 in seinem Namen geführten Vertragsverhandlungen mit L nach Treu und Glauben ergab. Diese Pflichtverletzung könnte darin liegen, dass B nicht verhindert hat, dass A als sein Vertreter auftrat (**Verletzung einer Aufklärungs- bzw. Kontrollpflicht**). Indem B sich an der Ausschreibung für das Flugplatzprojekt beteiligte und dabei angab, dass die Arbeiten für ihn vollständig von A als Subunternehmer ausgeführt würden, hat er eine Situation geschaffen, in der der Schluss, A sei zum Kauf der Baumaterialien in B's Namen bevollmächtigt, immerhin verständlich, wenn auch keineswegs zwingend erschien. Insoweit hat B also einen gewissen, wenn auch geringen **Rechtsschein einer Bevollmächtigung des A** selbst erzeugt. Dieser Rechtsschein war dadurch verstärkt

---

29 Die von *Dölle*, ZStW 103 (1943), 67 ff. (zust. u.a. *Enneccerus/Lehmann*, § 27, 6; *Esser/Schmidt*, § 29 I 1; abl. *Larenz*, SchuldR I, § 9 I 1 [S. 109 f. Fn. 119]; *Staudinger/Löwisch* (2001) Vorbem. 65 zu §§ 275 ff.) begründete Auffassung, nach der es nicht auf die Aufnahme konkreter Vertragsverhandlungen ankommt, sondern ein „sozialer Kontakt" ausreicht, ist jedenfalls nach Einführung des § 311 II BGB durch das Schuldrechtsmodernisierungsgesetz abzulehnen, da nunmehr ausdrücklich zumindest ein „geschäftlicher Kontakt" vorausgesetzt wird.

30 *Palandt/Heinrichs*, § 311 Rdn. 22; MK/*Emmerich*, § 311 Rdn. 191; *Schack*, Rdn. 505; bereits *Macris*, Ein Beitrag zur Lehre von der Vollmachtserteilung, Arbeiten zum Handels-, Gewerbe- und Landwirtschaftsrecht, Nr. 82, 1941, S. 51, nahm an, dass eine Haftung des Geschäftsherrn aus culpa in contrahendo auch beim Auftreten eines falsus procurators eintreten könne. Nach *Soergel/Leptien*, § 177 Rdn. 34 u. *Frotz* (Fn. 5), S. 86 f. setzt die Haftung des Geschäftsherrn aus culpa in contrahendo beim Auftreten eines falsus procurators voraus, dass der falsus procurator wenigstens Verhandlungsvollmacht hatte. Diese Einschränkung ist jedoch nicht gerechtfertigt.

worden, dass A zwei Monate lang ungehindert Verträge im Namen des B abschloss, ohne dass B – der davon ja nichts wusste – dagegen vorgegangen wäre. Angesichts dieses starken Rechtsscheins einer Bevollmächtigung wäre B in dem Augenblick, in dem er von dem Auftreten des A als falsus procurator erfuhr, nach Treu und Glauben gegenüber den möglichen Vertragspartnern des in seinem Namen auftretenden A verpflichtet gewesen, alles seinerseits Mögliche zu tun, um ein weiteres Auftreten des A als sein Stellvertreter zu verhindern.

272 B hat das zwar auch zu verhindern versucht, indem er sich von A das Versprechen geben ließ, nur noch im eigenen Namen Baumaterialien für das Flugplatzprojekt zu kaufen. Aber angesichts der misslichen finanziellen Lage des A war bereits im Augenblick dieses Versprechens zu befürchten, dass A keine Lieferanten finden und deshalb doch „gezwungen" sein würde, im Namen des B aufzutreten. In dieser besonderen Situation durfte B sich nicht darauf verlassen, dass A sein Wort halten würde, sondern hätte **geeignete Maßnahmen ergreifen** müssen, um ein weiteres Auftreten des A in seinem Namen zu verhindern. Er hätte also entweder publik machen müssen, dass A keine Vollmacht von ihm erhalten hatte, oder aber, falls er A nicht desavouieren wollte, A genau überwachen müssen. Diese Pflicht des B entfiel auch nicht etwa deswegen, weil ihm ein solches Verhalten dem A gegenüber bei ihrer verwandtschaftlichen Beziehung unzumutbar gewesen wäre[31]. Man könnte allenfalls erwägen, ob es B unzumutbar war, seinen Vetter durch Bekanntmachung des Fehlens der Vertretungsmacht bloßzustellen. Keinesfalls war dem B aber eine besondere Überwachung seines Vetters unzumutbar.

273 2. B hat also eine Pflicht verletzt, die er nach Treu und Glauben gegenüber den Verhandlungspartnern des in seinem Namen auftretenden A auf Grund des ihm (B) entgegengebrachten Vertrauens hatte. L ist ein **Schaden** entstanden, da er an A Zement im Verkaufswert von 5000 € geliefert hat und von A dafür nur eine geringe Insolvenzquote erhalten kann.

274 3. Zu prüfen bleibt allerdings noch, ob die Pflichtverletzung des B für diesen Schaden des L **kausal** war. Wie immer bei der Kausalität von Unterlassungen kann es sich hierbei nur um eine „hypothetische", also eine gedachte Kausalität handeln. Es ist zu fragen, ob der Schaden nicht eingetreten wäre, wenn B pflichtgemäß gehandelt hätte. Diese gedachte Kausalität wäre gegeben, wenn L dem im eigenen Namen auftretenden A den Zement nicht geliefert hätte und wenn bei pflichtgemäßem Handeln des B ein Auftreten des A im Namen des B verhindert worden wäre. Dass L dem A bei seiner bekannten misslichen finanziellen Lage den Zement nicht geliefert hätte, wenn A im eigenen Namen aufgetreten wäre, ist zwar nicht absolut sicher, aber nach der Lebenserfahrung doch so wahrscheinlich, dass mangels anderweitiger Anhaltspunkte im Sachverhalt davon ausgegangen werden muss. Ebenso lässt es sich zwar nicht mit völliger Sicherheit ausschließen, dass es A auch bei dauernder Überwachung durch B gelungen wäre, im Namen des B Verträge mit seinem Materiallieferanten abzuschließen, oder dass L bei pflichtgemäßer Bekanntmachung des Fehlens der Vertretungsmacht des A

---

31 Das aus dem Eintritt in Vertragsverhandlungen erwachsende vorvertragliche Schuldverhältnis verpflichtet ohnehin nur zu denjenigen Aufklärungs-, Schutz- und Erhaltungsmaßnahmen, die den Verhandelnden zumutbar sind. Der Gesichtspunkt der „Unzumutbarkeit" kann darüber hinaus allerdings ganz allgemein bei allen Schuldverhältnissen zu einer Beschränkung oder einem Fortfall der Leistungspflicht führen, jedoch ist hier ein sehr strenger Maßstab anzulegen; vgl. *Larenz*, SchuldR I, § 10 IIc.

durch B auf Grund irgendwelcher Umstände davon keine Kenntnis erhalten hätte, aber diese Möglichkeiten sind doch so unwahrscheinlich, dass sie hier außer Betracht bleiben können. Die Pflichtverletzung des B war somit für den Schaden des L kausal.

4. Mit der bereits oben festgestellten objektiven Sorgfaltspflichtverletzung ist auch die Fahrlässigkeit (§ 276 II BGB) und damit das **Verschulden** (§ 276 I S. 1 BGB) des B indiziert. Somit liegen alle Voraussetzungen für einen Schadensersatzanspruch des L gegen B aus culpa in contrahendo vor. **275**

5. Zu klären bleibt aber noch der **Umfang dieses Anspruchs**. Der Schadensersatzanspruch aus culpa in contrahendo (§§ 280 I, 241 II, 311 II BGB) geht grundsätzlich auf das **negative Interesse** ohne Begrenzung durch die Höhe des positiven Interesses[32]. B hat den L so zu stellen, wie er stehen würde, wenn B seine Sorgfaltspflicht erfüllt hätte. Dann würde L den Zement für wahrscheinlich denselben Betrag an einen anderen verkauft und statt einer bloßen Insolvenzquote für seinen Anspruch aus § 179 I BGB gegen A den vollen Kaufpreis erhalten haben. Das negative Interesse beträgt also im vorliegenden Falle 5 000 € abzüglich der Insolvenzquote, die L für seinen Anspruch aus § 179 I BGB gegen A erhalten wird. **276**

6. Der Umfang der Schadensersatzpflicht des B könnte sich im vorliegenden Falle auf Grund eines **Mitverschuldens** des L verringern. Nach § 254 I BGB hängt in den Fällen, in denen bei der Entstehung des Schadens ein Verschulden des Geschädigten mitgewirkt hat, der Umfang des zu leistenden Ersatzes von den Umständen und insbesondere davon ab, inwieweit der Schaden vorwiegend von dem einen oder von dem anderen verursacht worden ist. Diese Vorschrift ist auch im Rahmen der culpa in contrahendo anzuwenden[33]. Das „Verschulden" des Geschädigten bedeutet dabei **Verschulden in eigener Angelegenheit**, also Außerachtlassung der Sorgfalt, die nach Lage der Sache zur Wahrnehmung eigener Angelegenheiten jedem ordentlichen und verständigen Menschen obliegt, um Schaden zu vermeiden[34]. Allein daraus, dass L sich auf die Behauptung des A, er habe Vertretungsmacht für B, verließ, kann jedoch nicht der Vorwurf eines mitwirkenden Verschuldens abgeleitet werden. **277**

III. Ergebnis

L kann daher von B 5000 € verlangen, abzüglich der Insolvenzquote, die er für seinen Anspruch gegen A erhalten wird.

---

32 *Larenz*, SchuldR I, § 9 I 3; zur Schadensberechnung bei Ansprüchen aus culpa in contrahendo vgl. auch BGH NJW 1981, 2050 f.; 2001, 2875; NJW-RR 1990, 230 und *v. Craushaar*, JuS 1971, 128 f; Das neue Schuldrecht/*Medicus* Kap. 3 Rdn. 167; *Lorenz/Riehm*, Rdn. 378 sowie *Rieble* in: *Dauner-Lieb/Konzen/Schmidt (Hrsg.)*, S. 153 weisen darauf hin, dass unter gewissen Umständen auch der Ersatz des Erfüllungsinteresses verlangt werden kann; siehe dazu auch oben Fall 3.

33 BGHZ 99, 101 (109); *Esser/Schmidt*, § 29 II 6a; *Medicus*, FS Lange, 1992, S. 539. Bei der Anerkennung der Anscheinsvollmacht würde kein Raum für eine angemessene Berücksichtigung des doch fast immer vorhandenen Mitverschuldens des Geschädigten bleiben. (Das Mitverschulden könnte lediglich zum völligen Ausschluss jeden Anspruchs gegen den Vertretenen führen.) Diese Tatsache ist ein weiteres wichtiges Argument gegen die h.L. für die Lösung der in Fn. 5 Genannten.

34 RGZ 149, 6 (7); 156, 193 (207).

Fall 12

Unterschiede zwischen der Anfechtung des BGB und der Anfechtung des AnfG – Kenntnis des Vertreters – Unkenntnis des nach bestimmten Weisungen handelnden rechtsgeschäftlichen Vertreters – analoge Anwendung von Ausnahmevorschriften – Analogieverbot – analoge Anwendung von § 166 II BGB auf gesetzliche Vertreter

Ausgangsfall
BGH, Urt. v. 10. 10. 1962 – VIII ZR 3/62 = BGHZ 38, 65 = LM Nr. 7 zu § 3 AnfG = NJW 1962, 2251 = MDR 1963, 129 = BB 1963, 7 = JuS 1963, 80.

Sachverhalt

278 Der Baustoffgroßhändler Arnold Schulze befand sich 2002 in erheblichen finanziellen Schwierigkeiten. Da er voraussah, dass sein finanzieller Zusammenbruch unvermeidlich sein würde, veräußerte er am 21. 1. 2002 sein Geschäftsgrundstück, das mit Büro und Lagerschuppen etwa 225 000 € wert war, zu einem Preise von 6200 €, die in jährlichen Raten von 500 € zahlbar sein sollten, an seine 1988 geborene Tochter Berta. Diese wurde bei dem Kaufvertrag durch ihren Onkel mütterlicherseits, den Realschullehrer Fritz Wenk, vertreten, der auf Antrag Arnold Schulzes am 16. 1. 2002 zum Ergänzungspfleger für Berta Schulze bestellt worden war, wobei sein Aufgabenbereich auf den Erwerb des betreffenden Grundstücks beschränkt worden war. Der Vertrag war von Arnold Schulze so weit vorbereitet worden, dass Wenk ihn praktisch nur noch zu unterschreiben brauchte. Nach vormundschaftsgerichtlicher Genehmigung (§§ 1821 I Nr. 5, 1915 I BGB) wurde Berta Schulze am 18. 3. 2002 als Eigentümerin im Grundbuch eingetragen.

Am 19. 7. 2002 erlangte die Firma H. Preißler wegen einer Forderung aus Warenlieferungen ein mittlerweile rechtskräftiges Versäumnisurteil über 10 232,62 € mit Zinsen und Kosten gegen Arnold Schulze und versuchte in der Folgezeit mehrfach vergeblich die Zwangsvollstreckung aus diesem Titel. Am 16. 9. 2002 leistete Arnold Schulze den Offenbarungseid[1].

Als die Firma Preißler im März 2003 von der Grundstücksveräußerung erfuhr, klagte sie gegen Berta Schulze auf Duldung der Zwangsvollstreckung in das von Arnold Schulze an Berta Schulze übereignete Grundstück, wobei sie sich auf die §§ 11, 3 AnfG berief.

Frage:
Ist die Klage begründet?

---

1 Jetzt eidesstattliche Versicherung gem. § 807 ZPO.

Gliederung

I. Anspruch auf Duldung der Zwangsvollstreckung gem. §§ 11, 3 I, 2 AnfG

   1. Rechtsfolge des § 11 I AnfG

   2. Voraussetzungen des § 11 I AnfG

     a) § 1 AnfG

     b) § 3 I AnfG

       aa) Kenntnis des anderen Teils

       bb) Zurechnung der Kenntnis über § 166 II BGB

     c) § 3 II AnfG

     d) Anfechtungsberechtigter Gläubiger

II. Ergebnis

Lösung

I. Anspruch auf Duldung der Zwangsvollstreckung gem. §§ 11, 3 I, 2 AnfG

Die Firma Preißler (P) könnte gegen Berta Schulze (B. Sch) nach den §§ 11, 3 I, 2   **280** AnfG einen **Anspruch auf Duldung der Zwangsvollstreckung** in das betreffende Grundstück haben.

1. Nach § 11 I AnfG kann der anfechtungsberechtigte Gläubiger, soweit das zu seiner   **281** Befriedigung erforderlich ist, beanspruchen, dass dasjenige, was durch eine anfechtbare Handlung aus dem Vermögen des Schuldners veräußert, weggegeben oder aufgegeben ist, ihm zur Verfügung gestellt wird. „Dies bedeutet für den Regelfall, wenn nämlich die Zuwendung bei dem Anfechtungsgegner noch unterscheidbar vorhanden ist, dass der Anfechtungsgegner die Zuwendung für die Vollstreckung durch den Gläubiger so zur Verfügung zu stellen hat, wie wenn die anfechtbare Handlung nicht erfolgt wäre. Während der Anfechtungsgegner bei der Konkursanfechtung ... das Erlangte an die Konkursmasse zurückgewähren muss, ... hat er hier die Zwangsvollstreckung des Einzelgläubigers in die anfechtbar erlangten Vermögensstücke hinzunehmen (sog. Anspruch auf Duldung der Zwangsvollstreckung)"[2].

2. Einen auf Duldung der Zwangsvollstreckung in das Grundstück gerichteten Anfech-   **282** tungsanspruch nach § 11 I AnfG hat die Firma P gegen B. Sch aber nur dann, wenn die Veräußerung des Grundstücks an B. Sch nach den §§ 1, 3 AnfG anfechtbar und die Firma P ein anfechtungsberechtigter Gläubiger im Sinne von § 2 AnfG ist.

a) **§ 1 AnfG** stellt zwei allgemeine Voraussetzungen für die Anfechtung nach dem   **283** AnfG auf. Zum einen darf der **Schuldner** sich **nicht im Insolvenzverfahren** befinden.

---

2 *Baur/Stürner*, Zwangsvollstreckungs-, Konkurs- und Vergleichsrecht, Bd. I, 12. Aufl. 1995, Rdn. 26.68. Beachte: Die Anfechtung nach dem AnfG hat mit der Anfechtung i.S.v. § 119 ff. BGB nur den Namen gemein. Sie hat nämlich in der Regel Rechtshandlungen zum Gegenstand, denen kein Willensmangel anhaftet. Sie ist auch nicht die Ausübung eines Gestaltungsrechts, die zur Vernichtung eines Rechtsgeschäftes führt, sondern nur die Geltendmachung eines Anspruchs auf Duldung der Zwangsvollstreckung; vgl. nur *Huber*, Anfechtungsgesetz, 9. Aufl. 2000, Einf. Rdn. 9 ff.; § 11 Rn. 17; *Hübner*, Rdn. 967.

Zum anderen ergibt sich aus der Formulierung **„die seine Gläubiger benachteiligen"**, dass nur solche Rechtshandlungen anfechtbar sind, die objektiv die Befriedigungsmöglichkeit des Gläubigers aus dem Schuldnervermögen beeinträchtigt (d.h. ganz oder teilweise verhindert, erschwert oder verzögert) haben[3]. Beide Voraussetzungen sind im vorliegenden Fall gegeben: A. Sch befindet sich nicht im Insolvenzverfahren, und auf Grund der Veräußerung des Grundstücks an B. Sch ist die Vollstreckung aus dem Versäumnisurteil der Firma P gegen A. Sch erfolglos geblieben.

284 b) Die weiteren Voraussetzungen der Anfechtbarkeit sind in § 3 AnfG geregelt. Im vorliegenden Falle könnte die Veräußerung des Grundstücks an B. Sch nach **§ 3 I AnfG** anfechtbar sein. Nach dieser Vorschrift sind solche Rechtshandlungen anfechtbar, die der Schuldner mit dem – dem anderen Teil bekannten – **Vorsatz, seine Gläubiger zu benachteiligen**, vorgenommen hat.

285 aa) A. Sch hat das Grundstück an seine Tochter veräußert, um den Zugriff seiner Gläubiger auf das Grundstück zu verhindern und sich das Grundstück zu erhalten, also in der Absicht, seine Gläubiger zu benachteiligen. Fraglich könnte dagegen sein, ob diese Absicht **„dem anderen Teil bekannt"** war. Der „andere Teil" war hier B. Sch als die Erwerberin des Grundstücks. B. Sch hat aber bei dem Erwerb des Grundstücks gar nicht mitgewirkt, sondern ist durch den Ergänzungspfleger Wenk (W) gesetzlich vertreten worden (vgl. §§ 1629 II, 1793, 1915 I, 1909 I S. 1, 1795 i.V.m. § 181 BGB). Da die Anfechtbarkeit des Grundstückserwerbs eine „rechtliche Folge einer Willenserklärung" darstellt, die „durch die Kenntnis gewisser Umstände" (nämlich der Benachteiligungsabsicht des A. Sch) beeinflusst wird, ist § 166 I BGB, der nach Wortlaut und Sinn auch für den gesetzlichen Vertreter gilt[4], anzuwenden[5]. Danach kommt es nicht auf die Kenntnis oder Unkenntnis des Vertretenen, sondern auf die des Vertreters an, der das betreffende Rechtsgeschäft vorgenommen hat. Der Ergänzungspfleger W, der als gesetzlicher Vertreter für B. Sch den Grundstückserwerb vorgenommen hat, war aber ebenfalls gutgläubig.

286 bb) Fraglich ist, ob sich B. Sch nicht über § 166 II BGB die **Kenntnis** ihres allgemeinen gesetzlichen Vertreters A. Sch **zurechnen lassen** muss. Der Grundsatz des § 166 I BGB, der für die Kenntnis solcher Umstände, die die Folgen einer Willenserklärung beeinflussen, ausschließlich auf die Person des Vertreters abstellt, erfährt nämlich in Abs. 2 eine Ausnahme, wenn „im Falle einer durch Rechtsgeschäft erteilten Vertretungsmacht (Vollmacht) der Vertreter nach bestimmten Weisungen des Vollmachtgebers gehandelt hat"[6]. Eine unmittelbare Anwendung der Vorschrift des § 166 II BGB kommt aber nicht in Betracht, da diese nur von der „durch Rechtsgeschäft erteilten Vertretungsmacht" spricht, W als Ergänzungspfleger aber gesetzlicher Vertreter der B. Sch war.

---

3 *Huber* (Fn.2), § 1 Rdn. 32; BGHZ 12, 339 f.

4 *Staudinger/Schilken* (2001) § 166 Rdn. 3; MK/*Schramm*, § 166 Rdn. 17; *Enneccerus/Nipperdey*, § 182 II 1c.

5 RGZ 80, 1 (5); BGHZ 41, 17 (22); BGHZ 55, 307 (311); *Enneccerus/Nipperdey*, § 182 II 2, Fn. 18; *Staudinger/Schilken* (2001) § 166 Rdn. 22; MK/*Schramm*, § 166 Rdn. 40; RGRK/*Steffen*, § 166 Rdn. 2; *Schäfer*, Die Einzelgläubigeranfechtung, 1930, § 3 Anm. 26.

6 Näher dazu *Waltermann*, AcP 192 (1992), 181 (187).

Zu prüfen ist jedoch, ob man nicht im Wege einer **analogen Anwendung des § 166 II** **287**
BGB den Ergänzungspfleger W wie einen nach bestimmten Weisungen handelnden
rechtsgeschäftlichen Vertreter und den bösgläubigen A. Sch wie dessen Vollmachtgeber behandeln kann.

Eine analoge Anwendung des § 166 II BGB könnte möglicherweise schon daran schei- **288**
tern, dass es sich bei dieser Vorschrift um eine Ausnahmevorschrift handelt, die die
Regel des § 166 I BGB durchbricht. Denn es wird häufig betont, dass Ausnahmevorschriften eng auszulegen[7] und einer Analogie unfähig seien[8].

Gegen diese Auffassung spricht aber, dass, abgesehen von den obersten und allgemei- **289**
nen Rechtsvorschriften, fast jede Norm singulären Charakter hat[9], weil sie wiederum
ein allgemeines Prinzip durchbricht. Deshalb lässt sich nur die ganz oberflächliche
Maxime angeben, dass Normen sich desto weniger zur analogen Anwendung eignen,
je spezialisierter sie sind[10]. Je spezialisierter eine Norm ist, desto wahrscheinlicher ist
es nämlich, dass die besondere Ausnahmesituation, derentwegen die Norm geschaffen
worden ist, nicht über ihren Tatbestand hinausreicht, dass sich also keine anderen Fälle
von genügender Rechtsähnlichkeit finden lassen, und desto wahrscheinlicher ist es außerdem, dass der Gesetzgeber eine abschließende Regelung hat treffen wollen, die eine
Ausdehnung auf andere Fälle nicht zulässt. Völlig ausgeschlossen ist die Analogie
aber auch nach dieser Maxime nirgends[11].

Deshalb ist es heute mit Recht völlig herrschende Lehre, dass auch eine **Ausnahme-** **290**
vorschrift insoweit **der Analogie fähig** ist, als das ihr zu Grunde liegende engere Prinzip seinem Sinn nach auch den nicht geregelten Fall umfasst[12]. Die einzige Grenze, die
der Analogie bei Ausnahmevorschriften gezogen ist, ist die, dass sie zwar den Ausnah-
metatbestand einem anderen, rechtsähnlichen Sondertatbestand gleichstellen, nicht
aber das engere Prinzip zum allgemeinen erheben und dadurch die Ausnahme zur
Regel verkehren darf[13]. Die Tatsache, dass § 166 II BGB eine Ausnahmevorschrift darstellt, schließt deshalb seine analoge Anwendung nicht aus.

Erwägen könnte man aber, ob der Gesetzgeber nicht durch die von ihm gewählte For- **291**
mulierung eine analoge Anwendung des § 166 II BGB auf Fälle der gesetzlichen Vertretungsmacht verbieten wollte. Da der Gesetzgeber durch ein **Analogieverbot** dem
Richter befiehlt, rechtsähnliche Fälle verschieden zu behandeln, also gegen das oberste

---

7 RGZ 104, 55 (56); 140, 231 (239); 153, 1 (23); BGHZ 11, 135 (143); BSG NJW 1959, 167 (168).
8 BGHZ 2, 320 (322); 4, 219 (222); 47, 356 (360); BGH LM Nr. 1 zu § 38 EheG, S. 2; nach *Larenz*, Methodenlehre, S. 355 f., soll diese Auslegungsregel nur für Ausnahmen „auch der Sache nach“, in denen ein
 allgemeines Rechtsprinzip für eng umgrenzte Fälle durchbrochen wird, von beschränktem Wert sein, ohne dass aber eine Analogie in jedem Fall ausgeschlossen sei.
9 *Klug*, Juristische Logik, 4. Aufl. 1982, § 9 1 e cc, S. 113.
10 *Klug* (Fn. 9), S. 114; *E. Schneider*, Logik für Juristen, 5. Aufl. 1999, S. 150; dagegen *Enneccerus/*
 Nipperdey, § 48 I 2, Fn. 8.
11 *Klug*, (Fn. 9), S. 114.
12 *Canaris*, Die Feststellung von Lücken im Gesetz, 2. Aufl. 1983, S. 181; *Enneccerus/Nipperdey*, § 48 I 2;
 Heck, AcP 112 (1914), 1 (186); *Bender*, JZ 1957, 600; *Reinicke*, NJW 1952, 1153; *Engisch*, Einführung in
 das juristische Denken, 9. Aufl. 1997, S. 194; *Kaufmann*, JZ 1958, 9 f.; ebenso RGZ 102, 316 (319 f.);
 BAGE 1, 328 (329). Vgl. ferner die lehrreiche Entscheidung des BGH in FamRZ 1964, 135.
13 *Canaris* (Fn. 12), S. 181; *Pawlowski*, Methodenlehre für Juristen, 3. Aufl. 1999, Rdn. 489 f.

Gebot der Rechtsidee, das Gleichbehandlungsgebot, zu verstoßen[14], ist im Zweifel ein Analogieverbot abzulehnen; dieses ist nur da anzunehmen, wo der Gesetzgeber eine klare und eindeutige Entscheidung gegen eine analoge Anwendung getroffen hat[15]. Die bloße Nichterwähnung der gesetzlichen Vertretungsmacht in § 166 II BGB bedeutet keine derart eindeutige Entscheidung. Dem Gesetz ist deshalb nicht ein Analogieverbot des Inhalts zu entnehmen, dass § 166 II BGB *nur* in den Fällen rechtsgeschäftlicher Vertretungsmacht und nicht auch in geeigneten Sonderfällen gesetzlicher Vertretungsmacht angewendet werden darf, wenn Sinn und Zweck des Gesetzes eine gleiche Behandlung dieser Fälle mit jenen verlangen.

292　Eine analoge Anwendung von § 166 II BGB auf den vorliegenden Sachverhalt wäre dann möglich, wenn dieser mit dem in § 166 II BGB geregelten Tatbestand, gemessen an der ratio legis dieser Norm, gleichartig ist, sodass der Gleichheitssatz eine Gleichbehandlung verlangt[16]; wenn also der vorliegende Sachverhalt mit dem Tatbestand des § 166 II BGB gerade in den für die rechtliche Bewertung maßgebenden Hinsichten übereinstimmt[17].

293　Die Analogie könnte hier möglicherweise schon daran scheitern, dass der Ergänzungspfleger als gesetzlicher Vertreter gar nicht weisungsgebunden ist und dass damit ein für die Anordnung der Rechtsfolge des § 166 II BGB wesentlicher Gesichtspunkt auf den vorliegenden Sachverhalt nicht zutrifft.

294　Der Begriff des **„Handelns auf Weisung"** ist jedoch zur Sicherung des Gesetzeszwecks weit auszulegen. § 166 II BGB soll verhüten, dass durch die Bevollmächtigung eines arglosen Dritten die gesetzliche Folge der Mangelhaftigkeit eines Rechtsgeschäftes umgangen wird[18]. Der Gesetzgeber hat gemeint, dieser Zweck werde schon dadurch sichergestellt, dass er auch die Kenntnis oder das Kennenmüssen des Vertretenen maßgeblich sein lässt, wenn der Vertreter nach Weisung des Vertretenen gehandelt hat. Die Rechtsentwicklung ist jedoch über diese Auffassung hinweggegangen. Das RG hat in st. Rspr. für § 166 II BGB nicht gefordert, „dass immer zur Vollmacht, also auch wenn schon durch diese in Richtung auf einen bestimmten Rechtsakt angedeutet ist, noch bestimmte Weisungen des Machtgebers hinzukommen müssten", sondern es für ausreichend erachtet, dass „der Bevollmächtigte im Rahmen der Vollmacht zu einem bestimmten Rechtsakt schreitet, zu dessen Vornahme ihn der Machtgeber veranlassen wollte"[19]. Dem ist zuzustimmen, weil, wie die Praxis zeigt, nur eine solch weite Auslegung die Erreichung des Gesetzeszweckes sichert[20]. Geht man mit dieser **berichtigenden Auslegung** davon aus, dass § 166 II BGB gar keine echten Weisungen fordert, sondern nur voraussetzt, dass der Vertretene den Vertreter durch ein gezieltes

---

14 *Canaris* (Fn. 12), S. 183.
15 *Canaris* (Fn. 12), S. 184. Zur – mit Rücksicht auf Art. 103 II GG – grundlegend anderen Beurteilung des Analogieverbots im Strafrecht vgl. eingehend *Krey*, Studien zum Gesetzesvorbehalt im Strafrecht, 1977.
16 *Canaris* (Fn. 12), S. 71 f.
17 *Larenz*, Methodenlehre, S. 381; vgl. auch *Diederichsen*, JuS 1968. 569.
18 RG JW 1916, 318; BGHZ 38, 65 (67); *Müller-Freienfels*, Die Vertretung beim Rechtsgeschäft, 1955, S. 399; *Tintelnot*, JZ 1987, 795 (796).
19 RG JW 1916, 317 Nr. 2; SeuffArch 82 Nr. 41; RGZ 161, 153 (161); vgl. auch MK/*Schramm*, § 166 Rdn. 53; *Soergel/Leptien*, § 166 Rdn. 29.
20 BGHZ 38, 65 (68); 50, 364 (368).

Verhalten dazu veranlasst, gerade dieses Rechtsgeschäft vorzunehmen[21], so kann die Tatsache, dass ein gesetzlicher Vertreter keinen Weisungen unterworfen ist, für sich allein genommen die Analogie noch nicht ausschließen.

Die analoge Anwendung von § 166 II BGB auf den vorliegenden Sachverhalt setzt also nur voraus, dass 1. der Ergänzungspfleger W ein Rechtsgeschäft vorgenommen hat, zu dessen Vornahme ihn der Vertretene hat veranlassen wollen, und 2., dass die unterschiedliche Grundlage der Vertretungsmacht bei einem bevollmächtigten Vertreter und einem Ergänzungspfleger, gemessen am Sinn und Zweck des § 166 II BGB, unerheblich für die Anordnung der Rechtsfolge ist. **295**

Ob der Ergänzungspfleger W ein Rechtsgeschäft vorgenommen hat, zu dem die Vertretene (B. Sch) ihn hat veranlassen wollen, könnte deshalb zweifelhaft sein, weil nicht die minderjährige B. Sch – die von dem Erwerb des Grundstücks möglicherweise gar nichts wusste – ihn zum Erwerb des Grundstücks veranlassen wollte, sondern ihr Vater, der (zusammen mit ihrer Mutter) ihr allgemeiner gesetzlicher Vertreter war und ist. Dieser war zwar „bei der Veräußerung des Grundstücks kraft Gesetzes (§§ 1629 II, 1795 II, 181, 1794 BGB) von ihrer gesetzlichen Vertretung ausgeschlossen. Aber er hat dieses Geschäft geplant, eingeleitet und bis zum Abschluss vorbereitet und dann dafür gesorgt, dass sein Schwager W als von nichts wissender und sich im Übrigen um nichts kümmernder Vertreter der Beklagten beim formalen Abschluss des Geschäftes in Erscheinung trat. Bei dieser planenden und vorbereitenden Tätigkeit handelte der Vater nicht nur als der (künftige) Veräußerer, sondern ebenso auf der Erwerbsseite, und zwar hier als gesetzlicher Vertreter der Beklagten, wozu er, soweit es sich um die Veranlassung zur Bestellung eines Pflegers handelte, gemäß § 1909 II BGB sogar verpflichtet war"[22]. Diese Tätigkeit ihres gesetzlichen Vertreters muss sich B. Sch nach Sinn und Zweck der Institution gesetzlicher Vertretungsmacht wie eine eigene zurechnen lassen. „Sie hat demnach (durch ihren Vater) dafür gesorgt, dass sie beim Erwerb des Grundstücks durch einen die Benachteiligungsabsicht des Veräußerers nicht kennenden gesetzlichen Vertreter vertreten wurde. Darin liegt die entscheidende Ähnlichkeit mit den unmittelbaren Anwendungsfällen des § 166 II BGB, in denen das Gesetz es dem Vertretenen verwehrt, durch die Zwischenschaltung eines nichtwissenden Bevollmächtigten die eigene Kenntnis unschädlich zu machen"[23]. **296**

Zu prüfen bleibt, ob gegenüber dieser weitgehenden Übereinstimmung zwischen dem auf Veranlassung des A. Sch als des allgemeinen gesetzlichen Vertreters der B. Sch handelnden Ergänzungspfleger W und einem weisungsgebundenen Bevollmächtigten die unterschiedliche Grundlage der Vertretungsmacht ins Gewicht fällt und die Analogie ausschließt. Dabei ist zu berücksichtigen, dass auch der Ergänzungspfleger seine Vertretungsmacht wie in aller Regel auch im vorliegenden Fall der Initiative der Vertretenen verdankt, die, handelnd durch ihren allgemeinen gesetzlichen Vertreter, die Bestellung des Pflegers beantragt und dadurch veranlasst hat. „Die Zwischenschaltung des Vormundschaftsrichters trägt nur der rechtstechnischen Gestaltung der gesetzlichen Vertretung Rechnung und hat lediglich formalen Charakter. In Wirklichkeit ist es **297**

---

21 *Larenz/Wolf*, BGB AT, § 46 Rdn. 116; *Schilken*, Wissenszurechnung im Zivilrecht, 1983, S. 65 f.; *Schultz*, NJW 1996, 1392 (1393).
22 BGHZ 38, 65 (69); siehe auch *Palandt/Diederichsen*, § 1909 Rdn. 9
23 BGHZ 38, 65 (69); *Schilken* (Fn. 21), S. 163.

in einem solchen Falle – wie beim Bevollmächtigten der Vollmachtgeber – beim Ergänzungspfleger der durch seinen allgemeinen gesetzlichen Vertreter handelnde Minderjährige selbst, auf den die Erteilung der Vertretungsmacht zurückgeht"[24]. Auch der Unterschied in der Grundlage der Vertretungsmacht schrumpft also bei dem für § 166 II BGB allein interessierenden Gesichtspunkt der Autorschaft für das vom Vertreter abzuschließende Geschäft zusammen[25].

Der Ergänzungspfleger W gleicht somit in allen für die Anordnung der Rechtsfolge des § 166 II BGB wesentlichen Punkten einem bevollmächtigten Vertreter, der nach Weisungen des A. Sch als des allgemeinen gesetzlichen Vertreters der B. Sch (dessen Weisungen sich B. Sch wiederum nach Sinn und Zweck der Institution gesetzlicher Vertretungsmacht wie eigene Weisungen zurechnen lassen muss) gehandelt hat.

298   In analoger Anwendung von § 166 II BGB kann sich B. Sch somit nicht auf die Gutgläubigkeit des Ergänzungspflegers W beim Grundstückserwerb berufen, sondern muss sich vielmehr die Kenntnis ihres allgemeinen gesetzlichen Vertreters A. Sch von der Benachteiligungsabsicht wie eigene Kenntnis zurechnen lassen[26].

299   c) Die Veräußerung des Grundstücks von A. Sch ist also anfechtbar nach § 3 I AnfG[27]. Fraglich ist, ob sie darüber hinaus auch nach **§ 3 II AnfG** anfechtbar ist. Dazu müsste A. Sch mit einer nahestehenden Person im Sinne des § 138 InsO einen **entgeltlichen Vertrag** geschlossen haben, durch den seine Gläubiger unmittelbar benachteiligt worden sind. Der Begriff des entgeltlichen Vertrags erfasst nicht nur schuldrechtliche Verpflichtunggeschäfte, sondern auch dingliche Verträge[28]. Insoweit könnte hier ebenfalls die Übereignung des Grundstücks an B. Sch anfechtbar sein. Die Entgeltlichkeit liegt in diesen Fällen in der Befreiung von einer Verbindlichkeit[29]. B. Sch stellt nach § 138 I Nr. 2 InsO eine nahestehende Person dar. Da zwischen Anfechtung und Vornahme des Rechtsgeschäfts weniger als 2 Jahre lagen, scheidet ein Ausschluss der Anfechtbarkeit nach § 3 II, 2 1. Alt. AnfG aus. Darüber hinaus muss sich B. Sch die Schädigungsabsicht des A. Sch wie gesehen zurechnen lassen. Damit ist die Veräußerung des Grundstücks auch nach § 3 II AnfG anfechtbar.

300   d) Ein Anspruch der Firma P gegen B. Sch auf Duldung der Zwangsvollstreckung in das Grundstück nach § 11 AnfG setzt weiterhin voraus, dass die Firma P ein **anfechtungsberechtigter Gläubiger** ist. Da die Firma P durch das rechtskräftige Versäumnisurteil einen vollstreckbaren Titel für eine fällige Forderung erlangt hat und die

---

24   BGHZ 38, 65 (70).
25   BGHZ 38, 65 (70).
26   BGHZ 38, 65 (70). Zustimmend *Soergel/Leptien*, § 166 Rdn. 32; *Larenz/Wolf*, BGB AT, § 46 Rdn. 119 f.; *Flume*, § 52, 6; *Giesen*, Rdn. 432; MK/*Schramm*, § 166 Rdn. 52; *Palandt/Heinrichs*, § 166 Rdn. 6 ff. Ablehnend *Paulus*, FS Michaelis, 1971, S. 215 ff.; RGRK/*Steffen*, § 166 Rdn. 23; *Schilken* (Fn. 21), S. 181 f.; *ders.* in *Staudinger* (2001) § 166 Rdn. 30. *Schilken*, S. 229 ff., erwägt eine analoge Anwendung von § 166 I BGB , die er ebenfalls ablehnt (S. 230 f.).
27   Hätte A. Sch das Grundstück seiner ahnungslosen Tochter schenkweise übertragen, so müsste sie sich die Bösgläubigkeit des Vaters nicht zurechnen lassen. Denn sie könnte nach § 107 BGB die erforderliche Willenserklärungen selbst abgeben. Voraussetzung für die analoge Anwendung von § 166 II BGB ist aber ein Vertretungsverhältnis; BGHZ 94, 232 (238 f.); kritisch aber *Tintelnot*, JZ 1987, 795 (797 ff.).
28   *Huber* (Fn. 2), § 3 Rdn. 43.
29   *Huber* (Fn. 2), § 3 Rdn. 45.

Zwangsvollstreckung in das Vermögen ihres Schuldners A. Sch erfolglos geblieben ist, ist sie nach § 2 AnfG anfechtungsberechtigt.

II. Ergebnis

Die Firma P kann somit von B. Sch nach §§ 11 I, 2, 3 I, II AnfG, § 166 II BGB analog **301** Duldung der Zwangsvollstreckung in das von A. Sch an B. Sch übereignete Grundstück verlangen.

Fall 13

**Handeln unter fremdem Namen – Vollmacht – vollmachtsgleiche Vertretungs-
macht – Umfang der Vertretungsmacht – Missbrauch der Vertretungsmacht –
Bedeutung des fehlenden Vertretungswillens – Mentalreservation – Anfechtbarkeit der besonderen Mitteilung des § 171 I BGB – Rechtsfolgenirrtum**

Ausgangsfall
BGH, Urt. v. 3. 3. 1966 – II ZR 18/64 = LM Nr. 27 zu § 164 BGB = BGHZ 45, 193 = NJW 1966,
1069 = MDR 1966, 652 = JZ 1966, 360 = BB 1966, 425 = DB 1966, 619 = JuS 1966, 414.

Sachverhalt

302 In der nicht im Handelsregister eingetragenen Bauunternehmung Mertens (M) leitete
der Angestellte Schröder (Sch) den Einkauf der Baumaterialien. Der Firmeninhaber
zeichnete jedoch alle herausgehenden Aufträge selbst. Als M sich von der Zuverlässigkeit und Sachkenntnis Sch's überzeugt zu haben meinte, beschloss er, diesem für den
Einkauf Handlungsvollmacht zu erteilen. In einem Telefongespräch mit seinem Haupt-
lieferanten, dem Baumaterialiengroßhändler Kessler (K), teilte er diesem bereits bei-
läufig mit, er habe Sch Handlungsvollmacht für alle mit dem Einkauf von Baumaterialien zusammenhängenden Rechtsgeschäfte erteilt. Dies wiederholte er später auch Sch
gegenüber. Wegen einiger schlechter Erfahrungen, die M mit früheren Einkäufern gemacht hatte, wies er Sch dabei ausdrücklich darauf hin, dass er natürlich nur für die
Firma notwendige Einkäufe tätigen dürfe. Bestellungen zu privaten Zwecken seien
nicht erlaubt.

Mittlerweile hatte Sch, der sich ein Eigenheim bauen wollte, beschlossen, sich zu
Großhandelspreisen die dazu benötigten Steine zu beschaffen. Zu diesem Zwecke bestellte er bei K auf dem mit aufgedrucktem Briefkopf versehenen Briefpapier der Firma M die entsprechende Menge Steine zur Lieferung an seine eigene Adresse und unterzeichnete den Auftrag mit M, indem er dessen Schriftzüge geschickt nachahmte.
Die eingehende Rechnung wollte er abfangen und selbst bezahlen. Er nahm an, dass M
dann von dem Vorgang nie etwas erfahren würde.

Obwohl K die Baumaterialien normalerweise nur unmittelbar an den Bauhof der Firma
M lieferte, schöpfte er keinerlei Verdacht, da er vor längerer Zeit schon zweimal auf
Anweisung von M eine größere Menge von Steinen an Angestellte von M geliefert hat-
te. Er nahm an, dass M seinen Angestellten die Baumaterialien verbilligt verkaufe.
K führte deshalb den Auftrag aus und lieferte die Steine an Sch.

Sch konnte die Rechnung zwar tatsächlich abfangen, geriet aber dann in unvorherge-
sehene finanzielle Schwierigkeiten und konnte sie deshalb nicht bezahlen. Auf diese
Weise kam der ganze Vorgang ans Licht.

Frage:
Kann K von M die Bezahlung der an Sch gelieferten Steine verlangen?

Gliederung 303

I. Anspruch aus § 433 II BGB
   1. Vertretung des M durch Sch (§ 164 I BGB)
      a) Handeln unter fremden Namen
      b) § 164 I BGB analog
      c) Vertretungsmacht
   2. Konkludente Annahme der Kaufofferte

II. Möglichkeiten der Anfechtung
   1. Anfechtung des Kaufvertrages?
   2. Anfechtung der besonderen Mitteilung einer internen Bevollmächtigung

III. Ergebnis

Lösung

I. Anspruch aus § 433 II BGB

K könnte gegen M **einen Anspruch auf Zahlung** des Kaufpreises für die an Sch gelieferten Steine **aus § 433 II BGB** haben. Das setzt voraus, dass zwischen K und M ein wirksamer Kaufvertrag über die an Sch gelieferten Steine geschlossen worden ist. 304

1. M selber hat jedoch nicht gehandelt. Ein wirksamer Kaufvertrag kann zwischen M und K aber dann zustande gekommen sein, wenn M durch Sch **wirksam vertreten** worden ist (§ 164 I BGB).

a) Ein wirksames Kaufangebot wurde von Sch abgegeben[1]. Fraglich ist jedoch, ob Sch dabei *im Namen* des M gehandelt hat. Voraussetzung für stellvertretendes Handeln ist nämlich, dass der Vertreter sein Handeln als Vertreter auch erkennbar macht (sog. **Offenkundigkeitsprinzip**)[2]. Ob dies ausdrücklich oder konkludent geschieht, ist unerheblich (§ 164 I S. 2 BGB). Bestätigt wird dies auch durch § 164 II BGB. Danach entfällt die Fremdwirkung, wenn der Vertreter erkennbar nicht im Namen eines anderen auftrat. Fehlt es an der Offenkundigkeit, so kann grundsätzlich keine Stellvertretung vorliegen. Für K stellte sich die Sachlage so dar, dass M persönlich die Steine bei ihm orderte und nicht etwa vertreten durch seinen Angestellten Sch. Sch handelte somit nicht *in* fremden Namen, sondern *unter* fremden Namen. § 164 BGB ist somit nicht direkt anwendbar[3]. 305

---

1 A.A.: Die früher herrschende Lehre. Sie nahm Widersprüchlichkeit (Perplexität) und damit Nichtigkeit an, weil eine Erklärung, die zugleich „x" und „nicht x" beinhaltet, in sich widersprüchlich sei: Sch erklärt „ich" und meint damit sich selbst, zugleich sagt er aber auch, er sei „M". Weil dies aber für den Erklärungsgegner nicht zu erkennen ist, lässt sich durch Auslegung ein eindeutiger Sinn ermitteln, nämlich, dass M kaufen wolle. Perplexität ist daher nicht anzunehmen.
2 *Staudinger/Schilken* (2001) Vorbem zu §§ 164 ff. Rdn. 35; *Löwisch*, Rdn. 183.
3 *Brox*, Rdn. 528; *Hübner*, Rdn. 1223; *Larenz/Wolf*, BGB AT, § 46 Rdn. 87; *Lieb*, JuS 1967, 106 (107); *Palandt/Heinrichs*, § 164 Rdn. 10 ff.; *Rüthers/Stadler*, § 30 Rdn. 9. A.A. *Flume*, § 44 IV; *Medicus*, BürgR, Rdn. 82; *Letzgus*, AcP 126 (1926), 27 (54); MK/*Schramm*, § 164 Rdn. 36, die einen begrifflichen Unterschied zwischen dem Handeln *in* fremden Namen und Handeln *unter* fremden Namen leugnen.

306 b) Bei einem **Geschäft unter fremden Namen** kann aber an eine entsprechende Anwendung der Vorschriften über die Stellvertretung gedacht werden, denn der Name dient zur Individualisierung im Geschäftsverkehr (**Identitätstäuschung**)[4]. Der Name kann aber auch für den Geschäftspartner bedeutungslos sein (**Handeln unter falscher Namensangabe**)[5]. Ob die Identität für den Geschäftspartner wichtig ist oder nicht, muss durch Auslegung ermittelt werden[6]. Bei Geschäften des täglichen Lebens wird der Name für den Geschäftspartner irrelevant sein, weil diese in der Regel sofort abgewickelt werden. Es liegt dann ein Eigengeschäft des Handelnden vor[7]. Die Person des Geschäftspartners war dem K aber nicht gleichgültig. Denn er lieferte als Großhändler nicht an Private. Der Trick des Sch wäre dann auch überflüssig gewesen. Die Auslegung ergibt somit, dass K das Geschäft mit M machen wollte. Ein Eigengeschäft des Handelnden Sch ist nicht anzunehmen. Mithin ist zu prüfen, ob die **§§ 164 ff. BGB analog** angewendet werden können.

307 Voraussetzung für eine analoge Anwendung der §§ 164 ff. BGB ist neben dem Bestehen einer **Regelungslücke**, dass das Handeln in fremden Namen und das Handeln unter fremden Namen in all denjenigen Hinsichten übereinstimmen, die nach dem **Zweck des § 164 BGB** für die rechtliche Bewertung maßgebend sind. Die analoge Anwendung wäre deshalb möglich, wenn der einzige Unterschied zwischen den Tatbeständen des § 164 BGB und des Handelns unter fremdem Namen und dadurch hervorgerufener Identitätstäuschung, nämlich die fehlende Offenlegung des Wirkungsweges der erklärten Fremdwirkung, gemessen am Zweck des § 164 BGB, irrelevant sein sollte. Die Offenlegung des Wirkungsweges ist in § 164 BGB für die Fernwirkung deshalb vorgeschrieben, weil „der Hinweis auf den Vertreter in der Regel erforderlich ist, um sich überhaupt über eine Fernwirkung einigen zu können"[8], also letztlich aus tatsächlichen, nicht aus rechtlichen Gründen. Deshalb kann es jedenfalls dann auf die Offenlegung des Wirkungsweges nicht ankommen, wenn – wie beim Handeln unter fremdem Namen und Identitätstäuschung – trotz der Verschleierung des Wirkungsweges eine erklärte Einigung über die Fremdwirkung besteht[9].

308 Weiterhin spricht auch ein dringendes Verkehrsbedürfnis für die Irrelevanz des Unterschiedes und für die analoge Anwendung der §§ 164 ff. BGB. Die analoge Anwendung der §§ 164 ff. BGB auf das Handeln unter fremdem Namen ist im Interesse des Geschäftsgegners deshalb geboten, weil ihm nur dann überhaupt jemand aus dem Rechtsgeschäft haftet (bei Vertretungsmacht des Fälschers nach § 164 BGB analog der Namensträger, sonst nach § 179 BGB analog der Fälscher). Und aus der Sicht des Namensträgers ist sie deshalb erforderlich, weil er nur dann das Geschäft, das der Fälscher in Tatbestand und Wirkungen auf ihn bezogen hat, durch Genehmigung nach §§ 177 I, 184 I BGB für sich in Anspruch nehmen kann[10]. Gegen die analoge Anwendung sprechen keine berechtigten Interessen Beteiligter. Falls der Geschäftsgegner,

---

4 *Hübner*, Rdn. 1223.
5 *Medicus*, BürgR, Rdn. 83; *Löwisch*, Rdn. 185.
6 *Brehm*, Rdn. 447; OLG Düsseldorf, NJW 1989, 906.
7 *Brox*, Rdn. 528.
8 *Ohr*, AcP 152 (1952/53), 230 (233).
9 *Ohr*, AcP 152 (1952/53), 230 (233).
10 *Ohr*, AcP 152 (1952/53), 230 (232).

etwa aus persönlicher Feindschaft mit dem Fälscher, mit diesem als Vertreter nicht abgeschlossen hätte, kann er das Geschäft nach § 123 I BGB anfechten[11].

Das Handeln unter fremdem Namen, durch das im Gegner falsche Identitätsvorstellungen erweckt worden sind, steht im Wege der Analogie dem Handeln in fremdem Namen gleich, wenn der Geschäftsgegner nur mit dem Namensträger und nicht mit dem Handelnden abschließen wollte[12]. Die von Sch abgegebene Kaufofferte wirkt also nach § 164 I S. 1 BGB analog gegen M, wenn die übrigen Voraussetzungen des § 164 I S. 1 BGB vorliegen. **309**

c) Danach kann die Wirkung der von Sch unter dem Namen des M abgegebenen Kaufofferte nur dann nach § 164 I S. 1 BGB analog in der Person des M eintreten, wenn Sch die Kaufofferte innerhalb der ihm zustehenden **Vertretungsmacht** abgegeben hat. Die Vertretungsmacht könnte zunächst auf rechtsgeschäftlicher Erteilung, also auf einer **Vollmacht** (§ 166 II BGB), beruhen. In Betracht kommt hier die telefonische Erklärung des M gegenüber K, er habe Sch Handlungsvollmacht erteilt. Die Vollmachtserteilung kann nach § 167 I BGB auch gegenüber dem Dritten erfolgen, demgegenüber die Vertretung stattfinden soll (sog. **Außenvollmacht**). Immer ist aber erforderlich, dass die Auslegung der Erklärung ergibt, dass der Vollmachtgeber *durch* seine Willenserklärung dem Vertreter die Vollmacht erteilen will. Im vorliegenden Fall stellt sich die Erklärung des M aber *objektiv* – also aus der Sicht des vernünftigen und redlichen Erklärungsempfängers – als bloße Mitteilung von einer angeblich bereits erfolgten Vollmachtserteilung und nicht als ein Rechtsgeschäft dar[13]. Nach § 171 I BGB wirkt diese Erklärung jedoch genauso wie eine Vollmachtserteilung[14]. Sch hatte also, als er die Kaufofferte abgab, nach §§ 164 I, 171 I BGB analog Vertretungsmacht „für alle mit dem Einkauf von Baumaterialien zusammenhängenden Rechtsgeschäfte". **310**

Fraglich ist, ob er sich bei der Abgabe der Offerte im Rahmen dieser Vertretungsmacht gehalten hat. Über den Inhalt und den Umfang der Vollmacht enthält das BGB keine Vorschrift. Sie könnten sich aber aus **§ 54 HGB** ergeben. Danach erstreckt sich die Vollmacht in den Fällen, in denen jemand zur Vornahme einer bestimmten zu einem Handelsgewerbe gehörigen Art von Geschäften oder zur Vornahme einzelner zu einem Handelsgewerbe gehöriger Geschäfte ermächtigt ist, auf alle Geschäfte und Rechtshandlungen, die die Vornahme derartiger Geschäfte gewöhnlich mit sich bringt. Diese Art der Vollmacht nennt das Gesetz „**Handlungsvollmacht**". M hatte während des **311**

---

11 *Ohr*, AcP 152 (1952/53), 230 (232).

12 BGHZ 45, 193 ff.; *Diederichsen*, Rdn. 289; *Ohr*, AcP 152 (1952/53), 230 (234); *Hübner*, Rdn. 1223; RGRK/*Steffen*, § 164 Rdn. 9; *Palandt/Heinrichs*, § 164 Rdn.11; zur a.A. (unmittelbare Anwendung der §§ 164 ff.) vgl. Fn. 3. Zum Streitstand vgl. *Werner*, S. 72 ff.

13 In der Literatur findet sich mehrfach die Formulierung, dass die Mitteilung von einer Bevollmächtigung auch eine echte externe Vollmachterteilung sein könne; ob eine solche oder der Tatbestand des § 171 I vorliege, sei Auslegungsfrage; *Enneccerus/Nipperdey*, § 184 II 3 a, Fn. 21; *Larenz/Wolf*, BGB AT, § 48 Rdn. 5.

14 Nach h.L. schafft § 171 kraft Gesetzes zum Zwecke des Vertrauensschutzes eine vollmachtsgleiche Vertretungsmacht: *Soergel/Leptien*, § 171 Rdn. 1; MK/*Schramm*, § 171 Rdn. 1; *Larenz/Wolf*, BGB AT, § 48 Rdn. 5; *Canaris*, Die Vertrauenshaftung im deutschen Privatrecht, 1971, S. 32 f. A.A. *Flume*, § 49, 2c, der in der Kundgabe der Vollmachtserteilung einen echten rechtsgeschäftlichen Begründungsakt der Vertretungsmacht sieht. *Staudinger/Schilken* (2001) § 171 Rdn. 3, folgt zwar grds. *Flume*, hält aber auch Fälle einer bloßen Mitteilung für möglich.

Telefonats mit K ausdrücklich erwähnt, er habe Sch Handlungsvollmacht für den Einkauf erteilt. Später hat er dies Sch gegenüber auch wiederholt. Es stellt sich allerdings die Frage, ob die erteilte Vollmacht auch tatsächlich den Inhalt des § 54 HGB hatte. Dazu müsste es sich bei der nicht in das Handelsregister eingetragenen Bauunternehmung des M um ein Handelsgewerbe handeln. Bis zur Änderung des HGB durch das HRefG im Jahre 1998 war dies nicht der Fall, da eine Bauunternehmung – anders als beispielsweise ein Baustoffhändler – kein Grundhandelsgewerbe nach § 1 II HGB a.F. darstellte[15]. Diese Unterscheidung wurde jedoch den Anforderungen an den modernen Wirtschafts- und Dienstleistungssektor nicht gerecht und konnte schon früher inhaltlich nicht überzeugen. Nach Neugestaltung des HGB ist nunmehr nach **§ 1 II HGB jeder Gewerbebetrieb Handelsgewerbe**, es sei denn, das Unternehmen erfordert nach Art und Umfang keinen in kaufmännischer Weise eingerichteten Gewerbebetrieb. Gewerbe im Sinne des HGB meint eine erkennbar planmäßige, auf Dauer angelegte sowie auf Gewinnerzielung ausgerichtete selbstständige Tätigkeit mit Ausnahme freiberuflicher, wissenschaftlicher und künstlerischer Tätigkeit[16]. Diese Voraussetzungen erfüllt die Bauunternehmung zweifellos. Die Tatsache, dass M es für erforderlich hält, einen eigenen Einkäufer anzustellen, schließt die Annahme, es handele sich um einen Kleingewerbetreibenden, aus. Die dem Sch erteilte Handlungsvollmacht für den Einkauf von Baumaterialien erfüllt die Voraussetzungen des § 54 HGB. Da die von Sch im Namen der Firma M abgegebene Kaufofferte den Abschluss eines Kaufvertrages über Baumaterialien bezweckte, unterfiel sie dem Wortlaut nach zweifelsfrei der erteilten Handlungsvollmacht.

312 Allerdings lief die Willenserklärung dem Interesse und dem wahren Willen des M zuwider, da die Baumaterialien nicht im Interesse der Firma, sondern zu privaten Zwecken des Sch bestellt worden waren . Der Umstand, dass der Vertreter von der ihm eingeräumten Vertretungsmacht pflichtwidrig Gebrauch macht, indem er gegen eine im Innenverhältnis erteilte Weisung verstößt, führt jedoch nicht dazu, ihn als Vertreter ohne Vertretungsmacht anzusehen. Denn die Vertretungsmacht ist gegenüber den aus dem Innenverhältnis entspringenden Rechten und Pflichten aus Verkehrsschutzgründen verselbstständigt[17]. Daraus folgt, dass der Vertretene grundsätzlich das Risiko des pflichtwidrigen Handelns seines Vertreters trägt[18].

313 Eine Ausnahme vom Prinzip der Selbständigkeit der Vertretungsmacht ist aber dann geboten, wenn der Geschäftspartner nicht schutzwürdig ist. Das ist sicher dann der Fall, wenn er weiß, dass der Vertreter pflichtwidrig handelt[19]. Darüber hinaus ist der Geschäftspartner dann nicht schutzwürdig, wenn der **Missbrauch der Vertretungsmacht** offenkundig ist, d.h. sich ihm auf Grund aller ihm bekannten Umstände gleich-

---

15 Zur alten Rechtslage vgl. die Vorauflage.
16 *Baumbach/Hopt*, HGB § 1 Rdn. 11 ff.; *Röhricht/Graf von Westphalen*, § 1 Rdn. 24 ff.
17 *Hübner*, Rdn. 1296; *Brox*, Rdn. 511; *Flume*, § 45 II 2; *Brehm*, Rdn. 476.
18 BGHZ 127, 239 (241); BGH WM 1994, 1204 (1206); *Soergel/Leptien*, § 177 Rdn. 15; *Palandt/Heinrichs*, § 164 Rdn. 13.
19 Allgemeine Meinung, BGHZ 113, 315 (320); *Staudinger/Schilken* (2001) § 167 Rdn. 96; *Hübner*, Rdn. 1299; *Larenz/Wolf*, BGB AT, § 48 Rdn. 12; *Brehm*, Rdn. 476; MK/*Schramm*, § 164 Rdn. 114; *Flume*, § 42 II 3; *Erman/Palm*, § 167 Rdn. 48.

sam aufdrängen muss (**Evidenz des Missbrauchs**)[20]. Dies gilt auch im Falle der Handlungsvollmacht nach § 54 HGB[21].

Es musste K auffallen, dass die Lieferung nicht an das Materiallager der Firma M, sondern an die Privatadresse des Angestellten Sch erfolgen sollte. Andererseits konnte K auf Grund der beiden früheren Aufträge annehmen, dass M seinem Angestellten verbilligt Baumaterialien zukommen lassen wollte. Vor allem konnte der Missbrauch der Vertretungsmacht aber schon deshalb nicht evident sein, weil K ja gar nichts davon wusste, dass Sch die Offerte abgegeben hatte, sondern annahm, dass es sich um ein Eigengeschäft des M handelte.

Erwägen könnte man noch, „ob es zur Bindung des Namensträgers genügt, dass der unter fremdem Namen Handelnde Vertretungsmacht hat, oder ob weiterhin erforderlich ist, dass der Erklärende auch mit Vertretungswillen handelt, von seiner Vertretungsmacht also auch Gebrauch machen will"[22]. Falls eine wirksame Stellvertretung notwendigerweise das Vorliegen des Stellvertretungswillens voraussetzte, müsste Entsprechendes auch für die analoge Anwendung von § 164 I S. 1 BGB auf das Handeln unter fremdem Namen gelten. Da Sch im vorliegenden Falle keinen Vertretungswillen, sondern Eigengeschäftswillen hatte, wären also die Voraussetzungen für eine analoge Anwendung von § 164 I S. 1 BGB nicht erfüllt. Eine wirksame Stellvertretung setzt aber nicht notwendigerweise einen Stellvertretungswillen des in fremdem Namen Handelnden voraus, denn der Vertreter muss sich – nach den allgemeinen Regeln über Willenserklärungen – an dem nach außen objektiv in Erscheinung getretenen Inhalt seiner Erklärung festhalten lassen[23]; auf seinen inneren Willen kommt es insoweit nicht an[24]. Entspricht der wirkliche Wille des in fremdem Namen Handelnden nicht der geäußerten Erklärung, so bestimmt sich das rechtliche Schicksal der Erklärung nach den §§ 116 ff. BGB[25]. Im vorliegenden Fall hat Sch objektiv unter dem Namen des M gehandelt, dabei aber den geheimen Vorbehalt gehabt, in Wirklichkeit ein Eigengeschäft zu wollen. Da dieser geheime Vorbehalt dem Erklärungsempfänger K nicht bekannt war, folgt unmittelbar aus § 116 S. 1 BGB, dass jedenfalls Sch sich K gegenüber nicht auf das Fehlen des Fremdgeschäftswillens berufen kann[26]. Und da nach § 166 I BGB

314

---

20 So mit Recht die h.M; vgl. u.a. BGHZ 113, 315 (320); 127, 239 (241); BGH NJW 1988, 2241 (2243); 3012 (3013); *Flume*, § 45 II 3; *Larenz/Wolf*, BGB AT, § 47 Rdn. 12; *Medicus*, BGB AT, Rdn. 967; MK/*Schramm*, § 164 Rdn. 115.; *Schack*, Rdn. 487; *Staudinger/Schilken* (2001) § 167 Rdn. 97 m.w.N. *Hübner*, Rdn. 1300, und wohl auch *Medicus*, BürgR Rdn. 116, sehen in der Evidenz des Missbrauch eine widerlegbare Beweisvermutung für die Kenntnis des Geschäftspartners. Der Evidenz kommt danach nur prozessuale Bedeutung zu. Andere wollen für den Fall, dass der Vertreter in ersichtlich verdächtiger Weise von seiner Vertretungsmacht Gebrauch macht, dem Geschäftsgegner eine Prüfungspflicht auferlegen, deren (grob)-fahrlässige Verletzung erst den Tatbestand des Missbrauchs erfülle (*Soergel/Leptien*, § 177 Rdn. 18; *Enneccerus/Nipperdey*, § 183 I 5 Fn. 25; *Palandt/Heinrichs*, § 164 Rdn. 14). Das RG (vgl. RGZ 83, 348 [353]; 145, 311 [315]) stellte darauf ab, ob der Geschäftsgegner bei der erforderlichen Sorgfalt den Missbrauch hätte erkennen können.
21 *Canaris*, Handelsrecht, 23. Aufl. 2000, § 15 Rdn. 28; *Röhricht/Graf von Westphalen*, § 54 Rdn. 45; a.A. *Baumbach/Hopt* § 54 Rdn. 20; *Staub/Joost* § 54 Rdn. 80.
22 *Lieb*, JuS 1967, 106 (111).
23 D.h. wie sich die Erklärung nach Treu und Glauben für den Empfänger darstellt (BGH WM 1970, 816).
24 *Lieb*, JuS 1967, 106 (111); *Soergel/Leptien*, § 164 Rdn. 12; MK/*Schramm*, § 164 Rdn. 59; *Palandt/Heinrichs*, § 164 Rdn. 1; *Erman/Palm*, § 164 Rdn. 16.
25 MK/*Schramm*, § 164 Rdn. 56; *Soergel/Leptien*, § 164 Rdn. 12; *Lieb*, JuS 1967, 106 (112).
26 *Lieb*, JuS 1967, 106 (112).

nur der Wille des Vertreters in Betracht kommt, soweit die rechtlichen Folgen der Willenserklärung durch Willensmängel beeinflusst werden, und da „Willensmängel" hier in einem weiten, auch die Mentalreservation umschließenden Sinn zu verstehen ist[27], kann sich auch M nicht auf das Fehlen des Vertretungswillens des unter seinem Namen Handelnden berufen[28]. Das Fehlen des Vertretungswillens aufseiten des Sch beeinträchtigt die Wirksamkeit der Stellvertretung nicht.

315 2. Die Wirkungen der von Sch abgegebenen Kaufofferte treten also nach §§ 164 I, 171 I BGB analog in der Person des M ein. K hat diese Offerte durch die Lieferung der Steine an Sch **konkludent angenommen**. Dadurch ist der Kaufvertrag zwischen M und K zu Stande gekommen. M ist somit dem K nach §§ 433 II, 164 I analog, 171 I BGB zur Bezahlung des vereinbarten Kaufpreises verpflichtet.

II. Möglichkeiten der Anfechtung

Möglicherweise kann M sich durch **Anfechtung** von der Zahlungspflicht aus dem Kaufvertrag befreien kann.

316 1. In Betracht käme zunächst eine **Anfechtung des Kaufvertrages** selbst. Beim Vertragsschluss durch einen Stellvertreter steht das Anfechtungsrecht grundsätzlich dem Vertretenen – also hier M – zu. Gemäß § 166 I BGB kann er den Kaufvertrag nur wegen eines Willensmangels seines Stellvertreters Sch beim Abschluss des Kaufvertrages, nicht aber wegen eines eigenen Willensmangels anfechten. Sch hat sich aber allenfalls über seine eigene künftige Zahlungsfähigkeit geirrt, und das ist ein unbeachtlicher Motivirrtum.

2. Zu prüfen bleibt also, ob M die **Vertretungsmacht des Sch durch Anfechtung beseitigen** und sich auf diese Weise von dem Kaufvertrag befreien kann.

317 Ob die besondere Mitteilung von einer angeblich intern erfolgten Bevollmächtigung aber überhaupt anfechtbar ist, könnte schon deshalb fraglich sein, weil diese kein Rechtsgeschäft darstellt und die §§ 119 ff. BGB grundsätzlich nur auf Rechtsgeschäfte anwendbar sind. Wenn diese besondere Mitteilung aber bei Erklärungsirrtum, Täuschung oder Drohung nicht anfechtbar wäre, würde der Schutz des Empfängers der Mitteilung weitergehen, als wenn es sich um eine echte externe Bevollmächtigung handelte. Das wäre aber ein sinnwidriges Ergebnis. Aus diesem Grunde muss man eine Anfechtung der besonderen Mitteilung von einer bereits erfolgten Bevollmächtigung in analoger Anwendung der §§ 119 ff. BGB zulassen[29].

318 Ein zur Anfechtung der besonderen Mitteilung berechtigender Irrtum des M könnte darin liegen, dass er wahrscheinlich nicht gewusst hat, dass diese besondere Mitteilung die Rechtsfolgen einer externen Bevollmächtigung auslöste. Es handelt sich hier um einen Irrtum über die durch die Erklärung ausgelösten Rechtsfolgen, also um einen

---

27 *Enneccerus/Nipperdey*, § 182 II 1a; *Staudinger/Schilken*, § 166 Rdn. 11.
28 *Lieb*, JuS 1967, 106 (112).
29 *Larenz/Wolf*, BGB AT, § 48 Rdn. 8; *Medicus*, BürgR, Rdn. 97; *ders.*, BGB AT, Rdn. 947; RGRK/*Steffen*, § 171 Rdn. 7; *Flume*, § 49, 2c; *Canaris* (Fn. 14), S. 35 f.; MK/*Schramm*, § 171 Rdn. 8; *Soergel/Leptien*, § 171 Rdn. 4; a.A. *Enneccerus/Nipperdey*, § 184 II 3 b Fn. 26; *Oertmann*, § 171 Anm. 2a und § 172 Anm. 1c; *Staudinger/Schilken* (2001) § 171 Rdn. 9; *Erman/Palm*, § 171 Rdn. 3.

sog. **Rechtsfolgenirrtum**. Ein solcher ist grundsätzlich dann ein Inhaltsirrtum im Sinne von § 119 I BGB, „wenn es sich gerade um *die* Rechtsfolgen handelt, auf deren Herbeiführung die Erklärung nach ihrem Inhalt unmittelbar gerichtet ist, also nicht auch dann, wenn es sich um weitere Rechtsfolgen handelt, die unabhängig vom Willen des Erklärenden durch die Rechtsordnung an das abgeschlossene Rechtsgeschäft geknüpft werden"[30]. Da die besondere Mitteilung von einer angeblich bereits erfolgten Bevollmächtigung aber gar nicht darauf gerichtet ist, irgendwelche Rechtsfolgen auszulösen, sondern ihr diese Rechtsfolgen kraft Gesetzes beigelegt werden, kann bei Zugrundelegung dieser Definition die Nichtkenntnis der Rechtsfolgen auch keinen zur Anfechtung nach § 119 I BGB berechtigenden Inhaltsirrtum darstellen[31]. Darüber hinaus würde auch die in § 171 BGB getroffene gesetzliche Regelung praktisch völlig aufgehoben, falls eine Anfechtung der besonderen Mitteilung schon deshalb zulässig wäre, weil der Erklärende nicht gewusst hat, welche Rechtsfolgen diese Vorschrift seiner Mitteilung beilegt. Auch der Sinn des § 171 BGB fordert deshalb, dass der Rechtsfolgenirrtum insoweit unbeachtlich ist.

Ein weiterer Irrtum des M könnte höchstens darin liegen, dass er wohl angenommen hat, Sch würde von seiner Vertretungsmacht keinen treuwidrigen Gebrauch machen. Da es sich hierbei um einen **Motivirrtum** handelt, könnte diese irrige Annahme nur dann zur Anfechtung berechtigen, wenn die Voraussetzungen des § 119 II BGB vorliegen. Dann müsste der Irrtum über die Zuverlässigkeit des Sch einen Irrtum über eine verkehrswesentliche Eigenschaft im Sinne dieser Vorschrift darstellen. Das ist der Irrtum über die persönliche Vertrauenswürdigkeit und Zuverlässigkeit aber nur unter ganz besonderen Umständen bei Verträgen auf höchstpersönliche Leistungen[32]. Außerdem muss sich dann jedenfalls die Unzuverlässigkeit bereits im Augenblick des Rechtsgeschäfts nachweisen lassen. Falls sich der Geschäftsgegner – wie hier Sch – erst durch sein späteres Verhalten als unzuverlässig erweist, handelt es sich um einen Irrtum über eine zukünftige Eigenschaft, der unbeachtlich ist[33].

M kann also die vollmachtsgleiche Vertretungsmacht des Sch nicht durch Anfechtung beseitigen[34].

III. Ergebnis

K kann somit von M die Bezahlung der Steine verlangen.

---

30 *Larenz/Wolf,* BGB AT, § 36 Rdn. 83; ebenso *Flume,* § 23, 4 d; *Staudinger/Dilcher,* § 119 Rdn. 33 f.; MK/*Kramer,* § 119 Rdn. 81 f.; *Medicus,* BGB AT, Rdn. 750 f. Zur außerordentlich umstrittenen Abgrenzung des beachtlichen und des unbeachtlichen Rechtsfolgenirrtums vgl. auch *v. Tuhr,* II 1, S. 573 ff.; *Henle,* Irrtum über die Rechtsfolgen, Festgabe Paul Krüger, 1911, S. 295 ff.; *Enneccerus/Nipperdey,* § 167 IV 5.

31 MK/*Schramm,* § 171 Rdn. 9; *Staudinger/Schilken,* § 171 Rdn. 9.

32 *Staudinger/Dilcher,* § 119 Rdn. 51; MK/*Kramer,* § 119 Rdn. 124.

33 Vgl. *Soergel/Hefermehl,* § 119 Rdn. 37.

34 Zur Frage, ob nicht generell die Anfechtbarkeit einer ausgeübten Vollmacht ausgeschlossen ist, *Schilken,* Wissenszurechnung im Zivilrecht, 1983, S. 25 ff. m.w.N.; *Giesen,* Rdn. 433 ff.

Fall 14

Haftung des falsus procurator – Vollmacht – Auftrag – culpa in contrahendo – Garantievertrag – erkennbarer Wille zum Handeln in fremdem Namen

Ausgangsfall
BGH, Urt. v. 16. 4. 1957 – VIII ZR 216/56 = LM Nr. 10 zu § 164 BGB = JZ 1957, 441 = BB 1957, 489.

Sachverhalt

320 Der Möbelfabrikant Huber (H) hatte Anfang des Jahres 2002 250 fm Nadelstammholz gekauft, das im Walde lagerte. Da er aus gesundheitlichen Gründen den Betrieb einzustellen gedachte, benötigte er das Holz nicht mehr. Er beauftragte den A, der damals bei ihm als Angestellter tätig war, mit dem Wiederverkauf des Holzes. Für seine Tätigkeit sollte A im Falle des Verkaufs 5% des Verkaufspreises als Provision erhalten.

A fand als Kaufinteressenten den Müller (M), mit dem er das im Walde abgelagerte Holz besichtigte. Auf die Frage des M nach dem Auftraggeber des A erklärte dieser, er dürfe seinen Auftraggeber noch nicht benennen, da es sich um eine in Liquidationsplanungen befindliche Firma handele. M wollte sich auf ein so unsicheres Geschäft nicht einlassen, worauf A – um einen festen Käufer zu haben – erklärte, er könne die Garantie dafür übernehmen, zum Abschluss des Kaufvertrages bevollmächtigt worden zu sein.

Daraufhin schloss A „als Beauftragter des Eigentümers" im Juni 2002 mit M einen schriftlichen Kaufvertrag über das Holz, ohne den Namen des H kundzugeben. In der Zwischenzeit hatte H das Holz bereits selbst an die Firma Klug (K) veräußert, ohne hiervon A Kenntnis zu geben. A seinerseits hatte sich aber auch nicht erkundigt, ob sein Verkaufsauftrag derzeit weiterbestehe.

M zahlte an A 5000 € auf den Kaufpreis. Als M das Holz im Februar 2003 abfahren wollte, wurde er hieran von K gehindert, die auf ihr Eigentum an dem Holz hinwies. M wurde auf die Klage der K rechtskräftig zur Zahlung des Gegenwertes einer bereits abgefahrenen Menge Holzes mit der Begründung verurteilt, dass die K Eigentümerin des Holzes sei. M verlangte nunmehr von A Zahlung von 5000 €. A ist der Ansicht, dass er von H zum Verkauf des Holzes bevollmächtigt gewesen sei und für diesen den Vertrag geschlossen habe. Er trägt weiter vor, er habe den Kaufpreis an H abgeführt.

Frage:
Wie ist die Rechtslage?

Gliederung

Lösung

I. Anspruch des M gegen A auf Rückzahlung gem. §§ 275 I, IV, 326 V, 323, 346 BGB

Ein Anspruch des M auf Rückzahlung der 5000 € kann gerechtfertigt sein aus den §§ 275 I, IV, 326 V, 323, 346 BGB (**Rückgewährschuldverhältnis**). Ein Rücktrittsgrund könnte sich daraus ergeben, dass es dem A nicht mehr möglich ist, die aus § 433 I BGB folgende Verpflichtung zur Eigentumsübertragung zu erfüllen. Ein Rückgewährschuldverhältnis zwischen A und M kommt aber nur dann in Betracht, wenn A Vertragspartner des M war. A ist aber ausdrücklich in fremdem Namen aufgetreten (ob dies im Namen des H oder der Firma K geschehen ist, kann hier dahingestellt bleiben); die Rechtsfolgen seiner Willenserklärungen können ihn daher nicht treffen (§ 164 I S. 1 BGB).   **322**

II. Anspruch des M gegen A nach § 179 I BGB

A könnte dem M als **falsus procurator** haftbar sein. M kann von A **Schadensersatz gemäß § 179 I BGB** verlangen, wenn A keine Vertretungsmacht hatte und der Vertretene die Genehmigung des Vertrages verweigert. Es könnte daran gedacht werden, dass A für die Firma K gehandelt hat, weil er „als Beauftragter des Eigentümers" den Vertrag geschlossen hat. Sollte sich im folgenden ergeben, dass A namens der Firma K – nämlich der wirklichen Eigentümerin – aufgetreten ist, so hätte er ohne Vertretungsmacht gehandelt.   **323**

1. Die Erklärung A's, er sei der Beauftragte des Eigentümers, ist im Wege der Auslegung auf ihren für die Anwendung von § 164 I 1 BGB notwendigen Erklärungsgehalt   **324**

zu untersuchen. Die **Auslegung** auf der Grundlage der §§ 133, 157 BGB[1] führt zu folgendem Ergebnis:

„Nach der Lebenserfahrung ist davon auszugehen, dass ein Vertreter, der als Beauftragter des Eigentümers auftritt, nicht namens einer ihm unbekannten Person, die sich vielleicht später einmal als der wahre Eigentümer der Kaufsache herausstellt, abzuschließen erklärt, sondern dass er für seinen aus irgendwelchen Gründen nicht mit Namen angegebenen Auftraggeber handelt, den er zusätzlich auch als Eigentümer bezeichnet, weil er ebenso wie der Vertragspartner davon ausgeht, dass sein Auftraggeber eine ihm gehörige Sache, nicht eine etwa erst zu beschaffende, zu verkaufen beabsichtigt"[2]. Dass A nur für seinen Auftraggeber, nicht etwa für den wirklichen Eigentümer, auftreten wollte, war für M auch erkennbar. Dies insbesondere deshalb, weil A noch nähere Angaben über den von ihm Vertretenen gemacht hat, indem er erklärte, es handele sich um ein Unternehmen, das seine Liquidation beabsichtige. Diese Angaben dienten allein zur näheren Erläuterung der Identität des Auftraggebers, und nicht etwa wurde dadurch ausgesagt, er (A) wolle nur für den wirklichen Eigentümer auftreten.

Die Erklärung von A ist demnach so auszulegen, dass A erklärte, er handle für seinen Auftraggeber, den er nicht namentlich nennen wolle, der aber Eigentümer der zu veräußernden Sache sei. Dies ist der objektive Inhalt seiner Erklärung. Deshalb kann es nicht darauf ankommen, ob M in A etwa den Vertreter des wahren Eigentümers gesehen hat und mit ihm abschließen wollte. Dies wäre ein rein innerer Wille, der auch für seine eigene Erklärung nach § 116 BGB unbeachtlich bleiben müsste.

325   2. Die Auslegung ergibt somit, dass beide Parteien übereinstimmend angenommen haben, Verkäufer des Holzes sei der Auftraggeber des A[3]. Auch § 164 II BGB steht dem nicht entgegen. Tritt der Wille, in fremdem Namen zu handeln, *erkennbar* hervor, so ist es unerheblich, ob die Person des Vertretenen mit Namen benannt wird[4]. Das von § 164 BGB geforderte Handeln in fremdem Namen setzt nicht voraus, dass der Name des Vertretenen genau bezeichnet wird. So ist der Fall denkbar, dass durch Mitwirken von Vertretern ein Vertrag zwischen Parteien zu Stande kommt, die sich überhaupt unbekannt bleiben[5]. Von H hatte A aber ausdrücklich Vollmacht zum Verkauf des Holzes erhalten (sog. Innenvollmacht, § 167 BGB). Da A sonach mit Vertretungsmacht gehandelt hat, entfällt eine unmittelbare Anwendung des § 179 I BGB.

III. Anspruch des M gegen A aus § 179 I BGB analog

326   Gedacht werden könnte aber an eine **analoge Anwendung des § 179 I BGB**.

§ 179 BGB regelt den Fall, dass ein Vertragsschluss mit dem „Vertretenen" mangels Vertretungsmacht des Vertreters nicht zu Stande kommt. Im vorliegenden Fall ist der

---

1 Zum Verhältnis der Auslegung nach § 133 BGB zu § 157 BGB, vgl. RGZ 169, 124; BGHZ 21, 328; *Enneccerus/Nipperdey*, § 206 III; *Soergel/Hefermehl*, § 133 Rdn. 2; *Staudinger/Roth* (2003) § 157 Rdn. 1 f.; MK/*Mayer-Maly/Busche*, § 133 Rdn. 19 f.; *Palandt/Heinrichs*, § 133 Rdn. 1.

2 BGH JZ 1957, 441 (442).

3 Damit ist zugleich festgestellt, dass nicht etwa ein Dissens vorliegt; vgl. BGH JZ 1957, 441 (442).

4 RG SeuffArch 78 Nr. 68; BGH JZ 1957, 441 (442); NJW 1989, 164 (166); *Hübner*, Rdn. 1219; *Palandt/ Heinrichs*, § 164 Rdn. 1; *Diederichsen*, Rdn. 288; MK/*Schramm*, § 164 Rdn. 18 f.; *Staudinger/Schilken* (2001) Vorbem. 35 zu §§ 164 ff.

5 RG JW 1936, 1952 Nr. 4; BGHZ 62, 216 ff.; vgl. auch *Soergel/Leptien*, vor § 164 Rdn. 31.

Vertrag zu Stande gekommen, er kann jedoch nicht erfüllt werden, weil der Auftraggeber des A nicht Eigentümer des Holzes war. Ob bei solcher Fallgestaltung ein Analogieschluss zulässig ist, begegnet Bedenken.

Eine Analogie hat zur Voraussetzung, dass die Interessenlage der zu beurteilen Fallgestaltung von der anzuwendenden Regel nicht erfasst wird, mit dem Tatbestand dieser Norm aber diejenigen Merkmale gemeinsam hat, die für die Anknüpfung der Rechtsfolge wesentlich sind[6].

Eine analoge Anwendung des § 179 BGB würde demnach voraussetzen, dass sowohl die Interessenlage als auch der Grundgedanke des § 179 BGB für den vorliegenden Fall zutreffen. „Der innere Grund der Haftung aus § 179 BGB ist die Gefährdung des Dritten, die dadurch eintritt, dass jemand, der im geschäftlichen Verkehr als Vertreter eines anderen auftritt, Beziehungen zu diesem kundgibt, die bei dem Dritten das Vertrauen erwecken, es werde durch den Abschluss mit dem Vertreter ein Geschäft mit dem Vertretenen wirksam zu Stande kommen"[7]. An einer solchen Gefährdung fehlt es aber im vorliegenden Falle, da das Geschäft wirksam abgeschlossen wurde und nur das mangelnde Eigentum des Vertretenen an der Kaufsache die Erfüllung des Vertrages in Frage stellt[8]. Es ist hier nicht anders, als wenn der Verkäufer selbst ohne das Dazwischentreten eines Bevollmächtigten sich als Eigentümer der verkauften Sache bezeichnet hätte. Der vorliegende Fall liegt also anders als der der fehlenden Rechtsfähigkeit des Vertretenen, für den die Rechtsprechung eine analoge Anwendung des § 179 BGB zugelassen hat[9]. **327**

IV. Anspruch des M gegen A aus Garantievertrag

Eine Haftung des A könnte sich aus dem Gesichtspunkt eines **Garantievertrages** ergeben. **328**

1. Unter einem Garantievertrag wird ein Vertrag verstanden, durch den jemand einem anderen verspricht, für einen Erfolg einzustehen, insbesondere die Gefahr – auch unüblicher Risiken –, die dem anderen aus irgendeiner Unternehmung erwächst, zu übernehmen[10]. Der Garantievertrag setzt demnach begrifflich voraus, dass ein Risiko für den durch den Vertrag Begünstigten übernommen wird. Der Verpflichtungswille des Übernehmers muss des weiteren erkennbar erklärt werden[11]. Als **Indiz** für einen derartigen Verpflichtungswillen – nicht aber als begriffliche Voraussetzung – ist es zu bewerten, wenn der Erklärende ein **Eigeninteresse** an der Erfüllung der Hauptverbindlichkeit hat[12].

---

6 *Larenz*, Methodenlehre, S. 381; *Hübner*, Rdn. 107; *Diederichsen/Wagner*, Die BGB-Klausur, 9. Aufl. 1998, S. 180 f.
7 BGH JZ 1957, 441 (442).
8 Zu derartigen Fallgestaltungen vgl. auch *Palandt/Heinrichs*, § 179 Rdn. 1.
9 RGZ 106, 68 (73); zu weiteren Fällen, bei denen an eine analoge Anwendung gedacht werden kann, vgl. *Erman/Palm*, § 179 Rdn. 19 ff.
10 BGH NJW 1960, 1567; 1985, 2941; WM 1961, 204; *Bülow*, Rdn. 1543; *Palandt/Sprau*, Einf. vor § 765 Rdn. 16; *Erman/Seiler*, vor § 765 Rdn. 19, 23.
11 BGH WM 1960, 880.
12 BGH WM 1962, 577; 1964, 62; 1982, 632; *Palandt/Sprau*, Einf. vor § 765 Rdn. 16; *Bülow*, Rdn. 1555.

329 2. Ein Eigeninteresse des A an der Erfüllung der Hauptverbindlichkeit, der Übertragung des Eigentums an dem Holz, ist gegeben, da er nur dann seine Provision in Höhe von 5% des Kaufpreises verdienen sollte. A hat jedoch nur eine Garantieerklärung des Inhalts abgegeben, dass er tatsächlich zum Abschluss des Kaufvertrages über das Holz bevollmächtigt sei. Eine weitergehende Erklärung dahin, dass er auch die Gewähr dafür übernehme, dass sein Auftraggeber Eigentümer des Holzes sei, ist in seiner Äußerung nicht zu erkennen. Beide Parteien sind vielmehr davon ausgegangen, ohne dies als ungewiss in Zweifel zu ziehen, dass der Auftraggeber des A Eigentümer des Holzes sei. Da diesbezüglich Klarheit bestand, erübrigte sich der Abschluss eines Garantievertrages diesen Inhalts.

V. Anspruch des M gegen A aus §§ 280 I, 241 II, 311 III BGB (culpa in contrahendo)

330 Zu prüfen bleibt, ob sich eine **Haftung des A aus §§ 280 I, 241 II, 311 III BGB (culpa in contrahendo)** ergeben kann. Nach § 311 III S. 1 BGB kann ein Schuldverhältnis mit Pflichten nach § 241 II BGB nämlich auch zu Personen bestehen, die nicht selbst Vertragspartei werden sollen. Mit dieser Norm knüpft das Gesetz an die von Rechtsprechung und Lehre entwickelten Grundsätze an, nach denen auch Vertreter und Verhandlungsgehilfen ausnahmsweise aus culpa in contrahendo haften, wenn sie am Vertragsschluss ein unmittelbares eigenes wirtschaftliches Interesse haben oder besonderes persönliches Vertrauen in Anspruch genommen und dadurch die Vertragsverhandlungen oder den Vertragsschluss erheblich beeinflusst haben (§ 311 III S. 2 BGB)[13]. Indes ist Voraussetzung dafür, dass der Vertreter am Abschluss des Vertrages wirtschaftlich in erheblichem Maße interessiert ist und aus dem Geschäft persönlichen Nutzen erstrebt oder dass er im besonderen Umfange persönliches Vertrauen in Anspruch genommen hat[14]. Der Umstand allein, dass A eine Provision von 5% des Wiederverkaufspreises beziehen sollte, rechtfertigt nicht, ein so starkes Interesse anzunehmen. Dass ein Vertreter Provision aus einem für den Vertretenen abgeschlossenen Geschäft bezieht, bewirkt zwar bei diesem Interesse am Abschluss des Vertrages, jedoch geht dieses Interesse nicht über das übliche Maß hinaus. Es fehlt somit am Merkmal des erheblichen wirtschaftlichen Interesses[15].

---

13 *Palandt/Heinrichs* § 311 Rdn. 61; MK/*Emmerich* § 311 Rdn. 211, 217; *Lorenz/Riehm* Rdn. 373 ff.; vgl. dazu auch BGHZ 14, 318; 88, 67 (68 f.); BGH LM Nr. 14 zu § 164 BGB; MDR 1963, 301; NJW 1990, 1907 (1908) m.w.N.; 1997, 1233 mit Anm. *Emmerich* JuS 1997, 751; NJW-RR 1991, 1242; 1992, 605. Relevant ist die Haftung des Vertreters aus c. i. c. vor allen bei Vermittlung im Gebrauchtwagengeschäft (vgl. OLG Köln NJW-RR 1993, 1138; MK/*Emmerich* § 311 Rdn. 224 ff.).

14 Vgl. d. zahlr. Nachw. in BGH MDR 1963, 301; NJW 1990, 1907 (1908); BGH DB 2002, 1878 (1879); ferner *Ballerstedt*, AcP 151 (1950–51), 501 ff.; *Schimikowski*, JA 1986, 345 (351 ff.); *Larenz*, SchuldR I, § 9 I 4; *Flume*, § 46, 5; *Medicus*, BürgR, Rdn. 200 ff.; Das neue Schuldrecht/*ders.*, Kap. 3 Rdn. 170, 172, nunmehr allerdings hinsichtlich des Eigeninteresses zweifelnd. Nur auf die Verletzung des besonderen Vertrauens stellt *Rieble* in: *Dauner-Lieb/Konzen/Schmidt (Hrsg.)*, S. 144 ab; aber auch BGH WM 1985, 384 (385), wo dahingestellt bleibt, ob ein wirtschaftliches Eigeninteresse des Vertreters überhaupt einen sachlichen Grund für seine Haftung bilden kann; krit. gegenüber diesem Kriterium *Ulmer*, NJW 1983, 1577 (1579) m.w.N. in Fn. 12.

15 Vgl. BGH LM Nr. 14 (Fa) zu § 276 BGB; vgl. auch *Staudinger/Schilken* (2001) § 164 Rdn. 15; BGHZ 88, 67 (70).

VI. Anspruch des M gegen A aus § 812 I S. 1 BGB

Man könnte noch erwägen, ob M von A nicht aus **ungerechtfertigter Bereicherung**   **331** (**§ 812 I S. 1 BGB**) Rückzahlung des Kaufpreises von 5000 € verlangen kann.

Dann müsste A die 5000 € durch Leistung des M oder in sonstiger Weise auf dessen Kosten ohne rechtlichen Grund erlangt haben. A hat von M die 5000 € übergeben erhalten, also den Besitz des Geldes von M erlangt. Fraglich ist aber, ob er das Geld durch Leistung des M erlangt hat. Leistung ist die bewusste und gewollte Vermehrung fremden Vermögens[16]. Durch die Übergabe des Geldes an A hat M aber nicht das Vermögen des A, sondern das Vermögen des von A Vertretenen – des H – vermehren wollen. Dieser Erfolg ist auch eingetreten. M hat die 5000 € also nicht an A, sondern an H geleistet[17]. Er hat gegen A also keinen Anspruch nach § 812 I S. 1 1. Alt. BGB. Da M die 5000 € aber an einen anderen als A geleistet hat, kann er wegen eben dieser 5000 € gegen A auch keinen Anspruch aus § 812 I S. 1 2. Alt. BGB haben; insoweit ist die Eingriffskondiktion gegenüber der Leistungskondiktion subsidiär[18].

VII. Ergebnis

M hat mithin keine Ansprüche gegen A auf Zahlung der 5000 €.

---

16 *Kötter*, AcP 153 (1954), 193 (195 ff.); *Erman/H. P. Westermann*, § 812 Rdn. 11; *Diederichsen*, JurA 1970, 379.

17 Vgl. RGZ 79, 285 (286); *Palandt/Sprau*, § 812 Rdn. 46.

18 BGHZ 40, 272 (278); BGHZ 56, 228 (240); *Medicus*, BürgR, Rdn. 727 ff.; *Kötter*, AcP 153 (1954), 193 (208) Fn. 53; *Berg*, AcP 160 (1961), 505 (517); *Zeiss*, JZ 1963, 8; *Diederichsen*, JurA 1970, 378; *Palandt/Sprau*, § 812 Rdn. 2; der Vorrang der Leistungskondiktion gegenüber der Eingriffskondiktion ist streitig; dagegen *Picker*, NJW 1974, 1790; skeptisch *Esser/Weyers*, § 50 IV; *Staudinger/Lorenz* (1999) § 812 Rdn. 64.

Fall 15

Durchgangserwerb bei Vorausabtretung einer Forderung – relatives Veräußerungsverbot gemäß § 135 BGB – Zustimmung zur Zession einer unabtretbaren Forderung durch Schuldner – Rückwirkung der Zustimmung – Wirksamkeit der Gestattung zum Selbstkontrahieren eines Allein-Geschäftsführer-Gesellschafters durch Gesellschafterbeschluss

Ausgangsfälle
BGH, Urt. v. 6. 10. 1960 – II ZR 215/58 = BGHZ 33, 189 = LM Nr. 8 zu § 181 BGB = NJW 1960, 2285 = MDR 1961, 30 = JZ 1961, 631 = BB 1960, 1179.
BGH, Urt. v. 14. 10. 1963 – VII ZR 33/62 = BGHZ 40, 156 = LM Nr. 9 zu § 399 BGB = NJW 1964, 243 = MDR 1964, 136 = BB 1963, 1400.
BGH, Urt. v. 29. 6. 1989 – VII ZR 211/88 = BGHZ 108, 172.

Sachverhalt

332 Die X-GmbH, die Sportwaffen herstellt, lieferte einen größeren Posten Pistolen an den Waffenhändler W. Die Parteien vereinbarten einen verlängerten Eigentumsvorbehalt, nach dem W die Pistolen nur im ordnungsgemäßen Geschäftsbetrieb veräußern durfte. Zur Sicherung der der X-GmbH zustehenden Ansprüche wurden alle Ansprüche des W aus dem Weiterverkauf gegen seine Abnehmer im Voraus an die X-GmbH abgetreten.

W verkaufte 10 Pistolen weiter an den Sportklub S zum Preis von 5000 €. S vereinbarte mit W, dass die Kaufpreisforderung nur mit Zustimmung des S abgetreten werden dürfe.

In der Folgezeit trat W die angeblich ihm gegen S zustehende Kaufpreisforderung in Höhe von 2500 € mit Zustimmung des S an seinen Gläubiger G ab. S zahlte daraufhin an G 2500 €.

Als S von der Vorausabtretung an die X-GmbH erfuhr, widerrief er seine Zustimmung und erklärte sich nunmehr mit der im verlängerten Eigentumsvorbehalt vereinbarten Vorausabtretung der gesamten Kaufpreisforderung an die X-GmbH einverstanden, da er sonst von dieser nicht mehr beliefert worden wäre.

Um sich persönlich Geld zu verschaffen, übertrug der Alleingeschäftsführer und Alleingesellschafter der X-GmbH, A, die seiner Ansicht nach der GmbH gegen S zustehende Kaufpreisforderung in Höhe von 2500 € auf sich selbst. Dieser Übertragung lag ein schriftlicher Gesellschafterbeschluss des A zu Grunde, in dem A sich von dem Verbot des Selbstkontrahierens befreite. S stimmte auch dieser Abtretung zu.

A verlangt nunmehr in seiner Eigenschaft als Geschäftsführer der X-GmbH von G die an diesen gezahlten 2500 € heraus. Von S verlangt er Zahlung von 2500 € an sich persönlich.

Frage:
Sind diese Zahlungsbegehren gerechtfertigt?

Gliederung 333

Lösung

I. Anspruch der X-GmbH gegen G aus § 816 II BGB

Der X-GmbH könnte ein **Bereicherungsanspruch gemäß § 816 II BGB** auf Heraus- **334** gabe des von S an G gezahlten Kaufpreises in Höhe von 2500 € zustehen.

1. A ist als **Alleingeschäftsführer** der GmbH gemäß § 35 I GmbHG berechtigt, der **335** GmbH zustehende Ansprüche gerichtlich und außergerichtlich geltend zu machen.

2. Der X-GmbH steht ein Anspruch gemäß § 816 II BGB zu, wenn sie zum Zeitpunkt **336** der Einziehung der Kaufpreisforderung durch G **Inhaberin dieser Forderung** gewesen ist und damit G die Forderung als **Nichtberechtigter** eingezogen hat, sofern diese Einziehung der X-GmbH gegenüber wirksam war.

Die X-GmbH könnte die Kaufpreisforderung gegen S auf Grund der mit W vereinbar- **337** ten **Vorausabtretung** erworben haben (§§ 398, 433 II BGB).

a) Die **Zulässigkeit einer antizipierten** (also vor der Entstehung des Anspruchs erfol- genden) **Forderungszession** ist heute allgemein anerkannt. Sie wird auf ein argumen- tum a fortiori aus § 185 II BGB gestützt[1].

---

1 *Enneccerus/Lehmann*, § 78 III 3; *Hennrichs*, JZ 1993, 225 (226); *Lemppenau*, Direkterwerb oder Durch- gangserwerb bei Übertragung künftiger Rechte, 1968, S. 39 f.; *Bülow*, Rdn. 1418.

b) Die Abtretung ist auch nicht wegen mangelnder **Bestimmbarkeit der Forderung** unwirksam, da sich zum Zeitpunkt ihrer Entstehung der Umfang des Forderungsübergangs klar aus dem Zessionsvertrag ergibt[2].

338 c) Die Abtretung könnte aber deshalb unwirksam sein, weil W mit S bei der Entstehung der im Voraus abgetretenen Kaufpreisforderung[3] vereinbart hat, dass eine Abtretung der **Zustimmung** des S bedürfe. Die **Unwirksamkeit** einer ohne Zustimmung des S vorgenommenen Abtretung könnte sich dann aus **§ 399 2. Alt. BGB** ergeben, demgemäß eine Forderung bei Vereinbarung eines Abtretungsausschlusses nicht abgetreten werden kann. Unter § 399 2. Alt. BGB fällt auch die Vereinbarung, dass die Forderung nur mit Zustimmung des Schuldners abgetreten werden kann[4].

339 aa) Es ist jedoch fraglich, ob die zwischen W und S getroffene Vereinbarung ein **pactum de non cedendo** gemäß § 399 BGB enthält. Die Abrede könnte möglicherweise auch dahin ausgelegt werden, dass nur eine persönliche Verpflichtung des Gläubigers W begründet werden sollte, vor Abtretung der Forderung die Zustimmung des S einzuholen. Eine abredewidrige Abtretung wäre dann wirksam und würde lediglich eine Vertragsverletzung des W darstellen[5]. Zweck der Abrede ist jedoch, dem Schuldner u.U. schwierige Ermittlungen über die Wirksamkeit einer etwa erfolgten Abtretung zu ersparen und die Gefahr zu mindern, an eine falsche Person zu leisten. Dieses Ziel lässt sich am besten mit einer die Abtretung selbst ausschließenden Abrede im Sinne des § 399 BGB erreichen.

bb) Das pactum de non cedendo stände aber der Wirksamkeit der Vorausabtretung nicht entgegen, wenn es infolge der vorher erfolgten Abtretung die Kaufpreisforderung nicht mehr erfassen könnte. Dies ist möglicherweise der Fall, wenn die Forderung unmittelbar in der Person des Zessionars, also der X-GmbH, ohne **Durchgangserwerb** in der Person des W entstanden wäre[6].

340 Ob bei Entstehung einer im Voraus abgetretenen Forderung ein Durchgangserwerb stattfindet, ist umstritten. Die h.M. differenziert danach, ob für die künftige Forderung im Zeitpunkt ihrer Abtretung schon eine Rechtsgrundlage vorhanden war (z.B. Mietvertrag) oder nicht (z.B. Forderungen aus künftigem Verkauf)[7]. Nur im ersteren Fall entstehe die Forderung unmittelbar in der Person des Zessionars. Dies ist zutreffend. Besteht für die künftige Forderung bereits eine Rechtsgrundlage, ist nämlich keine

---

2 *Larenz*, SchuldR I, § 34 III; MK/*Roth*, § 398 Rdn. 67; *Bülow*, Rdn. 1381.
3 Die Abtretung wird erst mit Entstehung der Forderung wirksam, vgl. *Larenz*, SchuldR I, § 34 III; *Bülow*, Rdn. 1417.
4 RGZ 136, 395 (399); BGHZ 40, 156 (161); MK/*Roth*, § 399 Rdn. 33; *Erman/H. P. Westermann*, § 399 Rdn. 3; s. auch *Blaum*, Das Abtretungsverbot nach § 399 2. Alt. BGB und seine Auswirkungen auf den Rechtsverkehr, 1983, S. 67 f. Zu den Gefahren des vertraglichen Abtretungsverbots s. *U. Huber*, NJW 1968, 1905; *Burger*, NJW 1982, 80; BGHZ 77, 274; zur Problematik eines Abtretungsverbots in AGB vgl. ausführl. *Hadding/van Look*, WM 1988, Sonderbeilage Nr. 7.
5 *Bülow*, Rdn. 1402.
6 Eine andere Lösung dieses Kollisionsproblems zwischen anfänglichem Abtretungsverbot und Vorauszession vertritt *Blaum* (Fn. 4), S. 74 ff. (82): Die Vereinbarung eines Abtretungsverbotes sei bis zum Zeitpunkt der Forderungsentstehung immer vorrangig, weil es der unbeschränkten Verpflichtungs- und Gestaltungsmacht der Parteien des Schuldverhältnisses unterliege. Die Frage eines Durchgangs- oder Direkterwerbs des Zessionars sei daher unmaßgeblich.
7 *Soergel/Zeiss*, § 398 Rdn. 11; *Erman/H. P. Westermann*, § 398 Rdn. 11 f.; *Larenz*, SchuldR I, § 34 III; MK/*Roth*, § 398 Rdn. 80; *Staudinger/Busche* (1999) § 398 Rdn. 72 ff.; RGRK/*Weber*, § 398 Rdn. 72.

Rechtshandlung des Zedenten mehr erforderlich, während Forderungen, deren Rechtsgrundlage erst geschaffen werden muss, nach dem Offenheitsprinzip bei der Begründung obligatorischer Rechte zunächst nur beim Zedenten entstehen können[8]. Da die Kaufpreisforderung des Zedenten W erst auf Grund eines nach der Forderungsabtretung an die X-GmbH geschlossenen Kaufvertrages entstand, findet ein Durchgangserwerb statt.

Selbst wenn man mit einer Mindermeinung einen Durchgangserwerb ablehnt[9], erhält **341** die Forderung jedoch nur den Inhalt, der zwischen dem Zedenten und dem Schuldner vereinbart worden ist. Diese Vereinbarung führte zu einer inhaltlichen Beschränkung der Forderung in der Weise, dass sie von Anfang an nur als ein mit Zustimmung des S abtretbares Recht entstand. Ihr wird also kein ihrem Wesen nach fremdes Veräußerungsverbot hinzugefügt, sodass § 137 S. 1 BGB nicht anwendbar ist[10]. Demnach ist auch bei Ablehnung eines Durchgangserwerbs des Zedenten die Vorausabtretung der Kaufpreisforderung infolge des *pactum de non cedendo* gemäß § 399 BGB unwirksam.

d) Fraglich ist indes, ob wegen **§ 354a HGB** die Abtretung nicht gleichwohl wirksam **342** ist. Dies wäre dann der Fall, wenn die Forderung des W gegen den S durch beiderseitiges Handelsgeschäft begründet worden wäre. Handelsgeschäfte sind gemäß § 343 HGB alle Geschäfte eines Kaufmanns, die zum Betrieb seines Handelsgewerbes gehören. W ist Waffenhändler und betreibt damit ein Handelsgewerbe im Sinne des § 1 II HGB. Der Verkauf von Pistolen gehört auch unzweifelhaft zu seinem Handelsgeschäft. Allerdings ist der Sportklub nicht Kaufmann, sodass § 354a HGB ausscheidet. Die Abtretung ist somit gemäß § 399 BGB unwirksam.

e) Möglicherweise handelt es sich aber bei der nach § 399 2. Alt. BGB eingetretenen **343** Unwirksamkeit lediglich um eine relative, nur zu Gunsten des Schuldners wirkende Unwirksamkeit, die G der X-GmbH nicht entgegenhalten könnte (§ 135 BGB).

Die Ansicht, dass der Abtretungsausschluss ein **relatives Veräußerungsverbot** im **344** Sinne des § 135 BGB darstelle, wird im Schrifttum teilweise vertreten, weil der Abtretungsausschluss nur die Interessen des Schuldners schützen wolle[11]. Der Schuldner lege auf das Verbot insbesondere dann Wert, wenn ihm ein Gläubigerwechsel unangenehm sei.

Diese Ansicht stößt jedoch auf Bedenken. Ein gesetzliches Veräußerungsverbot im **345** Sinne von § 135 BGB ist eine Ausnahmevorschrift, die eine nach allgemeinen Rechtsprinzipien zulässige Veräußerung verbietet. Nach dem Wortlaut der Vorschrift werden nur gesetzliche bzw. behördliche (§ 136 BGB) Veräußerungsverbote erfasst. Durch Rechtsgeschäft können danach relative Veräußerungsverbote nicht begründet werden[12]. Bei § 399 BGB beruht der Ausschluss der Abtretung aber nicht auf Gesetz, son-

---

8 *Erman/H. P. Westermann*, § 398 Rdn. 11 f.; hierzu eingehend *Lemppenau* (Fn. 1), S. 63 ff. u. S. 114 ff.
9 RGZ 66, 166 (167); *Serick*, BB 1960, 141 (147); *Esser/Schmidt*, § 37 I 2 a; *Raiser*, Dingliche Anwartschaften, 1961, S. 22; *Bülow*, JuS 1994, 1 (5).
10 RGZ 136, 399; BGHZ 40, 156 (160); BGHZ 70, 299 (303).
11 Ausführl. *Wagner*, JZ 1994, 227 ff.; *Canaris*, FS Serick, 1992, S. 9 ff.; *Erman/Westermann*, § 399 Rdn. 3a.
12 *Erman/Palm*, §§ 135, 136 Rdn. 3.

dern auf einer rechtsgeschäftlichen Vereinbarung von Gläubiger und Schuldner und somit auf dem Parteiwillen[13]. Auch der Wortlaut von § 399 BGB spricht gegen ein relatives Veräußerungsverbot. Wenn das Gesetz sagt, ein Rechtsgeschäft „könne" nicht vorgenommen werden, so ist es, gleichwohl vorgenommen, nichtig, in Ausnahmefällen, wie § 181 BGB, schwebend unwirksam, nie aber relativ unwirksam. Die Ansicht, ein Verstoß gegen § 399 BGB führe nur zu einer relativen Unwirksamkeit, berücksichtigt diesen im ganzen BGB einheitlichen, technischen Wortsinn nicht. Die Folge eines pactum de non cedendo ist demnach keine relative, sondern eine **absolute, auch gegenüber Dritten wirkende Unwirksamkeit**[14].

346 f) Die Vorausabtretung der Forderung an die X-GmbH könnte jedoch durch das von S nachträglich erklärte Einverständnis **rückwirkend wirksam geworden** sein. Dass die abredewidrig vorgenommene Zession wirksam werden kann, ist im Ergebnis heute unstreitig[15]. Umstritten ist jedoch einmal, ob dafür die einseitige Zustimmung des Schuldners genügt oder ein das Schuldverhältnis abändernder Vertrag i.S.d. § 311 I BGB zwischen Gläubiger und Schuldner erforderlich ist, zum anderen, ob die Abtretung rückwirkend (ex tunc) oder nur für die Zukunft (ex nunc) wirksam werden kann. Man wird insoweit zwei Fälle zu unterscheiden haben:

347 aa) Ist die **Abtretbarkeit vertraglich schlechthin ausgeschlossen,** so wird dadurch der Forderung die Verkehrsfähigkeit genommen. Sie kann, solange der Abtretungsausschluss nicht aufgehoben wird, von vornherein nur als ein unveräußerliches Recht entstehen. Demgemäß entfaltet eine vereinbarungswidrige Abtretung keinerlei Rechtswirkung. Sie ist nicht nur schwebend, sondern endgültig unwirksam, also nichtig. Infolgedessen sind die §§ 182 ff. BGB in diesem Fall nicht anwendbar. Die §§ 182, 184 BGB treffen nicht zu, weil es sich nicht lediglich darum handelt, dass die Wirksamkeit eines Vertrages von der Zustimmung eines Dritten abhängt. Einer Anwendung des § 185 II S. 1 BGB stünde im Wege, dass die Unwirksamkeit der Abtretung nicht, wie in der Vorschrift vorausgesetzt, auf einem Mangel der Verfügungsbefugnis des Abtretenden beruht, sondern auf dem durch Parteivereinbarung geschaffenen Inhalt der Forderung selbst. Auch für eine analoge Anwendung von § 185 II BGB besteht kein Anlass. Um der Abtretung Wirksamkeit zu verleihen, genügt folglich nicht die einseitige Zustimmung des Schuldners. Vielmehr bedarf es eines das Schuldverhältnis abändernden Vertrages zwischen Gläubiger und Schuldner, durch den das vertragliche Abtretungsverbot aufgehoben wird (§ 311 I BGB). Die „Genehmigung" des Schuldners ist daher als Einverständniserklärung zum Abschluss eines solchen **Änderungsvertrages** zu werten, und zwar in der Regel als Annahme des in der Mitteilung der Abtretung durch den Gläubiger liegenden Vertragsangebots. Da der Vertrag die Abtretbarkeit der Forderung erst begründet, wirkt er nicht auf den Zeitpunkt der Abtretung zurück. Zwischenzeitliche Verfügungen und Zwangsvollstreckungsmaßnahmen (vgl. § 851 II ZPO) bleiben also wirksam[16].

---

13 BGHZ 40, 156 (160); *Furtner*, NJW 1966, 182 (186).
14 BGHZ 40, 156 (159); 70, 299 (303); 112, 387 (389); *Larenz*, SchuldR I, § 34 II 1; *Bülow*, Rdn. 1403; *W. Lüke*, JuS 1992, 114 (115); *Blaum* (Fn. 4), S. 100 ff. (102 f.) jedoch differenzierend hinsichtlich des Wirksamkeitszeitpunktes, S. 143 ff. (150 f.).
15 BGHZ 108, 172 (175); *Hadding/van Look* (Fn. 4), S. 3.
16 RGZ 75, 142 (144 f.); BGHZ 70, 299 (302 f.); OLG Hamm WM 1984, 1404 (1405); *Larenz*, SchuldR I, § 34 II 1; *Bülow*, Rdn. 1413; *Blaum* (Fn. 4), S. 132 ff. (138 ff.); *Soergel/Zeiss*, § 399 Rdn. 9; *Palandt/*

bb) Anders ist die Rechtslage, wenn – wie im vorliegenden Falle – die Abtretung nicht **348** völlig ausgeschlossen, sondern nur in der Weise eingeschränkt worden ist, dass sie zur Wirksamkeit der **Zustimmung des Schuldners** bedarf. Hier haben die Parteien die Möglichkeit einer Abtretung von vornherein ins Auge gefasst. Ihr Vertragswille war somit nicht auf strikte Unabtretbarkeit, sondern auf eine durch den Zustimmungsvorbehalt lediglich beschränkte Abtretbarkeit der Forderung gerichtet. Zwar will die Rechtsprechung diese Konstellation nunmehr gleich der des vollständigen Abtretungsverbotes behandeln, weil die Vereinbarung eines Zustimmungsvorbehaltes letztlich keine eigenständige materielle Bedeutung habe[17]. Diese Ansicht ist jedoch abzulehnen. Es wäre überflüssiger Formalismus und widerspräche dem Parteiwillen, wollte man auch hier eine Änderungsvereinbarung verlangen. Da die Wirksamkeit der Abtretung nur von der Zustimmung des Schuldners abhängig gemacht worden ist, handelt es sich vielmehr um einen Anwendungsfall der §§ 182, 184 BGB. Die ohne Zustimmung abgeschlossene Zession ist folglich nicht schlechthin, sondern nur **schwebend unwirksam**. Sie kann durch Genehmigung des Schuldners geheilt werden, die auf den Zeitpunkt der Abtretung zurückwirkt (§§ 182, 184 I BGB). Allerdings bleiben zwischenzeitliche Verfügungen des Genehmigenden und Zwangsvollstreckungsmaßnahmen nach § 184 II BGB wirksam[18].

cc) Die Vorausabtretung der Kaufpreisforderung an die X-GmbH war demnach zu- **349** nächst nur schwebend unwirksam (§ 182 I BGB). Durch das von S nachträglich erklärte Einverständnis, das als Genehmigung i.S.v. § 184 I BGB zu deuten ist, könnte sie somit rückwirkend wirksam geworden sein. Zu beachten ist jedoch § 184 II BGB. Danach werden durch die Rückwirkung Verfügungen nicht unwirksam, die der Genehmigende vorher über den Gegenstand des Rechtsgeschäfts getroffen hat. Die zuvor erklärte Zustimmung des S zur Abtretung der Forderung an G ist als eine derartige Verfügung anzusehen. Sie hat unmittelbar rechtsgestaltend dazu geführt, dass die Abtretung der Forderung von W an G wirksam und G damit neuer Gläubiger wurde. Die in dieser Zustimmung liegende Verfügung ist auch vom „Genehmigenden" i.S. des § 184 II BGB, nämlich von S, getroffen worden[19]. Die nachträgliche Zustimmung des S zur Vorausabtretung der Forderung an die X-GmbH könnte daher nur dann noch Rechtswirkungen entfalten, wenn der gleichzeitig erklärte Widerruf des Einverständnisses

---

Heinrichs, § 399 Rdn. 11; *Staudinger/Busche* (1999) § 399 Rdn. 63. – Nach a.A. (OLG Celle NJW 1968, 652 f.; *Medicus*, Schuldrecht I – Allgemeiner Teil, 13. Aufl. 2002, § 62 I 4c; *Soergel/Leptien*, § 185 Rdn. 19; RGRK/*Weber*, § 399 Rdn. 15) sind die §§ 185 II, 184 BGB analog anwendbar; die Genehmigung wirkt auf den Zeitpunkt der Abtretung zurück, wobei zwischenzeitliche Verfügungen entsprechend § 184 II BGB jedoch wirksam bleiben.

17 BGHZ 108, 172 (176 f.), zustimmend: *Bülow*, Rdn. 1402 mit 1413; *Palandt/Heinrichs*, § 399 Rdn. 11; *Jauernig/Stürner*, §§ 399, 400 Rdn. 8. Wohl auch *Soergel/Zeiss*, § 399 Rdn. 9; MK/*Schramm*, vor § 182 Rdn. 15; § 185 Rdn. 14a; *Fikentscher*, Schuldrecht, 9. Aufl. 1997, Rdn. 586; *Larenz*, SchR AT, § 34 II 1, die allerdings nicht zwischen den beiden Konstellationen unterscheiden.

18 So noch BGHZ 40, 156 (161, 163); *Thiele*, Die Zustimmungen in der Lehre vom Rechtsgeschäft, 1966, S. 236 ff.; *Staudinger/Gursky*, Vorbem. zu §§ 182 ff. Rdn. 34; *W. Lüke*, JuS 1992, 114 (116); – Nur i.E. wie hier die Ansicht, die auch im Falle des Abtretungsausschlusses §§ 184, 185 II BGB analog anwendet; vgl. die Nachw. in Fn. 16.

19 Vgl. BGHZ 40, 156 (164). A.A. insofern *Staudinger/Gursky* (2001) Vorbem. 34 zu §§ 182 ff.; *W. Lüke*, JuS 1992, 114 (116): dass der Schuldner bei mehreren verbotswidrigen Abtretungen die bereits ausgesprochene Genehmigung der zweiten Abtretung nicht durch nachträgliche Genehmigung der ersten Abtretung konterkarieren könne, verstehe sich auch ohne Heranziehung von § 184 II BGB von selbst.

mit der Forderungsabtretung an W nachträglich zu deren Unwirksamkeit geführt hätte. Dies ist jedoch nicht der Fall. Da G Gläubiger der Forderung geworden war, hätte es zur Rückgängigmachung der Abtretung auch seiner Mitwirkung bedurft, sodass der einseitige Widerruf des S die einmal eingetretene Wirksamkeit der Abtretung an G nicht mehr beseitigen konnte[20].

350   3. Als S sich mit der Vorausabtretung an die X-GmbH einverstanden erklärte, war somit die Forderung bereits wirksam mit Zustimmung des S an G abgetreten worden. Die erneute Zustimmung des S konnte somit wegen § 184 II BGB nicht mehr zur Wirksamkeit der Vorausabtretung an die X-GmbH führen. Durch die Zahlung von 2500 € an G hat S somit an den Forderungsinhaber, also an den Berechtigten, geleistet. Ein Anspruch der X-GmbH gegen G aus § 816 II BGB besteht daher nicht. Das Zahlungsbegehren der X-GmbH ist also unbegründet.

II. Anspruch des A gegen S aus §§ 433 II, 398 BGB

A könnte gegenüber S ein Anspruch auf Zahlung eines Kaufpreisteils in Höhe von 2500 € **gemäß den §§ 433 II, 398 BGB** zustehen.

351   1. Die zunächst in der Person des W entstandene Kaufpreisforderung ist in dieser Höhe infolge der mit Zustimmung des S erfolgten Vorausabtretung auf die X-GmbH übergegangen (§§ 398, 184 BGB). Denn bezüglich dieser Teilforderung gab es keine konkurrierende Abtretung durch W an G.

352   2. Zweifelhaft ist jedoch, ob die Forderung von der X-GmbH auf A gemäß § 398 BGB **wirksam übertragen** worden ist.

353   a) Die Wirksamkeit der Übertragung scheitert nicht an **§ 399 2. Alt. BGB**. Auch insoweit hat nämlich S einer Abtretung zugestimmt.

354   b) Die Abtretung an A könnte jedoch gemäß **§ 181 BGB** unwirksam sein, da A den Zessionsvertrag gleichzeitig im eigenen Namen und als vertretungsberechtigtes Organ der X-GmbH geschlossen hat.

Nach § 35 IV GmbHG ist auf die Rechtsgeschäfte des allein geschäftsführenden Alleingesellschafters einer GmbH mit der Gesellschaft § 181 BGB anzuwenden.

355   Das **Selbstkontrahieren** ist zunächst nach § 181 BGB ausnahmsweise rechtlich zulässig, wenn das Rechtsgeschäft in der Erfüllung einer Verbindlichkeit besteht[21]. Dies ist hier nicht der Fall, da A kein fälliger Anspruch in Höhe von 2500 € gegen die GmbH zustand, zu dessen Erfüllung die Abtretung hätte erfolgen können. Zwar hat A einen Anspruch gegen die Gesellschaft in Höhe seiner Einlage. Die Rückzahlung der geleisteten Einlage ist jedoch vor Liquidierung der Gesellschaft nicht zulässig (vgl. § 30 GmbHG).

---

20 Auch einseitige, rechtsgestaltende Zustimmungserklärungen können nicht widerrufen werden, vgl. *Staudinger/Gursky* (2001) § 184 Rdn. 14; *Erman/Palm*, § 184 Rdn. 1; *Soergel/Leptien*, § 184 Rdn. 2.

21 Indem § 35 IV GmbHG auf Rechtsgeschäfte des allein geschäftsführenden Alleingesellschafters § 181 BGB für anwendbar erklärt, werden nicht Rechtsgeschäfte zwischen Gesellschaft und Alleingesellschafter allgemein verboten; vielmehr ergibt sich aus der Anwendbarkeit des § 181 BGB auch, dass das Selbstkontrahieren in den dort genannten Ausnahmefällen zulässig ist.

A könnte jedoch durch den von ihm herbeigeführten Gesellschafterbeschluss für   **356**
das Abtretungsgeschäft vom Kontrahierungsverbot des § 181 BGB befreit sein. Voraussetzung ist, dass durch diesen Gesellschafterbeschluss die X-GmbH dem A das Selbstkontrahieren wirksam gestattet hat. Auch bei einer GmbH, deren Geschäftsanteile sich vollständig in der Hand des allein geschäftsführenden Gesellschafters befinden, ist rechtlich zu differenzieren zwischen der juristischen Person und ihrem Alleingesellschafter[22]. Fraglich ist jedoch, welche Anforderungen an das Rechtsgeschäft zu stellen sind, mit dem der allein geschäftsführende Alleingesellschafter einer GmbH vom Selbstkontrahierungsverbot befreit wird. § 35 IV GmbHG trifft hierüber keine Aussage.

Eine Befreiung von den Beschränkungen des § 181 BGB ist nach allgemeiner Ansicht wirksam, wenn sie von vornherein im Gesellschaftsvertrag vorgesehen ist oder nachträglich eine entsprechende Satzungsänderung vorgenommen wurde[23].

Ob für die nachträgliche Befreiung des Alleingesellschafters einer GmbH vom Selbst-   **357**
kontrahierungsverbot auch ein Gesellschafterbeschluss ausreicht, war vor Geltung des § 35 IV GmbHG n.F. umstritten. Teilweise wurde die Ansicht vertreten, dass auch die Gesellschafterversammlung als übergeordnetes Organ über Insichgeschäfte der Gesellschafter befinden könne[24]. Inzwischen ist es jedoch allgemeine Ansicht, dass die nachträgliche Befreiung des Alleingesellschafters einer GmbH vom Selbstkontrahierungsverbot eine **nachträgliche Änderung der Satzung** erfordert[25], die den zwingenden Vorschriften der §§ 53, 54 GmbHG genügen muss; sie bedarf insbesondere der notariellen Beurkundung (§ 53 II 1 GmbHG) und wird erst mit der Eintragung der Änderung im Handelsregister wirksam (§ 54 III GmbHG)[26]. Da § 181 BGB nunmehr kraft Gesetzes auf Rechtsgeschäfte des allein geschäftsführenden Alleingesellschafters anwendbar ist, stellt nämlich die Befreiung vom Verbot des Selbstkontrahierens eine Erweiterung der Vertretungsbefugnisse des Geschäftsführers dar, die wegen ihrer Abweichung vom Gesetz eine Satzungsänderung erfordert[27]. Auch der Gesetzgeber ist davon ausgegangen, dass Insichgeschäfte nur wirksam sein sollen, wenn sie „durch Gesellschaftsvertrag gestattet sind"[28]. Zweck des § 35 IV GmbHG ist es, durch die Publizität des Gesellschaftsvertrags (vgl. § 9 HGB) Gläubiger der Gesellschaft auf die Möglichkeit solcher Geschäfte und damit auf die Möglichkeit von Vermögensverlagerungen zwischen dem Gesellschafter und der Gesellschaft hinzuweisen, damit sie sich darauf einstellen können[29].

---

22 BGHZ 33, 189 (191); *Sudhoff*, Der Gesellschaftsvertrag der GmbH, 8. Aufl. 1992, S. 81 ff.
23 BGHZ 87, 59 (60); BayObIGZ 1980, 209 (212 f.); BayObLG NJW 1981, 1565 (1566); *Keidel/Schmatz/ Stöber*, Register-R, 5. Aufl. 1991, Rdn. 734 b–d, 779c; *Ulmer*, BB 1980, 1006; *Deutler*, GmbHRdsch 1980, 146; *K. Schmidt*, NJW 1980, 1769 (1775); *Ekkenga*, Die AG 1985, 40 (45 f.).
24 Z.B. *Hachenburg/Schilling*, GmbHG, 6. Aufl. 1959, § 36 Anm. 13.
25 BGHZ 114, 167 (173); *Baumbach/Hueck*, GmbHG, 17. Aufl. 2000, § 35 Rdn. 79; *Lutter/Hommelhoff*, GmbHG, 15. Aufl. 2000, § 35 Rdn. 22; beachte aber auch *Michalski/Lenz*, GmbHG, 2002, § 35 Rn. 83.
26 Zur Eintragungspflicht der Befreiung des GmbH-Alleingeschäftsführers einer Ein-Mann-GmbH vom Selbstkontrahierungsverbot ins Handelsregister s. BGHZ 87, 59; BayObLG RPfl. 1979, 310; OLG Köln DB 1980, 1390; *Keidel/Schmatz/Stöber* (Fn. 23), Rdn. 734 b, c m.w.N. in Fn. 35.
27 BayObIGZ 1980, 209 (213); *Kallmeyer* in: GmbH-Handbuch I, 15. Aufl., Loseblattausgabe, Stand Oktober 2002, Rdn. 488.1.
28 BT-Drucksache 8/3908 S. 74 Nr. 17.
29 Vgl. BayObLG NJW 1981, 1565 (1566).

358 Da im vorliegenden Fall der Gestattung des Selbstkontrahierens lediglich ein Gesellschafterbeschluss zu Grunde lag, ist sie somit gem. § 181 BGB nichtig. Zwar führt
diese Vorschrift grundsätzlich nur zur schwebenden Unwirksamkeit des Rechtsgeschäfts[30]. Da A jedoch keine Satzungsänderung eingeleitet hat, sie vielmehr nicht einmal beabsichtigt, ist die Abtretung endgültig unwirksam.

3. A kann daher nicht Zahlung von 2500 € an sich persönlich verlangen.

---

30 RGZ 119, 116; BGHZ 65, 123 (126); *Staudinger/Gursky* (2001) § 181 Rdn. 45; *Enneccerus/Nipperdey*,
    § 181 IV; *Palandt/Heinrichs*, § 181 Rdn. 15; *Diederichsen*, Rdn. 310.

Fall 16

Formmangel – Vertragsauslegung – Widerruf – Einwendung – Einrede – Verpflichtungsermächtigung – Begriff der Verfügung – Verfügung eines Nichtberechtigten – Besitzüberlassungsverträge als Verfügungen über das Eigentum – analoge Anwendung von § 185 BGB auf die Vereinbarung eines Zurückbehaltungsrechtes – Einwilligung – Umdeutung

Ausgangsfall
RG, Urt. v. 27. 3. 1929 – I 16/29 = RGZ 124, 28.

Sachverhalt

Der Bäckermeister Abels (A) wollte für die Anschaffung eines neuen Autos auf einen **359** Grundschuldbrief in Höhe von 15 000 € ein Darlehen in Höhe von 10 000 € aufnehmen. Er setzte sich mit seinem als besonders geschäftstüchtig bekannten Schwager Berthold (B), zu dem er ein gutes Verhältnis hatte, in Verbindung, übergab diesem den Brief und bat ihn, ihm darauf irgendwie Geld zu verschaffen. B erklärte sich dazu bereit. Er trat im eigenen Namen an den Rentner Claßen (C) heran, von dem er wusste, dass er Geldanlagen suchte, ließ sich von C einen Kredit über 10 000 € einräumen und übergab C zur Sicherheit den Brief.

Von den 10 000 € führte er aber nur 4000 € an A ab und verwandte die restlichen 6000 € für sich.

Als A das merkte, stellte er B zur Rede und verlangte von ihm, er solle den Grundschuldbrief zurückbeschaffen. B weigerte sich jedoch.

A wandte sich nun an C und verlangte von ihm die Herausgabe des Briefes gegen Zahlung von 4000 €, die er von B erhalten hatte. C will den Brief dagegen nur gegen Zahlung von 10 000 € herausgeben.

Frage:
Ist das Herausgabebegehren des A gerechtfertigt?

360 # Gliederung

Lösung

I. Herausgabeanspruch aus § 985 BGB

361 Hat A gegen C einen **Anspruch auf Herausgabe** des Grundschuldbriefes **nach § 985 BGB**?

362 1. Der Anspruch würde voraussetzen, dass A **Eigentümer des Grundschuldbriefes** ist. Gemäß § 952 I u. II BGB ist Eigentümer des Grundschuldbriefes der Grundschuldgläubiger. Dass A vor der Übergabe des Briefes an B Grundschuldgläubiger und damit Eigentümer des Briefes war, ist zwar nicht ausdrücklich im Sachverhalt gesagt, aber mangels anderweitiger Anhaltspunkte muss davon ausgegangen werden.

363 A hat das Eigentum an dem Brief nicht durch die Übergabe des Briefes an B verloren. Möglicherweise hat B aber als Nichtberechtigter auf Grund einer Ermächtigung des A das Eigentum am Grundschuldbrief an C zur Sicherung übertragen. Eine Übertragung bloß des Eigentums am Brief nach §§ 929 ff. BGB scheitert aber schon daran, dass ein Grundschuldbrief, wie sich aus § 952 I u. II BGB ergibt, nicht selbstständig übertragbar und belastbar ist, sondern das rechtliche Schicksal der Grundschuld teilt. Möglicherweise lässt sich aber darin, dass B dem C „zur Sicherheit" den Brief gab, eine Sicherungsabtretung der Grundschuld sehen, die, falls wirksam, nach § 952 I u. II BGB zum Eigentumserwerb des C am Grundschuldbrief geführt haben würde. Es erscheint aber fraglich, ob B überhaupt die Grundschuld an C übertragen wollte, als er dem C den Grundschuldbrief zur Sicherheit gab. Da auch eine Verpfändung der Grundschuld dem C genügend Sicherheit bot und da normalerweise wohl niemand mehr Rechte überträgt als erforderlich ist, muss man davon ausgehen, dass keine Abtretung, sondern nur eine Verpfändung der Grundschuld beabsichtigt war[1].

---

1 Aber selbst wenn eine Sicherungsübertragung der Grundschuld beabsichtigt gewesen sein sollte, wäre diese nach § 125 S. 1 BGB wegen Formmangels nichtig. Vgl. unter I 2 a.

Da A also Eigentümer des Grundschuldbriefes geblieben ist und C dessen augenblicklicher Besitzer ist, liegen die Voraussetzungen des § 985 BGB vor.

2. Der Anspruch könnte jedoch nach § 986 BGB ausgeschlossen sein. § 986 BGB stellt **364** nämlich richtiger Ansicht[2] nach trotz der Formulierung „kann ... verweigern" nicht nur eine Einrede, sondern eine von Amts wegen zu berücksichtigende Einwendung[3] dar, die den Herausgabeanspruch ausschließt. Nach § 986 I S. 1 1. Alt. BGB wäre der Anspruch auf Herausgabe des Grundschuldbriefes dann ausgeschlossen, wenn der Besitzer C dem Eigentümer A gegenüber **zum Besitz berechtigt** wäre.

a) Als Recht des C dem A gegenüber zum Besitz des Grundschuldbriefes kommt zu- **365** nächst ein **Pfandrecht an der Grundschuld** in Betracht, das B auf Grund einer Er- mächtigung des A als Nichtberechtigter bestellt haben könnte (§ 185 I BGB). Die Ver- pfändung eines Rechtes erfolgt nach § 1274 I BGB nach den für die Übertragung des Rechtes geltenden Vorschriften. Auf die Übertragung einer Grundschuld finden nach § 1192 I BGB die Vorschriften über die Übertragung einer Hypothek entsprechende Anwendung, soweit sich nicht etwas anderes daraus ergibt, dass die Grundschuld keine Forderung voraussetzt. Die Hypothek wird nach § 1153 I BGB durch Abtretung der Forderung in der Form des § 1154 übertragen. Nach §§ 1192 I, 1154 S. 1 BGB ist er- forderlich, dass eine schriftliche Abtretungserklärung vorliegt, für die Verpfändung wäre somit eine schriftliche Verpfändungserklärung notwendig. Diese fehlt hier. Die schriftliche Abtretungserklärung kann aber nach § 1154 II BGB durch eine Eintragung im Grundbuch ersetzt werden, was sinngemäß auch für die Verpfändung gelten würde. Aber auch daran fehlt es hier. Die Verpfändung wäre also nach § 125 S. 1 BGB wegen Formmangels nichtig. Ein anderes Recht zum Besitz des C gegenüber A im Sinne von § 986 I 1 1. Alt. BGB ist nicht ersichtlich.

b) Der Herausgabeanspruch könnte aber durch eine Einwendung nach **§ 986 I S. 1** **366** **2. Alt. und S. 2 BGB** ausgeschlossen sein. Das würde voraussetzen, dass C seinen Be- sitz von B als mittelbarem Besitzer ableitet und dass B dem A gegenüber zum Besitz und zur Weitergabe des Besitzes an C berechtigt war.

B könnte dem A gegenüber auf Grund eines zwischen ihnen geschlossenen Auftrags- **367** vertrages (§ 662 BGB) zum Besitz des Grundschuldbriefes und zur Überlassung des Briefes an C berechtigt gewesen sein. Nach dem Inhalt dieses Vertrages sollte B zum

---

2 BGHZ 82, 13 (18); *Diederichsen*, Das Recht zum Besitz aus Schuldverhältnissen, 1965, S. 160; *ders.*, Rdn. 128; *Erman/Hefermehl*, § 986 Rdn. 1; *Soergel/Mühl*, § 986 Rdn. 2; *Staudinger/Gursky* (1999) § 986 Rdn. 1; MK/*Medicus*, § 986 Rdn. 24 f.; *Palandt/Bassenge*, § 986 Rdn. 1; *Baur/Stürner*, § 11 Rdn. 26. Für Einrede vor allem die ältere Literatur, vgl. Nachweise bei *Staudinger/Gursky* (1999) § 986 Rdn. 1; aus neuerer Zeit nur: RGRK/*Pikart*, § 986 Rdn. 24.

3 Einreden gewähren ein Gegenrecht, normalerweise gegen Ansprüche (Ausnahmen: §§ 1137 I, 1157, 1169, 1211, 1254 BGB), das dazu berechtigt, die geschuldete Leistung zu verweigern. Die Einreden stellen *Ge- staltungsrechte* dar, deren Ausübung dem Anspruch dauernd oder zeitweilig die Durchsetzbarkeit nimmt, ihn im Übrigen aber bestehen lässt. Überblick: *Roth*, Die Einrede des bürgerlichen Rechts, 1988, S. 37 ff. *Einwendungen* stellen dagegen *Tatsachen* dar, die die Entstehung eines Anspruchs verhindern oder einen bereits entstandenen Anspruch vernichten. Einwendungen werden im Prozess, soweit sie von den Parteien in den Prozess eingeführt worden sind, von Amts wegen berücksichtigt, auch wenn der Beklagte sich nicht darauf beruft. Einreden werden dagegen nur berücksichtigt, wenn der Beklagte im Prozess sein Gegenrecht geltend macht oder in den Prozess von einer der Parteien eingeführt wird, dass der Beklagte sein Gegen- recht außerhalb des Prozesses geltend gemacht hat. Vgl. die ausführliche Darstellung von *Jahr*, JuS 1964, 125 ff., 218 ff.

Besitz des Grundschuldbriefes und zur Übergabe des Grundschuldbriefes an den Darlehensgeber berechtigt und verpflichtet sein. Fraglich könnte allerdings sein, ob B auch dann zur Weitergabe des Grundschuldbriefes an den Darlehensgeber berechtigt sein sollte, wenn er den Darlehensvertrag im eigenen Namen abschloss. Das ist eine Frage der Auslegung des zwischen A und B geschlossenen Auftragsvertrages. Dafür, dass B auch beim Abschluss des Darlehensvertrages im eigenen Namen berechtigt sein sollte, den Grundschuldbrief dem Darlehensgläubiger zu überlassen, spricht der Umstand, dass A dem B voll vertraute, und dass es dem A im Übrigen ersichtlich gleichgültig war, auf welche Weise er zu dem Geld kam („irgendwie"). In die gleiche Richtung deutet die objektive Interessenlage der Parteien: Sofern B dem A das von C erhaltene Geld aushändigte, konnte es A gleichgültig sein, ob B den Darlehensvertrag im eigenen Namen oder im Namen des A schloss. Für den Fall aber, dass B die Darlehensvaluta nicht an A ablieferte, wäre A bei einem Abschluss des Darlehensvertrages in seinem (A's) Namen sogar noch schlechter gestellt, da A zwar zur Rückzahlung verpflichtet worden wäre, C aber durch die Leistung an den zum Empfang der Darlehenssumme ermächtigten B seinerseits von seiner Valutierungspflicht frei geworden wäre (vgl. §§ 488 I 1, 362 II, 185 I BGB). Es ist somit davon auszugehen, dass B auch bei einem Abschluss des Darlehensvertrages im eigenen Namen zur Übergabe des Grundschuldbriefes an den Darlehensgeber berechtigt sein sollte.

368 Das Besitzrecht des B könnte jedoch durch einen Widerruf[4] des Auftrags entfallen sein. Die Erklärung des Widerrufs ist darin zu sehen, dass A den B zur Rede stellte und von ihm die Herausgabe des Grundschuldbriefes verlangte. Fraglich ist aber, ob A den Auftrag überhaupt noch wirksam widerrufen konnte. Nach § 671 I BGB kann der Auftrag grundsätzlich jederzeit widerrufen werden. Der Widerruf ist allerdings dann nicht mehr möglich, wenn der Auftrag bereits ausgeführt ist[5]. Im vorliegenden Fall könnte der Auftrag, dem A ein Darlehen in Höhe von 10 000 € zu beschaffen, dadurch ausgeführt worden sein, dass B den Darlehensvertrag abschloss. Da B aber im eigenen Namen abschloss, wurde A durch den Darlehensvertrag noch gar nicht berechtigt. Wenn also B schon im eigenen Namen den Darlehensvertrag abschloss, konnte er den Auftrag nur dadurch erfüllen, dass er dem A die 10 000 € aushändigte. Deshalb bedeutet die Aushändigung von nur 4000 € eine nur teilweise Erfüllung des Auftrages. Fraglich ist aber, ob bei einer nur teilweisen Erfüllung ein Widerruf des Auftrags noch möglich ist. Man könnte nämlich erwägen, ob der Widerruf des Auftrags nicht voraussetzt, dass noch eine „res integra" vorliegt, dass also die Sachlage noch im Stande des Zeitpunkts der Auftragserteilung ist und aus dem Auftrag noch keine Ansprüche zwischen Auftraggeber und Beauftragtem entstanden sind[6].

---

4 Der Widerruf eines Auftrags (§ 671 I 1. Hs. BGB) ist die einseitige empfangsbedürftige Willenserklärung, durch die der Auftraggeber den Auftragsvertrag mit Wirkung *ex nunc* beendet. Er entspricht der Kündigung des Auftrags durch den Beauftragten (§ 671 II BGB), die den Auftrag ebenfalls mit Wirkung *ex nunc* beendet; vgl. *Erman/Ehmann*, § 671 Rdn. 2. Er ist vom Widerruf einer Weisung nach § 665 zu unterscheiden, der das Auftragsverhältnis im ganzen grundsätzlich bestehen lässt (*Staudinger/Wittmann* [1995] § 671 Rdn. 5). Der Widerruf des Auftrags ist somit nicht mit dem Widerruf einer Willenserklärung im Sinne von § 130 BGB zu verwechseln, der bereits die Entstehung eines Rechtsgeschäftes verhindert; er stellt vielmehr einen Unterfall der Kündigung dar.
5 RGZ 107, 136 (139); BGHZ 103, 143 (145); *Palandt/Sprau*, § 671 Rdn. 1; *Staudinger/Wittmann* (1995) § 671 Rdn. 4; *Soergel/Mühl*, § 671 Rdn. 4.
6 So RGZ 107, 136 (139).

Dagegen spricht aber, dass sich die Unzulässigkeit des Widerrufs nach völliger   **369**
Ausführung des Auftrags nur dadurch begründen lässt, dass eine solche Rückwirkung
des Widerrufs überhaupt keine Wirkungen haben könnte, also sinnlos wäre. Bei der
teilweisen Ausführung sind aber noch Teile des Auftrags vorhanden, die durch den Widerruf betroffen würden und einen Widerruf somit sinnvoll erscheinen lassen. Der Beauftragte wird genügend geschützt, da der Widerruf ja nur ex nunc wirkt, die bereits
entstandenen Ansprüche auf Aufwendungsersatz und dgl. also nicht berührt[7]. Solange
der Auftrag also nur teilweise erfüllt ist, ist ein Widerruf des Auftrags möglich[8]. Durch
den Widerruf des A ist somit das Besitzrecht des B entfallen. Ohne dass es noch darauf
ankäme, ob C wirklich seinen Besitz von B als mittelbarem Besitzer ableitet, ergibt
sich somit, dass der Herausgabeanspruch nach § 985 BGB auch nicht durch eine Einwendung nach § 986 I S. 1 2. Alt. und S. 2 BGB ausgeschlossen wird.

II. Zurückbehaltungsrecht am Grundschuldbrief

Fraglich ist aber, ob C gegenüber dem Anspruch auf Herausgabe des Grundschuldbrie-   **370**
fes nicht eine Einrede zusteht, auf Grund deren er zur Herausgabe nur Zug um Zug
gegen Zahlung von 10 000 € verpflichtet ist. Dies wäre dann der Fall, wenn ihm ein
gesetzliches oder vertragliches **Zurückbehaltungsrecht am Grundschuldbrief** zu-
stände. Zurückbehaltungsrechte stellen zwar keine Besitzrechte i.S.v. § 986 BGB dar,
gewähren aber selbstständige Gegenrechte, die dem Anspruch aus § 985 BGB unmittelbar (und nicht nur über § 986 BGB) entgegenstehen[9].

Die Voraussetzungen der gesetzlichen Zurückbehaltungsrechte (§§ 273, 1000 BGB)   **371**
liegen offensichtlich hier nicht vor. In Betracht käme aber ein **vertragliches Zurückbehaltungsrecht** (§§ 273, 311 I BGB). Ein solches ist zulässig, da die Parteien auf
Grund der Vertragsfreiheit im Rahmen des Schuldrechts (§ 311 I BGB) nicht nur Ansprüche schaffen, sondern auch Leistungsverweigerungsrechte begründen können. Ein
vertragliches Zurückbehaltungsrecht, das den C berechtigen würde, die Herausgabe
des Grundschuldbriefes bis zur Rückzahlung des Darlehens zu verweigern, könnte
sich im Weg der **Konversion** (§ 140 BGB) aus der nichtigen Verpfändung der Grundschuld ergeben. Da B die Verpfändung der Grundschuld im eigenen Namen vorgenommen hat, könnte der etwa im Wege der Konversion gewonnene Vertrag über die Einräumung eines Zurückbehaltungsrechtes am Grundschuldbrief aber nur dann zwischen C
und A geschlossen worden sein, wenn A dem B wirksam die Ermächtigung erteilen
konnte, im eigenen (B's) Namen für und gegen A ein schuldrechtliches Zurückbehaltungsrecht zu vereinbaren (und diese Ermächtigung tatsächlich erteilt hat). Eine derartige Verpflichtungsermächtigung bedeutete aber eine Umgehung des Prinzips der

---

7 *Erman/Ehmann*, § 671 Rdn. 6.
8 BGHZ 103, 143 (145) für den Widerruf einer Weisung nach § 665 BGB. Für den Widerruf des Auftrages
im ganzen nach § 671 I BGB kann nichts anderes gelten.
9 *Diederichsen* (Fn. 2), S. 18 ff.; *Erman/Hefermehl*, § 986 Rdn. 1; *Seidel*, JZ 1993, 180 (182); *Soergel/
Mühl*, § 986 Rdn. 2; *Staudinger/Gursky* (1999) § 986 Rdn. 28, dort auch mit Nachweisen für die abweichende Ansicht. *Palandt/Bassenge*, § 986 Rdn. 4; a.A. (das Zurückbehaltungsrecht aus § 273 BGB
begründet ein Recht zum Besitz i.S. des § 986 BGB, wenn es auch nicht zur Klagabweisung, sondern
lediglich zur Zug-um-Zug-Verurteilung führt) BGH NJW-RR 1986, 282 (283) m.w.N.; BGH NJW 1995,
2627 (2628); RGRK/*Pikart*, § 986 Rdn. 16; *Roussos*, JuS 1987, 606 (609). Ausführlich zu diesem Streit:
Seidel, a.a.O.

Offenheit der Stellvertretung (§ 164 II BGB)[10]. Insbesondere der aus gegenseitigen Verträgen Verpflichtete muss seinerseits auch wissen, wem er verpflichtet ist und von wem er umgekehrt zu fordern berechtigt ist. Eine Verpflichtungsermächtigung ist deshalb nicht möglich[11]. Der Vertrag über das Zurückbehaltungsrecht wäre deshalb, selbst wenn die Umdeutung möglich sein sollte, nur zwischen C und B, nicht aber zwischen C und A zu Stande gekommen. Fraglich ist deshalb, ob sich C auch dem A gegenüber auf dieses vertragliche Zurückbehaltungsrecht berufen könnte. Schuldrechtliche Verträge wirken grundsätzlich nur inter partes, nicht aber gegenüber Dritten. Einen Vertrag zulasten Dritter gibt es nicht.

372 1. Möglicherweise **wirkt** aber die **Vereinbarung eines Zurückbehaltungsrechtes zwischen B und C** – vorausgesetzt, dass sich ein derartiger Vertrag tatsächlich im Wege der Konversion gewinnen lässt – nach § 185 I BGB auch gegenüber dem am Vertrag nicht beteiligten A. Nach § 185 I BGB ist eine Verfügung, die ein Nichtberechtigter über einen Gegenstand trifft, dem Berechtigten gegenüber wirksam, wenn sie mit Einwilligung des Berechtigten erfolgt. Die Vereinbarung eines Zurückbehaltungsrechtes am Grundschuldbrief zwischen B und C wäre also nach § 185 I BGB dem A gegenüber dann wirksam, wenn sie die Verfügung eines Nichtberechtigten darstellte, die mit Einwilligung des A als des zu dieser Verfügung Berechtigten erfolgt ist. Fraglich ist allerdings bereits, ob die Vereinbarung eines Zurückbehaltungsrechtes am Grundschuldbrief eine Verfügung über den Grundschuldbrief darstellt. Verfügung ist ein Rechtsgeschäft, das unmittelbar auf ein bestehendes Recht einwirkt, indem es dieses inhaltlich ändert, belastet, aufhebt oder überträgt[12]. Die vertragliche Begründung eines Zurückbehaltungsrechts könnte eine Verfügung über das Eigentum am Grundschuldbrief darstellen. Schuldrechtliche Verträge, wie Miete und Pacht, die auf Besitzüberlassung gerichtet sind, bewirken, sobald der Berechtigte den Besitz erhält, die Entstehung eines Rechtes zum Besitz im Sinne von § 986 BGB, mindern also von diesem Augenblick an das Eigentum um das fremde Recht zum Besitz. Derartige Besitzüberlassungsverträge bedeuten deshalb Verfügungen über das Eigentum, unter der Wirksamkeitsvoraussetzung (condicio iuris), dass der aus dem Vertrag Berechtigte den Besitz der Sache erhält[13]. Durch die Vereinbarung eines Zurückbehaltungsrechtes am Grundschuldbrief würde aber – wie oben ausgeführt – nicht etwa ein Recht zum Besitz i.S.v. § 986 BGB begründet, das als von Amts wegen zu berücksichtigende Einwendung gegen den Herausgabeanspruch den Inhalt des Eigentums mindern würde, sondern ein selbstständiges Gegenrecht gegen den Herausgabeanspruch geschaffen. Da die Vereinbarung des Zurückbehaltungsrechts an einer Sache also nicht unmittelbar auf den Inhalt des Ei-

---

10 *Erman/Palm*, § 185 Rdn. 18.

11 So die h.M.: *Staudinger/Schilken* (2001) vor § 164 Rdn. 70; *Schack*, Rdn. 515; RGRK/*Steffen*, vor § 164 Rdn. 16; *Flume*, § 57, 1d; *Hübner*, Rdn. 1359; *Planck/Siber*, vor § 328 Anm. V 2. BGHZ 34, 122 (125); 114, 96 (100). Einige Autoren wollen dagegen eine Verpflichtungsermächtigung in Analogie zu § 185 BGB zulassen, wo ganz ausnahmsweise einmal das Offenheitsinteresse fehlt: So *Bettermann*, JZ 1951, 323; *Dölle*, FS Fritz Schulz, Bd. 2, S. 268; differenzierend: MK/*Schramm*, § 185 Rdn. 46 ff.

12 *Palandt/Heinrichs*, Überbl v. § 104 Rdn. 16; *Staudinger/Gursky* (2001) § 185 Rdn. 4.

13 *Diederichsen*, (Fn. 2), S. 121; *Raape*, JherJ 61, S. 169 f.; *Lehmann/Hübner*, BGB AT, 16. Aufl. 1966, § 37 VI 2. Nur für analoge Anwendungen von § 185 BGB auf Besitz- und Gebrauchsüberlassungen: *Palandt/Heinrichs*, § 185 Rdn. 3; *v. Lübtow*, AcP 150 (1948–49), 252 (253 f.); *Staudinger/Gursky* (2001) § 185 Rdn. 102; *Soergel/Leptien*, § 185 Rdn. 9; MK/*Schramm*, § 185 Rdn. 10; *v. Tuhr*, II, 1, S. 254 Fn. 115; *Söllner*, JuS 1967, 452.

gentums an dieser Sache einwirkt, stellt sie auch keine Verfügung über das Eigentum dar. Eine unmittelbare Anwendung von § 185 BGB ist deshalb nicht möglich.

Die Vereinbarung eines Zurückbehaltungsrechts an einer Sache könnte aber in ihren **373** Wirkungen einer Verfügung so ähnlich sein, dass eine analoge Anwendung von § 185 I BGB erforderlich ist. Die Einräumung eines Zurückbehaltungsrechts durch den Eigentümer bedeutet in Verbindung mit der Besitzüberlassung doch, dass der Eigentümer tatsächlich bis zur Erfüllung des gesicherten Anspruchs die betreffende Sache von ihrem Besitzer nicht herausverlangen kann, weil der Besitzer das Zurückbehaltungsrecht geltend machen wird. Sie kommt also im praktischen Ergebnis einem zeitweiligen Ausschluss des Herausgabanspruchs und damit einer Einwirkung auf den Inhalt des Eigentums, also einer Verfügung über das Eigentum, gleich. Deshalb ist die rechtliche Gleichbehandlung mit einer echten Verfügung über das Eigentum geboten. Es ist also notwendig, die Einräumung eines vertraglichen Zurückbehaltungsrechts unter Besitzübergabe einer echten Verfügung über das Eigentum gleichzustellen, § 185 BGB also analog anzuwenden[14].

Auch die übrigen Voraussetzungen von § 185 BGB sind erfüllt. B war Nichtberechtig- **374** ter, und A hat als Berechtigter konkludent mit der Übergabe des Briefes darin eingewilligt (§ 183 S. 1 BGB), zumindest ein obligatorisches Zurückbehaltungsrecht zu begründen. Sollte sich also die unwirksame Verpfändung der Grundschuld in die Einräumung eines Zurückbehaltungsrechts am Grundschuldbrief für C durch B umdeuten lassen, so würde dieses Zurückbehaltungsrecht auch A gegenüber nach § 185 I BGB analog wirksam sein. C könnte dann das von ihm mit B vereinbarte Zurückbehaltungsrecht auch gegenüber dem Herausgabeanspruch des A geltend machen; er hätte gegenüber dem Anspruch des A aus § 985 BGB also die Einrede, dass er die Herausgabe des Grundschuldbriefes bis zur Rückzahlung der an B ausgezahlten Darlehensvaluta verweigern kann.

2. Es ist deshalb zu untersuchen, ob sich die **unwirksame Verpfändung** des Grund- **375** schuldbriefes durch B an C nach § 140 BGB **in ein Zurückbehaltungsrecht umdeuten** lässt.

Für das durch Umdeutung zu ermittelnde Ersatzgeschäft verlangt § 140 BGB zweierlei: Das nichtige Rechtsgeschäft muss den **Erfordernissen des Ersatzgeschäftes** entsprechen (a), und es muss anzunehmen sein, dass die **Geltung bei Kenntnis der Nichtigkeit gewollt** worden wäre (b).

a) Teilweise wird vertreten, es komme darauf an, ob das Ersatzgeschäft in dem nichti- **376** gen Rechtsgeschäft enthalten sei[15]. Diese Formulierung ist jedoch ungenau und irreführend[16]. Es kommt nicht darauf an, ob das als gültig anzusehende Rechtsgeschäft in dem nichtigem Geschäft als dessen Teil schon vollständig enthalten ist, sondern darauf, ob der volle oder wenigstens teilweise von den Parteien erstrebte wirtschaftliche Erfolg durch das Ersatzgeschäft erreicht werden kann[17] (**„Kongruenz" von nichtigem**

---

14 *Staudinger/Gursky* (2001) § 185 Rdn. 105; RGZ 124, 28 (32) hingegen scheint § 185 BGB für direkt anwendbar zu halten.
15 BGHZ 19, 269 (275); 20, 363 (370); 26, 320 (329); *Flume*, § 32, 9 c.
16 *Larenz/Wolf*, BGB AT, § 44 Rdn. 91; *Staudinger/Roth* (2003) § 140 Rdn. 21; MK/*Mayer-Maly/Busche*, § 140 Rdn. 14; *Medicus*, BGB AT, Rdn. 519.
17 Siehe Nachweise bei Fn. 16.

Geschäft und Ersatzgeschäft[18]). Bei § 140 BGB handelt es sich nicht um einen besonderen Fall der Teilnichtigkeit nach § 139 BGB[19]. Das Ersatzgeschäft darf in seinen Wirkungen nicht über das nichtige Geschäft hinausgehen[20]. Ferner darf es seinerseits nicht aus dem gleichen oder einem anderen Grunde ebenfalls nichtig sein[21]. Denn nicht der angestrebte wirtschaftliche Erfolg, sondern das gewählte Mittel wird von der Rechtsordnung missbilligt[22].

Wirtschaftlich ging es den Parteien darum, dass C eine Sicherheit für das von ihm gewährte Darlehn erhielt. Wer ein vertragliches Zurückbehaltungsrecht an einem Grundschuldbrief hat, ist dagegen gesichert, dass der Grundschuldgläubiger die Grundschuld abtritt, denn dazu benötigt dieser nach §§ 1192 I, 1154 I und II BGB den Grundschuldbrief. Er ist zwar rechtlich nicht dagegen geschützt, dass der Schuldner von der ihm nach §§ 1192 I, 1160 I BGB zustehenden Einrede keinen Gebrauch macht, sondern auch ohne Rückgabe des Briefes an ihn die Grundschuld tilgt und damit das Zurückbehaltungsrecht am Grundschuldbrief wertlos macht. Aber praktisch wird wohl jeder Schuldner gegenüber dem Zahlungsverlangen des Grundschuldgläubigers die Einrede aus § 1160 I BGB geltend machen und die Grundschuld nur Zug um Zug gegen Rückgabe des Grundschuldbriefes tilgen. Der angestrebte wirtschaftliche Erfolg würde also auch durch ein vertragliches Zurückbehaltungsrecht erreicht werden.

377 b) Ob die Parteien die Vereinbarung eines vertraglichen Zurückbehaltungsrechtes gewollt haben, hängt vom **hypothetischen Parteiwillen** ab[23]. Entscheidend ist daher, ob die Parteien, hätten sie die Nichtigkeit gekannt, den wirtschaftlichen Erfolg wenigstens teilweise erreichen wollten und nicht auf den Abschluss ganz verzichtet hätten. Es ging den Parteien darum, dem C eine Sicherheit zu verschaffen. Es ist deshalb anzunehmen, dass B und C, falls sie die Nichtigkeit der Verpfändung der Grundschuld gekannt hätten, aber aus irgendeinem Grunde nicht hätten beheben können, stattdessen ein Zurückbehaltungsrecht am Grundschuldbrief vereinbart haben würden. Die Umdeutung in die Vereinbarung eines Zurückbehaltungsrechtes am Grundschuldbrief entspricht somit dem hypothetischen Parteiwillen[24]. Damit liegen alle Voraussetzungen für eine Umdeutung der nichtigen Verpfändung der Grundschuld in eine Vereinbarung eines vertraglichen Zurückbehaltungsrechtes am Grundschuldbrief vor.

III. Ergebnis

378 C kann somit nach §§ 273, 311, 185 I BGB analog die Herausgabe des Grundschuldbriefes verweigern, bis er die 10 000 € von B oder aber von A (der nach § 267 I BGB zahlen kann) erhält.

---

18 *Zeiss*, WM 1963, 906 (908).
19 *Medicus*, BGB AT, Rdn. 519; *Staudinger/Roth*, § 140 Rdn. 21.
20 MK/*Mayer-Maly/Busche*, § 140 Rdn. 15; *Staudinger/Roth* (2003) § 140 Rdn. 22; *Medicus*, BGB AT, Rdn. 519.
21 *Erman/Palm*, § 140 Rdn. 13.
22 *Giesen*, Rdn. 199; *Wieacker*, FS Lange, 1992, S. 1017 (1025 ff.).
23 *Soergel/Hefermehl*, § 140 Rdn. 8; *Medicus*, BGB AT Rdn. 520; *Mühlhans*, NJW 1994, 1049; MK/*Mayer-Maly/Busche*, § 140 Rdn. 17.
24 RGZ 66, 24 (28); 124, 28 ff.; *Larenz/Wolf*, BGB AT, § 44 Rdn. 90; *Palandt/Heinrichs*, § 140 Rdn. 12; *Soergel/Hefermehl*, § 140 Rdn. 11; *Erman/Palm*, § 140 Rdn. 27.

Sachregister

Die Zahlen verweisen auf die Randnummern des Buches.

Rahmenrecht   18 (Fn. 33), 22 (Fn. 56)
ratio legis   172, 262, 292
    s. auch Gesetzeszweck
Reallast   56, 64
Rechtlich vorteilhafte
    Geschäfte   54 ff.
Rechtsanalogie   261 ff., 288 ff.
Rechtsbindungswille   90
Rechtsfähigkeit   169 ff., 327
Rechtsfolgenirrtum   110, 318
Rechtsfolgewille   82, 88
Rechtsfortbildung   30
– contra legem   30
Rechtsgeltungswille   266
Rechtsgeschäft   56 ff., 345 ff.
Rechtsgeschäftlicher Wille   192
Rechtsgeschäftslehre   92
Rechtsgut   18
Rechtsidee   266, 291
Rechtsschein   92 ff., 248 ff.
– haftung   92 ff.
Rechtssicherheit   19, 173, 259
Rechtsüberzeugung   266
Rechtsverkehr   88 ff., 127, 188 f.
Rechtsverletzung   47 f.
Regelungslücke im Gesetz   32, 307
res integra   368
Risikoprinzip   96
Risikosphäre   96, 147
Risikoverteilung   96, 184
Rubel-Fall   128 f., 131 f.
Rückgewähr
– anspruch   243
– schuldverhältnis   177, 243, 322 ff.
Rücktrittsrecht   243
Rückübereignung   245 f.

Schaden
– immaterieller   27 ff.
Schadensersatz   18, 219, 224 ff., 260, 265
– anspruch   86, 226 f., 276
    – aus culpa in contrahendo   86
– gem. § 122 BGB   131
– pauschalierter   226 ff.
– bei Persönlichkeitsrechtsverletzung
    28 ff.
Scheinvertreter   149, 255 ff.
Schenkung   62 ff.
– unter Auflage   62
Scherzerklärung   97
Schriftform   78, 140, 141 ff.
Schutzpflicht   270
Schutzzweck der Norm   64, 66

Schwarzkauf   123 f.
Schwebende Unwirksamkeit   60, 72, 345 ff.
Selbstbestimmungsrecht des Erklärenden
    90 f.
Selbstkontrahierung   61 ff., 356 f.
– sverbot   356 f.
Sicherungsabtretung   363
Silber-Fall   128 f.
Sonstiges Recht i.S.d. § 823 Abs. 1 BGB
    3, 5, 19 f.
Sorgfalt
– pflichtgemäße   97, 100
Sorgfaltspflicht   85, 100, 260, 270
Subjektive Theorie zu § 119 Abs. 2 BGB
    117

Täuschung   146 ff., 306 f.
Teilanfechtung   193 ff.
Teilnichtigkeit   179, 197 f., 376
Teleologie   65, 172, 307
Teleologische Reduktion   64, 68 f.
Textform   173 f., 176
Theorie „des letzten Wortes"   240 f.
traditio brevi manu   245 f.
Trennungsgrundsatz   64, 66
Treu und Glauben   85, 87, 92, 100, 135,
    146, 188, 227 ff., 241, 259, 270 ff.
Trierer Weinversteigerungs-Fall   86

Übereignung   244 ff.
Umdeutung   371, 375 ff.
Ungerechtfertigte Bereicherung   331
Unterlassen   3 ff.
Unterlassungsanspruch   3 ff.
Unterlassungsklage
– vorbeugende   18, 33
Unterlassungspflicht   270
Unternehmenskauf   146
Unternehmer   173, 233
Urkunde   124, 154, 176

Veräußerungsverbot   341, 344 f.
– relatives   344
Veranlassungshaftung   96
Veranlassungsprinzip   96
Verbraucher   161 f., 164, 167, 169 ff.
Verdeckte Lücke   68
Verfügung   372 f.
– eines Nichtberechtigten   359, 372 f.
– sbefugnis   347
Verhaltenspflichten   270
Verhaltensverantwortlichkeit   92
Verhandlungsbeauftragter   148